Heinrich Hössli

Schriftenreihe der
Heinrich Hössli Stiftung

Band 1

Rolf Thalmann (Hg.)

«Keine Liebe ist an sich Tugend oder Laster»

Heinrich Hössli (1784–1864)
und sein Kampf für die Männerliebe

Informationen zum Verlagsprogramm:
www.chronos-verlag.ch

Umschlagbild: Medaillon S. 13, Glarus S. 45 im Buch
Buchcover und Typografie: Daniela Schatt, L'Ei'Out, Schwerzenbach ZH

Zitat Umschlagtext: Benedict Friedlaender: Renaissance des Eros Uranios,
Schmargendorf-Berlin 1904, S. 49 f.
Zum Titel siehe S. 6.

Inhalt

Der Lasterhafteste kann die Frauen, und der Tugendhafteste die Männer lieben. Die Erde, die Geschichte ist dieser Erweise voll, **keine Liebe ist an sich Tugend oder Laster**, so wenig als Wille und Selbstbestimmung. In diesen wenigen und einfachen Wahrheiten liegt wahrlich ebensowohl der Erweis unsers Irrglaubens als unsers Unwissens, ebensowohl unsers Unrechtes als unserer Schmach – und die volle Gewissheit, dass wir bis auf diese Stunde, schon durch unsere finstere Lästerungen allein, noch in jener entmenschenden Stockfinsterniß der Hexen- und Ketzerzeit sitzen, und einem gräßlichen Wahngötzen einen bedeutenden Theil unsers gesunkenen Geschlechts hinmorden.

Heinrich Hössli, Eros II, S. 233

Vorwort

Heinrich Hössli stand und steht am Anfang – in vielerlei Hinsicht. Zunächst war der 1784 in Glarus geborene Hössli einer der Ersten, die die Unterdrückung und Verfolgung der Männerliebe seit dem Untergang der antiken Kultur, auf die er sich stets berief, anprangerten und verurteilten. Er tat dies, und das ist wohl das eigentliche Novum, nicht verschämt oder flüsternd, sondern öffentlich und im Druck. Für die Publikation seines zweibändigen Werks, des «Eros», setzte er seine Existenz aufs Spiel. Davon handelt dieses Buch.

Der Glarner steht auch am Anfang der Heinrich Hössli Stiftung. Als der Verein Schwulenarchiv Schweiz diese im Jahr 2009 gründete, war es naheliegend, sie nach Hössli zu benennen. Sicher, es hätte noch früher geborene Schweizer gegeben, die als Namensgeber hätten dienen können, zum Beispiel den Schaffhauser Historiker und Staatsmann Johannes von Müller. Der hatte rund dreissig Jahre vor Hössli in Briefen seine Liebe zum fiktiven Grafen Louis Batthyány Szent-Ivány erstaunlich selbstbewusst beschrieben und ihr so ein Denkmal gesetzt. Doch Johannes von Müller publizierte diese Liebesbriefe nicht, auch wenn er sie wohl durchaus im Hinblick auf ein späteres Publikum verfasst hatte. Und im Gegensatz zu von Müller ging es Hössli auch nicht um eine konkrete Beziehung zu einem Mann, ja wir wissen nicht einmal mit letzter Sicherheit, ob Hössli Männer liebte, schliesslich war er verheiratet und hatte Kinder. Hössli ging es vielmehr ums Abstrakte, ums Prinzip. Dies macht ihn zu einem der Urväter dessen, was wir heute als Bewegung bezeichnen, vielleicht sogar zum Bannerträger oder zum Vorbild, auf jeden Fall aber zum Namensgeber der Stiftung. Die Heinrich Hössli Stiftung dient dem Zweck, die Sammlung, Erhaltung, Erschliessung, Zugänglichmachung und wissenschaftliche Auswertung von Quellen, Gegenständen und Werken zur Geschichte, Kunst und Kultur von Menschen mit gleichgeschlechtlicher Orientierung zu unterstützen. Die Stiftung kann aber auch Projekte ermöglichen, welche es zum Ziel haben, das Verständnis für gleichgeschlechtlich orientierte Menschen zu fördern. So weit der Text der Stiftungsurkunde.

Es ist keine Selbstverständlichkeit, dass das, was von Müller oder Hössli empfanden, was sie dachten, wofür sie einstanden, der Nachwelt erhalten blieb. Denn die Kultur und Geschichte vieler Minderheiten, beispielsweise die Selbstzeugnisse homosexueller Frauen und Männer, drohten und drohen der Zensur, Glättung, Klitterung oder gar Vernichtung zum Opfer zu fallen. Die damnatio memoriae ist eine Form der Unterdrückung, der Männerliebende während Jahrhunderten ausgesetzt waren und sind. In der Schweiz ist die Entkernung und fast gänzliche Zerstörung des Elisarions in Minusio eines der skandalösesten Beispiele. Dieses Gesamtkunstwerk des Freundespaares Elisàr von Kupffer und Eduard von Mayer wurde geschändet, ausgeweidet und verschandelt. Dass solches jedem droht, der die Liebe unter Männern lebt, verteidigt oder gar propagiert, wusste Hössli. Darum vertraute er seine Gedanken nicht etwa einem Tagebuch an. Zu schnell hätte dieses dem Feuer übergeben oder geschreddert werden können. Wohlweislich liess er seine Gedanken drucken. Er liess sie so oft vervielfältigen, bis sie nicht mehr einzufangen, nicht mehr zu zensieren oder einzustampfen waren. Das Ziel, diesen Mechanismus zu durchbrechen, die Geschichtslosigkeit der Urninge, Homophilen, Männerliebenden oder heute der Gays zu überwinden, stand im Zentrum, als 1993 ein paar Studenten der Universität Zürich das Schwulenarchiv Schweiz gründeten. Reichlich spät, wie sich bald zeigen sollte. Denn damals war ein Teil der bedeutendsten Quellen des 20. Jahrhunderts, nämlich die Unterlagen der 1943 in Zürich gegründeten Organisation «Der Kreis» und ihrer gleichnamigen Zeitschrift, bereits verloren. Die Verantwortlichen der Organisation selber hatten ihr Archiv 1967, nach deren Auflösung, statutenkonform in einem (im damaligen Kontext verständlichen) Akt der Selbstzensur beinahe vollständig vernichtet. Andere Zeugen schwuler Geschichte konnten wir glücklicherweise retten. Insbesondere gelang es dem Schwulenarchiv, das «Amicitia-Protokollbuch» in seine Bestände zu übernehmen und so zu sichern. Diese Protokolle aus den 1930er Jahren sind das erste überlieferte Zeugnis lesbisch-schwuler Selbstorganisation in der Schweiz. Erhalten geblieben sind beispielsweise auch die Tagebücher, Fotos und Briefe eines 1920 im Emmental geborenen Bauernsohns, der in ergreifender Prosa und mitunter auch in Versen beschrieb, wie er im ländlichen Umfeld der Zwischenkriegs- und dann der Kriegszeit sein Anderssein entdeckte und lebte, ohne dafür eine Bezeichnung zu kennen.

Die Sammlung des Schwulenarchivs Schweiz befindet sich heute als Dauerdepositum im Schweizerischen Sozialarchiv in Zürich. Dass das Schwulenarchiv als ehrenamtlich organisierter Verein mit einem professionellen und weitgehend staatlich finanzierten Archiv eng zusammenarbeitet, war bei der Gründung des Schwulenarchivs 1993 ein für beide Seiten mutiger

8

Schritt, der sich gelohnt hat. Das Schwulenarchiv verfügt heute über eine der bedeutendsten Sammlungen zum Thema weltweit. Den Zugang zu den abliefernden Organisationen und Persönlichkeiten stellt der Verein Schwulenarchiv Schweiz her, denn er verfügt über das nötige Wissen, die Kontakte und vor allem das Vertrauen, das nach wie vor unabdingbar ist, wenn es darum geht, dass Schwulenorganisationen personenbezogene Daten abliefern. Das Sozialarchiv gewährleistet die langfristige Aufbewahrung, Erhaltung und kundenfreundliche Ausleihe. Eine Arbeitsteilung, die über die Schweiz hinaus Vorbildcharakter haben könnte.

Die Sicherung von Dokumenten und Zeugnissen zur Geschichte der Schwulen ist ein wichtiges Anliegen. Denn Geschichte schafft Identität. Diese zu suchen und zu finden steht im Zentrum eines jeden Coming-out. Lange bevor dies andere taten, hat Heinrich Hössli in Glarus mit seinem «Eros» zur Schaffung einer solchen Identität beigetragen. Dafür zollen wir ihm mit diesem Buch Respekt. Und so steht Hössli auch am Anfang der «Schriften der Heinrich Hössli Stiftung».

Dank dafür gebührt vor allem Dr. Rolf Thalmann. Er ist der Herausgeber des vorliegenden ersten Bandes. Danken möchten wir sodann der Autorin, den Autoren und dem Chronos Verlag in Zürich. Dieser hat sich bereit erklärt, unsere Schriftenreihe in sein Programm aufzunehmen. Der Kanton Glarus, der Heimatkanton Hösslis, der die Verbreitung des «Eros» seinerzeit hintertrieben hat, unterstützt nun die Publikation dieses Buches mit einem grosszügigen Beitrag aus dem Lotteriefonds. Auch die Ernst Göhner Stiftung in Zug und der Historische Verein des Kantons Glarus halfen mit, dieses Buch zu publizieren. Allen danken wir herzlich.

Zürich, Mai 2014

Dr. Franco Battel
Präsident des Stiftungsrats der Heinrich Hössli Stiftung
und des Schwulenarchivs Schweiz

Der Herausgeber dankt seinen Kollegen im Stiftungsrat für ihre Unterstützung, besonders Franco Battel und dem unermüdlichen Beat Frischknecht.

R. Th.

Ferdinand Karsch

Auszüge aus «Heinrich Hössli (1784–1864)»

[453] I. Heinrich Hößli's äußeres Leben

Heinrich Hößli wurde zu Glarus in der Schweiz im Hause 525 der Straße Innere Abläsch, im fünften Hause der Abläsch vom Landsgemeindeplatze aus, am 6. August [454] 1784 geboren; in diesem Hause hatte Heinrichs Vater, der Hutmachermeister Hans Jakob Hößli, sein Geschäft. Vorher war dasselbe Haus Eigentum des Besitzers Steinmüller gewesen, bei welchem die am 21. Juli 1782, also nur zwei Jahre vor Heinrich Hößli's Geburt, als Hexe hingerichtete Anna Göldin gewohnt hatte, deren Hößli in seinem «Eros» gedenkt.[1] Heinrich war seiner Eltern, die es auf nicht weniger als 14 Kinder – 8 Mädchen und 6 Knaben – gebracht haben, viertes Kind und erster Sohn; seine Mutter Margreth war eine geborene Vogel aus Glarus.

Sein ganzes Kindesalter scheint Heinrich in seiner Geburtsstadt verlebt zu haben; erst als im Jahre 1799 die Russen unter dem General Suwarow die Schweiz und speziell Glarus heimsuchten und daselbst Hungersnot herrschte, gaben Heinrichs Eltern einige ihrer Kinder an andre Leute in der Schweiz; und so kam Heinrich nach Bern, wo er seine Handelschaft[2] erlernt haben dürfte, später aber wieder nach Glarus zurück.

Am 5. Mai 1811 verheiratete sich der noch nicht siebenundzwanzigjährige Mann mit der Elisabeth Grebel von Zürich, des Adjutanten Rudolf Grebel Tochter; das junge Paar blieb aber nicht beisammen; Elisabeth lebte in Zürich weiter und Heinrich in Glarus; doch besuchte er öfters sein Weib und zeugte mit ihm zwei Söhne: den am 19. April 1812 geborenen Jakob

---

[1] Hössli, Eros I, S. 62.
[2] Älteres Wort für Handel.

11

Rudolf und den am 9. Januar 1814 geborenen Johann Ulrich, auf welche wir später noch zurückkommen werden.

In seinem bürgerlichen Berufe war Heinrich Hößli Putzmacher; er besaß einen ausgebildeten weiblichen Geschmack, den sogenannten Schick; in den zwanziger [456] Jahren des 19. Jahrhunderts war er «die erste Putzmacherin» von Glarus; er war auch zeitlich der erste, welcher dort Damenhüte herstellte; diese lieferte er geleimt, nicht genäht, und er war so ganz bei seiner Arbeit, daß man im schwarzen Adler sein Mittagessen um 7 Uhr Abends noch unberührt neben ihm stehen fand. Er hat auch das erste «Trüböri», einen dreieckigen Hut, Napoleonshut oder Dreimaster, verfertigt und eingeführt, die Kopfbedeckung des Landammanns, des Souverains des Kantons Glarus, dessen Landgemeinde, was auch heute noch der Fall ist, am ersten Sonntage im Mai jeden Jahres zusammentrat. Auch dekorierte er mit einem Faltenwurfe aus grünem Stoffe die Kanzel der Kirche zu Glarus. Am württembergischen Hofe zu Stuttgart, woselbst sein Eheweib, die Elisabeth Grebel, als «höhere Hülfe» angestellt war, hat Heinrich Gardinen aufgesteckt, war er doch auch geschickter Dekorateur.

Weil Heinrich Hößli die Mode angab und Modewaren verkaufte, so erhielt er den Spitznamen «Modenhößli».

Aber Heinrich war nicht allein Putzmacher und Dekorateur, er war auch Handelsmann und lebte als solcher stets gut situiert und in durchaus geordneten Verhältnissen, sodaß er in Hinsicht seines Auskommens nicht Ursache zu klagen fand. Ein offenes Geschäft betrieb er zuerst in der «Meerenge» zu Glarus im Gasthofe zum schwarzen Adler (1827–1832); alsdann hat er eine Zeit lang dieses Geschäft aufgegeben und «im Sand» gewohnt, später aber wieder einen gut frequentierten kleinen Laden auf dem Kirchweg (Glarnerisch Kilchweg), [457] Ecke der äußeren Zaunstraße am jetzigen Volksgarten, aufgetan. Hier handelte er mit Damenkleiderstoffen aller Art, besonders englischen Ursprungs (bedruckte Indienne u. dergl.), aber auch mit Futter-, Bettzeug-, Vorhangstoffen u. s. w., alles solider, praktischer Ware. Drei Häuser von seinem Geschäft wohnte ein ihm Zeit seines Lebens befreundet gebliebenes Fräulein Margaretha Brunner, die spätere Frau Präsident Vögeli-Brunner. Heinrichs Eigentum war auch das nahe seinem Geschäft gelegene Haus Ecke der Bärengasse, welches er seinem langjährigen Ladendiener und Neffen Jakob Kubli für 2500 Franken billig abtrat. Im Kirchweg liquidierte Heinrich 1848, verkaufte sein Geschäft, wohnte

«Heinrich Hößli als Jüngling von neunzehn Jahren nach einer anscheinend am 11. Februar 1804 vollendeten Aquarellzeichnung.» (Originallegende Karsch)

zuerst auf der Almei als Privatier und führte alsdann bis April 1851 ein neues Geschäft auf dem Spielhofe im Löwen (Leuen). Zur Hülfeleistung im Geschäfte bediente sich Heinrich seines Neffen Jakob oder Jögg Kubli, der Margaretha Hößli Sohn, welcher von seinem zwölften Jahre an bis fast zum 30. Lebensjahre als Ladendiener bei dem Onkel aushielt und dessen bevorzugter Liebling blieb.

Bald jedoch begann für Heinrich Hößli ein unruhiges Wanderleben; er verließ Glarus als dauernden Aufenthalt für immer und ließ sich zuerst in Stäfa am Nordufer des Zürichsees nieder, woselbst er im Mai und Juni im Stern und dann bis Oktober 1852 in der Mühle im Kehlhof wohnte. Von Stäfa zog es ihn nach Schmerikon am obern Ende des Zürichsees unweit der Einmündung der Linth; hier stieg er in der Krone ab und mietete gleich am 1. Oktober 1852 drei neben einander liegende Kammern beim Kronenwirt Franz Wenk; im November 1854 hatte er Wohnung beim Landammann Kriech; im Oktober 1855 machte er einen Abstecher nach Zürich und besorgte sich 1856 einen auf 12 Monate lautenden Paß nach Deutschland. 1857 siedelte er nach Lachen am Südufer des Zürichsees [460] über, woselbst er im Gasthaus zum Ochsen verkehrte; aber schon im November 1858 finden wir ihn wieder im Kanton Glarus, in Mollis, am rechten Ufer des Escher Kanals; bis September 1860 hielt er sich in Vogelsang bei Winterthur auf, zog Ende Oktober 1860 nach Wülflingen nahe Winterthur, wo er seinen «fortwährenden Aufenthalt» bis April 1861 im Pfarrhause beim Pfarrer Freuler nahm,[3] und zog von da nach Winterthur selbst, wo er zur Zeit des großen Brandes im Mai 1861, welcher halb Glarus einäscherte, weilte; bis Ende Juni wohnte er hier im gelben Ring an der Metzgasse, mietete am 29. Juni 1861 in S. Grübler's Haus den zweiten Stock und Platz für Holz, wofür er diesem vierteljährlich 60 Franken bei 8 Wochen vorheriger Kündigung zu zahlen hatte; den Monat November 1861 hat er in Haltli bei Mollis zugebracht; April 1862 hatte er Wohnung im Seidenhof, im Mai in der Steinhütte zu Winterthur und hier ist er im einundachtzigsten Lebensjahre am 24. Dezember 1864 Morgens 9 ½ Uhr nach kurzer Krankheit im Spital verstorben.

Seine beiden Knaben hat Heinrich Hößli nicht selbst erzogen, vielmehr tat dieses deren Mutter Elisabeth Hößli-Grebel. Was über diese einzigen

---

[3] Siehe den Beitrag von Rolf Kamm in diesem Buch, S. 46.

Nachkommen Heinrichs zu erfahren war, dürfte, so weit es für ihre Individualität charakteristisch ist, nicht ohne Interesse sein.

Heinrichs älterer Sohn Jakob Rudolf, kurz Jögg oder Jöggi genannt, wurde Ingenieur und wanderte nach Amerika aus; er hat sich daselbst verheiratet, blieb dann aber vollständig verschollen; sein Totenschein lautet auf den 1. Januar 1871; er war Erbe der gesamten Hinterlassenschaft seines Vaters; diese belief sich zwanzig Jahre nach Heinrichs Tode mitsamt den Zinsen auf etwa 28 000 Franken; lange Jahre, bis zur Teilung, verblieb das Vermögen im Waisenamte in Glarus. Vor seiner Auswanderung nach Amerika, wo er zuletzt in Otisco Onondago County, State of New-York, gelebt haben [461] soll, war Jakob Hößli am Hofe des russischen Kaisers in St. Petersburg beschäftigt gewesen und hatte für seine dortigen Verdienste vom Zaren ein Diplom erhalten. Er dürfte demnach durchaus nicht ohne Talente gewesen sein.

Heinrich Hößli's jüngerer Sohn Johann Ulrich oder kurz John, Heinrichs «lieber Hansi», «hatte des Vaters im ‹Eros› niedergelegte Anschauungen geerbt»; er war als «Weiberfeind» bekannt, was ihn jedoch nicht hinderte, an seiner Mutter mit der innigsten Liebe zu hängen, seine Jugendfreundin Ammann als Universalerbin einzusetzen und mit vielen Damen sowohl in Amerika als in Europa in regem freundschaftlichen Verkehr zu stehen. Er wird als ein großer, schöner und intelligenter Mann von nobelster Gesinnung geschildert. Während des amerikanischen Krieges zwischen Nord und Süd hatte er in seine Schweizer Heimat aus New-York geschrieben, er habe Besitz genug im Norden, wenn dieser siegen sollte, und Besitz genug im Süden, falls jener unterliegen sollte. Sein erstes Vermögen erwarb sich John durch seine Geschäfte in «Dry Goods» in Galveston, dann spekulierte er in großartiger Weise in Bauterrains und zwar besonders in New-York. Sobald er jenseits des Meeres festen Fuß gefaßt hatte, ließ er seine Mutter nachkommen; Ende Mai 1842 trat er, fast zehn Jahre nach seiner Auswanderung, in Begleitung der geliebten Mutter von Texas aus «mit aller möglichen Bequemlichkeit» die erste Heimreise an; später aber kam er, da er die Mutter in Europa zurückgelassen hatte, alle zwei oder drei Jahre in sein Heimatland und besuchte Mutter und Vater, mit welchem er in regelmäßigem Briefwechsel stand. Niemals unterließ er dann, bei der Familie Jakob Kubli's einzukehren, dessen jüngere Tochter Rosina Magdalena (Rosalina) sein Patenkind war. [...] [462] Als John im Juni 1851 wieder in seiner Heimat weilte, entschloß sich die Mutter zum zweiten Male, dem geliebten Sohn nach Amerika zu folgen, wo sie 1858 starb. Der

Sohn sollte die Mutter nicht lange überleben; am 11. Mai 1861 geriet das Schiff, welches ihn von Halifax (Canada) aus in die Heimat zum geliebten Vater tragen sollte, zwischen zwei gewaltige Eisblöcke, welche es mit allem auf ihm Befindlichen erdrückten. [...]

[464] II. Heinrich Hößli's Wesen und Charakter

Heinrich Hößli war von mittelgroßem Wuchse und erschien in Folge kurzer Beine von fast kleiner Gestalt; er war nicht schön, aber von gesunder Stärke; er hatte einen breiten Mund und trug das Gesicht glatt rasiert, das braune Kopfhaar struppig, ungepflegt, wild genial, indem er sich selten eines Kammes bediente. In seiner Erscheinung durchaus männlich ohne das geringste Weibische, zeigte er ein Benehmen wie eine höfliche Frau und besaß ganz das Temperament seiner um ein Jahr jüngeren Schwester Barbara, der Ehefrau des Feldwebels Heinrich Tschudi, als Witwe unter dem Namen «Hebamme Hößli» in Glarus bekannt, von Heinrich zärtlich «Baby» genannt.

[465] Auf der Straße vor dem Hause, am Brunnen, selbst in der Wirtsstube erschien Heinrich oft im Schlafrock; er zeigte sich stets freundlich und zuvorkommend gegen jedermann, besonders liebenswürdig gegen seine ausschließlich weiblichen Kunden, und pflegte wohlgefällig zu lächeln. Nie ist er Soldat gewesen. In Glarus war er Mitglied der Kasinogesellschaft und, gern gesehen überall, galt er als Mann von Lebensart. Sein Geist war von außerordentlicher Lebhaftigkeit, unruhig, rastlos, sein Temperament nicht jedoch eigentlich sanguinisch. Daheim schlief er selten in einem Bett, sondern auf Matrazen mit einem Dutzend zusammengehäufter Leinentücher am Boden oder auf einer Kiste; diese Schlafweise fand er sauber. Er fegte seine Zimmer selber aus, kochte seinen Kaffee selbst und säuberte auch eigenhändig sein Tafelgeschirr; zu seiner Freundin, Fräulein Brunner, die einmal bei ihm Kaffee trank und ihr Mißbehagen nicht überwinden konnte, äußerte er, sie solle sich nicht ekeln, er sei sehr säuberlich. In Heinrichs Geschäftsräumen sah es wohl recht unordentlich aus; die Ellenwaren hingen da oft wüst über den Ladentischen; selbst die Kasse für die Kupfermünzen stand offen da, so daß jeder hätte hineingreifen können. In Glarus gab es ein Sprichwort: «Das ist eine Ordnung wie beim Hueter-Hößli.» Auf diesem Mangel an Ordnung beruhte wohl auch vor allem ein gewisser Grad von Mißtrauen, der Heinrich stets fürchten ließ, bestohlen zu werden; man sagte ihm nicht nur nach, daß er überall Spiegel anbringe, um zu wissen,

«Die hier beigegebene Kupferradierung mit Autogramm beruht auf einer nach der Erinnerung und unter Benutzung der Autotypieen des Jünglings und des Greises vom Zeichner Caspar Müller in Glarus mit Bleistift ausgeführten Zeichnung. Caspar Müller bemerkt dazu: ‹Eine Charakteristik eines Bildes von Hößli liegt in dessen schwarzseidenem Halstuche, ebenso auch in diesem Hauskäppchen, das er sich immer selbst anfertigte.› » (Originallegende Karsch)

ob, wann und von wem er bestohlen würde, sondern er tat dieses wirklich. Wurde er nun bestohlen, so gewahrte er es leicht und wußte sich dann ohne viel Aufhebens wieder in Besitz seines Eigentums zu setzen. Brillen hatte Heinrich wohl ein halbes Hundert und kaufte solche auch dutzendweise, jedoch fand er sie nicht am rechten Ort und zur rechten Zeit und während er [468] zwei bis drei Stück auf der Nase hatte, suchte er solche gleichwohl in allen seinen Taschen. Auf Reisen verbarg er sein Geld in einem Strumpfe und versteckte es, wenn er irgendwo zu Besuch weilte, hinter einem Spiegel.

Auch in seiner Kleidung war Heinrich nachlässig und zerstreut; an einem Leichenbegängnisse nahm er einmal mit einem Stiefel und einem Pantoffel bekleidet teil und bemerkte das erst, als er sich schon im Zuge befand; ein andermal wollte er seinen Hut abnehmen, trug aber keinen auf dem Kopfe. Er gab nicht viel auf eigenen Kleiderputz und eigene Eleganz, wo es aber Andern daran fehlte, bemerkte er es sofort. Demungeachtet zeigte er sich nicht ganz ohne Eitelkeit; stets trug er einen schweren goldenen Ring und eine goldene Uhrkette.

Der Gewohnheit des Rauchens hat Heinrich nicht gehuldigt, doch soll er einer Prise nicht abgeneigt gewesen sein.

Heinrich war ein wenig rechthaberisch, besaß eine nicht geringe satirische Anlage und konnte von göttlicher Grobheit sein; diesbezüglich weiß man in Glarus mancherlei zu erzählen. Jedoch auch rührende Züge großer Gut-mütigkeit und reichen Gemütslebens werden von ihm berichtet. In Glarus pflegte Heinrich im Löwen auf dem Spielhofe zu speisen, da er in jenem Gasthofe, wie früher bei der gleichen Familie im schwarzen Adler, seinen Verkaufsladen und sein Logis im Erdgeschoß inne hatte. Zeitlebens stand er mit dieser Familie in aufrichtiger Freundschaft, welche sich auf deren Kinder übertrug; dieses Freundschaftsverhältnis war so bekannt, daß der jüngste Sohn des Löwenwirtes, mit dem und mit dessen Frau Heinrich stets freundschaftlich verkehrte und in regelmäßigem Briefwechsel stand, anläßlich seiner zum Tode führenden Krankheit in Winterthur von den Glarner Behörden kurz vor Hößli's Tode zum Vormunde [469] und Liqui-dator seines Vermögens ernannt wurde. […]

Heinrich war ungeachtet mancher Fehler und Schwächen, wie solche wohl jedermann eigen sind, ein edler, ideal gesinnter Mensch. Ganz besonders stark war sein Gerechtigkeitsgefühl entwickelt. Hörte er, daß man mit einem

Steine oder dergl. nach einer Katze geworfen hatte, so brummte er: «Teufel auch! Wenn man die Menschen so hetzte wie eine Katze, so würden auch sie falsch und diebisch!» Eine seltene Willenskraft, welche weder durch die Ueberzeugung von der eigenen Unzulänglichkeit zurückschreckte, noch durch äußere Widerwärtigkeiten schlimmster Art lahm gelegt wurde, hat Heinrich durch die Heraugabe des zweiten Bandes seines «Eros» hinlänglich dargetan; auch daß er seinem einmal ergriffenen Berufe treu geblieben, ohne je höher hinaus zu wollen, ungeachtet des Vorherrschens seiner Hinneigung zu an-[470] gestrengter geistiger Tätigkeit, zeugt für seine intensive Willensstärke nicht weniger als verschiedene kleine, mehr augenfällige positive Züge seines Wesens, so z. B., daß er, wenn er am 1. eines Monats Zahnschmerzen hatte, mit Kreide an die Wand schrieb: Am 4. habe ich sie nicht mehr. Ueberhaupt schrieb er alle Wände voll mit allerlei Notizen, selbst über der Türe, so daß manche einfältige Leute glaubten, daß er ein halber Zauberer oder Hexenmeister sei, was ihn oft recht belustigte, und in seinem Nachlasse fanden sich hunderte beschriebener Papierschnitzel vor, zumeist geschäftlichen Inhalts. In seiner Einsamkeit gewöhnte er sich an, laut mit sich selbst zu sprechen.

Heinrich gehörte der evangelischen Kirche an, war aber vollkommen freidenkerisch und spottete freisinnig über Religionsbekenntnisse und «Pfaffen», ohne aber dabei im Geringsten Atheist zu sein; auf die Geistlichkeit hatte er einen gewissen scheinbar unversöhnlichen Haß geworfen, welcher jedoch sicherlich nur der von derselben vertretenen Sache, keineswegs der Person galt, wie seine Freundschaft mit mehreren geistlichen Herren, dem Pfarrer Freuler in Wülflingen, dem Pfarrer Speich in Glarus, genugsam beweist; diesem Hasse gab er auch durch Spott gelegentlich deutlichen Ausdruck; seine vertraute Freundin Fräulein Brunner, die er aus der Kirche kommen sah, fragte er höhnisch: «Nun, was hat der Herr Pfarrer gepregelt?», worauf sie ihm erwiderte: «Wenn Sie so fragen, werde ich es Ihnen niet sagen.» Heinrich spottete aber nur über die *bigotte* Geistlichkeit und «Pfaffenwelt» und deren oft eng begrenzten Horizont; und wenn er die Geistlichkeit zum Teil haßte, so war dazu wohl auch ein Grund der, daß manche Geistliche s. Z. sich hervortaten, damit der weitere Druck seines Buches «Eros» verboten werde. Wenn er vom Sterben und vom Tode sprach, so betonte er oft: Er werde dereinst ruhig vor den Richterstuhl [471] Gottes treten, denn er habe stets nur das Gute gewollt und er hoffe, Gott werde ihm seine Irrtümer und Fehler wie allen sündigen und reuigen Menschen verzeihen.

Für alles Gute, Edle und Schöne war Heinrich stets begeistert; er schwärmte für Gesang, besonders für die Lieder des Sängervaters Hans Georg Naegeli von Zürich; auch war er ein aufrichtiger Freund der Natur und ein scharfsinniger Beobachter derselben.

Vermöge seiner hochentwickelten Intelligenz zeigte er sich auf keinem geistigen Gebiete verlegen; er konnte sich mit Künstlern und Gelehrten, unter denen er vertraute Freunde besaß, unterhalten, obwohl er Schule nicht genossen hatte; und dieses war nicht nur die Meinung derer, die ihn dieses Vorzuges wegen zu beneiden Ursache hatten, sondern ebenso auch die Auffassung der gebildeten Kreise. Als Zeugnis dessen diene das nachfolgende in der Orthographie des Originals wiedergegebene Schreiben des Dr. Müglich an die Gräfin v. Bentzel-Sternau: «[...] Wenn ich auch sonst auser Berührung mit Ihrem edeln Hause bleiben solte, so nehme ich mir doch die Freiheit, mich zuweilen durch die Feder mit demselben noch in Verbindung zu sezen. So jezt. Herr Heinrich Hößli von Glarus wünschte auf einer Reise nach Zürich Ihre Gemälde zu sehen. Ich sagte ihm, Sie seyen so gefällig, ihm dieselben auch ohne mein Billet sehen zu lassen; er drang aber in mich und ich wilfahre ihm. Diser Mann ist mir äusert merkwürdig erschinen. Er ist ein Autodidakt und ich mögte wohl sagen, ein Filosof, ob er gleich bürgerlich nur ein Puzmacher [472] ist. [...]»[4]

Und diese Auffassung von Heinrich Hößli's Geistesart galt nicht nur zu der Zeit, als er noch am «Eros» *arbeitete,* sondern auch noch, als dieser längst erschienen und *verboten* war, blieb sein Verfasser überall äußerst beliebt und jedermann hielt ihn für einem gescheidten Kopf. Er interessierte sich lebhaft für jeglichen Fortschritt; in den vierziger Jahren pflegte er bezüglich der Erfindungen seines Jahrhunderts zu äußern: «Es kommt noch so weit, daß man in den Hafenkübel hineinhockt und – zum Fenster hinausfliegt.» Eine besonders große Liebe war Heinrich zum gestirnten Himmel eigen und kundig war er der Sterne und ihrer Bahnen, ihres Standes und ihres Erscheinens. Er war ein leidenschaftlicher Freund guter Bücher und hielt streng auf deren sorgfältige Behandlung; «Eselsohren» waren ihm ein Greuel; seiner vertrautesten Freundin, Fräulein Brunner, lieh er Werther's Leiden, weil er wisse, daß sie das Buch angemessen behandeln würde,

---

[4] Johann Karl August Müglich (1793–1862) war Hofmeister beim Grafen Christian Ernst von Bentzel-Sternau gewesen, der von 1817–1849 in der Mariahalde in Erlenbach (Kanton Zürich) wohnte; der Brief ist «Mollis, 1827» datiert.

20

er gäbe es aber nicht einem jeden. Aus dem Hause des Pfarrers Freuler zu Wülflingen ersuchte er noch am 22. November 1860, bereits über 76 Jahre alt, J.J. Siegfried's Buchhandlung und Antiquariat in Zürich um Zusendung von 37 wissenschaftlichen und dichterischen Werken aus dessen 127. Verzeichnisse; 2/3 davon wolle er jedenfalls behalten, wahrscheinlich alle; und er sendete 20 Franken Vorschuß ein. Seine erstaunliche Kenntnis [473] der Literatur war seinen Freunden wohl bekannt; sie ließ nicht nach, als Heinrich die Fortsetzung seines «Eros» definitiv aufgegeben hatte; ein Brief des W.E. von Gonzenbach am Berg aus St. Gallen vom 24. November 1854 hebt diese Kenntnis Hößli's und seine Liebe zur Literatur hervor. Bei seinem Tode hinterließ er 8 Kisten mit Büchern. Heinrichs um sechs Jahre jüngerer Bruder Johann Ulrich, mit dessen weder liebreichem noch aufrichtigem Charakter sich Heinrich nicht zu befreunden vermochte, nannte ihn nur den «gefehlten Gelehrten».

Ein langjähriger Bekannter Heinrich Hößli's zeichnete diesen mit den sechs Worten: «Er war Idealist – Eros sein Steckenpferd.»

Mit dem eingetretenen Greisenalter scheint nicht zum mindesten das trostlose Schicksal seiner Idee vom Eros an Heinrichs Herzen genagt zu haben; er galt mehr und mehr als Sonderling, wurde im Verkehr mit seinen Mitmenschen eher wortkarg als mitteilsam und äußerst vorsichtig und zurückhaltend in Rede und Urteil. Auch verfiel er auf Sonderbarkeiten, die bei [474] seinem sonst so ausgesprochen edlen Wesen nicht recht verständlich sind.

Ein *glücklicher* Mensch ist Heinrich Hößli nie gewesen. In einem Briefe an seine sehr unglücklich verheiratete Schwester Frau Regula Rehlinger geb. Hößli in Kaufbeuern, aus Glarus vom 9. Juli 1842 datiert, in welchem der 58jährige Mann schildert, der Vater sei noch so gesund wie ein junger Hirsch und die Brüder befänden sich in Wohlstand und ziemlichem häuslichen Frieden, findet sich der nachfolgende erschütternde Satz:

«Bei diesen [meinen Wohlstand betreffenden] Dingen aber kenne ich, liebe Schwester, das Leben und Schicksal der Menschen, ich darf wohl sagen, von allen seinen fürchterlichen Seiten. Meine Vergangenheit ist eine Reihe beinahe unaufhörlichen Unglücks und Leidens; ich sehe mit Schaudern zurück; und wenn Du einmal hörst, daß ich auch den letzten Streit vorüber habe, so falle vor Dank und Freude nieder vor Deinem Gott.»

Allein trotz dieser durch manches Bittere, das er erleben mußte, notwendig hervorgerufenen düsteren Stimmungen, die Heinrich nicht Herr über sich werden ließ, sah man ihn oft heiter und froh, besonders dann, wenn freudige Ereignisse in den ihm befreundeten Familien eintraten oder wenn in den Zeitungen von einem weltbewegenden Fortschritte zu lesen war. – – –

Als Rekapitulation und zugleich als Dokument aus der damaligen Zeit folgt hier der Nekrolog Hößlis im «Republikaner».[5]

«Winterthur. (Einges.) Ende letzter Woche verschied hier im 83. Lebensjahre ein auch in weitern Kreisen bekannter origineller Glarner, Namens Heinrich Hößli. Derselbe wurde im Jahr 1782 von unbemittelten [475] Eltern geboren, kam dann in den auch fürs Glarnerland so verhängnißvollen neunziger Jahren mit einem Transporte armer Kinder nach Zürich und später in ein Handlungsgeschäft in Bern.

Im Anfang dieses Jahrhunderts eröffnete er in Glarus ein sogenanntes Putzgeschäft, das er mit Erfolg bis Ende der Vierziger Jahre betrieb und gab es damals wohl wenige Familien landauf und ab, die nicht mit dem Putzmacher Hößli verkehrten. Neben seinem Geschäfte hatte derselbe einen unermüdlichen Drang nach Wissen und Bildung und verausgabte auch einen großen Theil seiner Ersparnisse für Bücher und Schriften aller Art. In Folge dessen eignete er sich eine tiefe Denkungsart an und erhielt sein Geist einen philosophisch gelehrten Zug. Hößli stand s. Z. auch in Verbindung mit Zschocke und Troxler und erzählte stets mit Freuden, daß auf dessen Eingebung hin er den «Eros» in seine Novellen schrieb.

Mit seinem selbstgeschriebenen Werke «Eros» hatte der Verfasser jedoch wenig Glück, indem der damalige Rath von Glarus dasselbe weiter zu schreiben verbot; immerhin wird dieses Buch, wie wir schon Gelegenheit hatten zu hören, von sehr gelehrten Personen weit milder beurtheilt und sagten einst die Verleger selbst, daß fragliches Buch von Laien meist nicht verstanden, dagegen oft von Literaten gekauft werde, um daraus zu schöpfen und es bewundernswerth sei, wie es einem ungeschulten Manne

---

[5] Der Republikaner – Zürcher Intelligenzblatt, Sonntag, 1. Januar 1865, S. 2. Hier nach der Zeitung zitiert, nicht nach dem etwas fehlerhaften Abdruck bei Karsch.

möglich geworden, einen solchen Schatz von Gelehrsamkeit und eigenen neuen Ideen darin niederzulegen.

Nach Aufgebung seines Geschäfts in Glarus arbeitete der Alte mit regem Interesse an einem dritten Bande seines Werkes, um Unterlassenes nachzuholen und über- [476] haupt seine Idee verständlicher und klarer zu machen, konnte denselben jedoch nicht mehr beenden, indem er von seinem unruhigen Geiste stets hin und her getrieben wurde und ein wahres Wanderleben führte.

Von Jugend auf ein Freund der Natur fesselten ihn besonders die Gestade des schönen Zürichsees und so wohnte er oft in Glarus, dann in Stäfa, Richterswyl, Lachen, Mollis, wieder Glarus und endlich zog er nach Winterthur.

Bis zu der Zeit, wo jenes in den Blättern veröffentlichte eigenthümliche Testament seines Sohnes «John Hössli aus New-York» ihm zu Ohren drang, blieb der Alte, seine angebornen Eigenheiten abgerechnet, immer heiter und froh und als guter Gesellschafter stets gerne gelitten; seither war aber eine große Veränderung an ihm wahrzunehmen, die ihn nach und nach körperlich und geistig zerstörte. Hößli behauptete nämlich immer und vielleicht nicht mit Unrecht, daß fragliches Testament nicht das richtige sei und noch ein anderes späteres Dokument existiren müsse.

In der That klingt es etwas sonderbar, wie ein unverheirather Sohn, der ein Vermögen von beiläufig einer halben Million besaß, seinen alten, nicht sehr bemittelten Vater in seinem letzten Willen nur mit Fr. 5000 bedenken und seinen einzigen Bruder ganz übergehen konnte, währenddem die Hauptsumme seiner damals schon seit vielen Jahren abgeschiedenen Mutter gutkommen soll oder nach deren Tod einer ehemaligen Jugendfreundin des Erblassers, die außer der Familie steht. Um so mehr, da der Sohn seinen Vater einige Monate vor seiner Verunglückung auf dem Meere noch von seiner Ankunft unterrichtete mit der freudigen Mittheilung, daß er nun in der Schweiz zu bleiben und irgendwo einen hübschgelegenen Landsitz zu kaufen gedenke, auf welchen er ihn dann zu sich nehmen wolle, um ihm den Rest seines unruhigen Lebens noch zu verschönern. [477]

Hößli bemühte und härmte sich vergebens, dieses Dunkel zu lösen, es sollte ihm nicht mehr beschieden sein, diese Sache in klarem Lichte zu sehen.

Er hat nun ausgekämpft mit der Welt, die ihn so oft mißverstanden. Ruhe seiner Asche!»

III. Heinrich Hößli's zweibändiger «Eros»

[478] 1. Der wesentliche Inhalt von Heinrich Hößli's «Eros»

[…] Eine außergewöhnlich fürchterliche Hinrichtung, die des Doktors der Rechte und Bürgers von Bern Franz Desgouttes, der 1817 seinen Schreiber und Liebling Daniel Hemmeler ermordete und dafür gerädert wurde, hatte bei ihrem Bekanntwerden in Hößli die noch schlummernde Empfindung der Notwendigkeit einer aufklärenden Schrift über die den alten Griechen als Natur bewußt gewesene, der Neuzeit jedoch als Unnatur dunkle und mit schweren Strafen bedrohte Knaben- oder Männerliebe geweckt. Hößli schmerzte es als das unerträglichste aller Leiden, zahlreiche seiner Mitmenschen ohne jede Schuld unaufhörlich von den Gesetzen bedrängt zu sehen. […]

[485] 2. Entstehung, Werdegang und Schicksal des «Eros»

Als Heinrich Hößli 1817 […] die «Fesseln dieser Zeit um seinen Geist» sich lösen fühlte, war er 33 Jahre alt, schon 6 Jahre Ehemann und bereits Vater seiner beiden begabten und später so unternehmenslustigen Söhne geworden. In seinem überaus empfänglichen, allem Unrecht abholden Gemüte verschmolz mit dem lodernden Zorne, in welchen er durch den ihm überall entgegentretenden Mangel an Erkenntnis der Natürlichkeit und Naturnotwendigkeit der gleichgeschlechtlichen Liebe geriet, der Unmut über den von der Geistlichkeit seines Landes geduldeten, wenn nicht gar genährten Aberglauben an Hexen, deren letzte, Anna Göldin, in Heinrichs Geburtshause zu Glarus gelebt hatte und kurz vor seiner Geburt durch Menschenhand vom Leben zum Tode gebracht worden war, zu einer in seiner Seele gewaltig kochenden Empörung. Die völlige Verständnislosigkeit seiner Zeitgenossen für das nach seiner Ueberzeugung auf der gleichen Stufe mit der zweigeschlechtlichen Liebe stehende Problem der Liebe zu den Lieblingen war im Falle Desgouttes wieder einmal grauenvoll an das Tageslicht getreten. Hößli zermarterte sein Gehirn mit dem Versuche, in unwiderleglicher Darstellung der Welt zu zeigen, wie sie in Hinsicht ihrer Verfolgung der Erscheinungen gleichgeschlechtlicher [486] Liebe noch völlig demselben finstern Aberglauben verfallen, in einer analogen Wahnidee befangen sei, wie die Welt des früheren Jahrhunderts bezüglich der

24

Hexen. Aber noch fühlte Hößli sich nicht reif für ein wirksames eigenes Unternehmen, noch fehlte ihm die Kraft, ein Werk zu schaffen, das um ein Jahrhundert den Zeitgenossen vorauseilen sollte, noch vermochte er nicht, seine Gedanken so zu sammeln und zu sichten. Es kam ihm der Einfall, einen seiner Meinung nach würdigeren Mann, als er selber war, zum Mundstück seiner Ideen zu gewinnen. Er schrieb nun einen Aufsatz «über Geschlechtsverhältnisse» nieder und suchte 1819 Heinrich Zschokke in Aarau auf, um ihn außer durch Uebergabe seines Aufsatzes auch mündlich zum Schreiben über seine Idee für den Druck anzuregen. Der damals als Lehrer der Philosophie in Luzern tätige, Hößli befreundete Troxler übernahm es, Hößli bei seinem Duzfreunde Zschokke einzuführen; Abends spät traf er mit Hößli in Aarau ein und beide suchten noch am selben Abend Zschokke in dessen Landhause, der Blumenhalde, auf. Schon im Gange rief Troxler seinem Freunde Zschokke seinen Gruß entgegen und fügte hinzu: «Ich bringe Dir hier einen halben Gelehrten», worauf dann Zschokke schlagfertig erwiderte: «Entweder ist's ein ganzer Gelehrter oder ein Narr!» Von dem Empfange bei Zschokke teilt Hößli in seinem «Eros» mit, daß jener ihn als Fremdling mit großer Güte und Gastfreundschaft aufgenommen und behandelt, auf seine Ansicht hingegen, seiner eigenen [487] vielen allbekannten Arbeiten, Amtsgeschäfte und Lieblingsforschungen wegen, äußerst wenig Zeit verwendet habe.[6] Als Zschokke's sehnlichst erwarteter «Eros» 1821 erschien, sah Hößli sich um so bitterer getäuscht, je mehr er sich von ihm versprochen hatte; er erkannte vollkommen die Vergeblichkeit seines Schrittes. «Ihm bewies ich» – heißt es in Hößli's handschriftlichem Nachlasse – «mit meiner Reise und Mittheilung die größte Achtung, das größte Zutrauen, eigentliche Verehrung … In meinem Aufsatz hat es ganz offenherzig Desgouttes geheißen, was Herr Zschokke in Lucasson verwandelte … Ich erstarrte gleichsam über diese Schrift (Eros), in der Holmar meistens meine eigenen Worte ausspricht – damit die Anderen ihn widerlegen können, verlor meinen Glauben an Mensch und Wahrheit – und nahm mir vor, zu schweigen und zu sterben. – Jahre vergingen und nun rufen Stimmen von außen und innen … Die männliche Natur und Liebe – nicht entmannte – in solcher Gestalt theilte ich meine Idee Herrn Zschokke mit und vorn in seinem Gespräch scheint's, als wolle er nichts Castriertes zum Besten geben – aber auf einmal muß das Geschlechtliche weg und

---

[6] Hössli, Eros I, S. 278.

25

das Verstümmelte an dessen Stelle, aber da erkenne ich meine Wahrheit in Herrn Zschokke's Gewand nicht.» […]

[495] Mit Sicherheit geht aus [einem] an Zschokke gerichteten Schreiben Hößli's hervor, daß dieser im Juni 1826 die begreifliche Scheu, mit seiner Idee selbst schriftstellerisch hervorzutreten, noch nicht überwunden hatte und der mutige Entschluß zu seinem «Eros» damals noch nicht von ihm gefaßt war; und doch war er bereits 42 Jahre alt. Den Zeitpunkt, in welchem diese Wandlung in seiner Seele vorging, habe ich nicht ermittelt.

Als Heinrich Hößli zu Anfang der dreißiger Jahre am «Eros» arbeitete, wohnte er auf dem Spielhofe im «süßen Winkel» beim Schlossermeister Andreas Stüssi. Die Gedanken an seinen Gegenstand beschäftigten ihn derart, daß er Schiefertafeln und Kreide mit in's Bett nahm, um deren über Nacht entstandenen Inhalt am nächsten Morgen zu ordnen und abzuschreiben; auch schrieb er im dunkeln Hinterzimmer des schwarzen Adler seine Ideen, so wie sie ihm kamen, um sie nicht aus dem Gedächtnisse zu verlieren, mit Kreide an die getäfelte Wand; er spannte eine Schnur an der Wand aus, um beim Schreiben in der dunkeln Stube die Linie innehalten zu können; Licht anzuzünden verschmähte er, vielleicht, weil im Dunkeln die Gedanken reichlicher und ungestört ihm zuflossen.

[496] Vom 11. Dezember 1834 bis über den 13. Juli 1835 hinaus stand Heinrich Hößli, damals im schwarzen Adler zu Glarus wohnhaft, in Unterhandlung mit dem Buchhändler Fr. Schultheß in Zürich bezüglich des Druckes seines «Eros». Er hatte sich erboten, 200 Franken zu zahlen oder die Hälfte der Druckkosten für die beiden ersten fertigen Bände tragen zu wollen gegen Ueberlassung der Hälfte der zu druckenden Exemplare. Die Verhandlungen liefen aber zunächst ohne positives Ergebnis aus […]. […]

[497] Bevor Hößli sein Manuskript der Buchdruckerei Freuler übergab, wünschte er dessen Durchsicht von Seiten eines Gebildeten; er wählte zu diesem Behufe den Lehrer an der Elementarschule zu Glarus Burghard Marti; dieser jedoch wies Hößli's Ansinnen zurück. Dagegen übernahm diese Revision bereitwillig der Lehrer an der Sekundärschule zu Glarus Gottlieb Strässer.[7]

---

[7] Eine Fussnote von Karsch enthält dessen Biografie. Siehe dazu auch den Aufsatz von Rolf Kamm in diesem Buch, S. 52.

Noch während des Druckes des ersten Bandes seines «Eros» erhielt Hößli durch den Studenten der Philosophie Joh. Christ. Tschudi aus Zürich Anfangs Juli 1836 von diesem erbetene Bücher zugesendet mit dem brieflichen Vermerk: «Es wird überflüssig sein, zu bemerken, daß Sie in Platon's Symposion, das ich gerade in der Ursprache durchlese, bedeutende Materialien zu Ihrer [498] Schrift finden» – ein Beweis, daß Hößli für ihn fruchtbare Hülfe zu finden verstand, daß man seinen Wert zu schätzen wußte und daß es ihm an entgegenkommendem Verständnis nicht fehlte. Erst im Dezember 1836 hatte des «Eros» erster Band die Presse verlassen und konnte versendet werden; hierüber Aufschluß gibt ein Schreiben des H. Dietrich Schindler aus Mollis vom 20. Dezember 1836, welcher das ihm zum Kaufe angebotene Exemplar mit dem Bemerken zurücksandte: «Ich las nur einige Abschnitte und halte es nach diesem für einen interessanten Versuch, über einen in mannigfacher Hinsicht wichtigen Punkt mehreres Licht zu verbreiten oder zur weiteren Untersuchung Veranlassung zu geben.» Hößli's reine Freude über das gelungene Werk bezeugt [ein] Fragment seines Schreibens an einen Ungenannten (wahrscheinlich Troxler) […]. […]

[500] Allein sein Glück sollte dem Verfasser des «Eros» bald vergällt werden. Denn kurz nach dem Erscheinen des ersten Bandes, am 13. Januar 1837, wurde Heinrich Hößli auf Veranlassung des Evangelischen Rates von der Kanzlei der Regierung von Glarus eingeladen und aufgefordert, von seiner Schrift «Eros», dessen 1. Band nebst den bereits gedruckten Bogen des 2. Bandes einzureichen der Buchdrucker Freuler als Verleger schon beauftragt wäre, den ganzen Rest des Manuskriptes zum 2. Bande umgehend «zu geeignetem Gebrauche» zu übermitteln. Hößli scheint der Aufforderung auch nachgekommen zu sein, aber zugleich eine Rechtfertigung seines Buches versucht zu haben, indem er dem Evangelischen Rate seine Meinung nicht vorenthielt. Zeugnis dessen sind in seinem handschriftlichen Nachlasse befindliche Papiere mit Bemerkungen, welche nicht wohl [501] anders denn als Entwürfe zu einer solchen Antwort gedeutet werden können:

«H. Pfr. ***

Richter – Anatomen – Gesetzgeber – Naturforscher – sind alle ihre Angelegenheiten und Stoffe Gegenstände geselliger Unterhaltung?!!

Habe ich eine Schrift für Ihren Wirkungskreis geschrieben? oder wird ein vernünftiger Mensch sie in solchen hineinreißen?!!

Man kann nicht bezweifeln, daß gerade diejenigen Dinge, über die man sich in einer öffentlichen Gesellschaft zu reden billigermaßen schämte, dennoch zuweilen zu den wichtigsten Angelegenheiten unseres Lebens gehören können; es ist also eine tiefe Bosheit oder Dummheit, die diese Schrift gewaltsam in einen Kreis hinüberreißt, für den sie nicht bestimmt ist, in den sie nicht gehört, also bloß, um sie dann da zu verdammen; in der Bibel sind mehr Stellen, die sich ohne Erröthen in keiner Gesellschaft verhandeln ließen, als in meinem Buch.

Dem Buch, das durch den Stillstand von Glarus jetzt zum Gegenstand Ihrer Verhandlung geworden, hat sein Verfasser absichtlich den nicht anziehenden Titel gegeben, den es nun hat, damit es sowohl hier als anderwärts nur von wenigen wissenschaftlichen Männern gekauft und verstanden werden möchte. Daher kann es ihm nur höchst erwünscht sein, Hochdemselben hiermit die schriftliche Erklärung ehrerbietigst zu überreichen, nämlich daß er dieses Buch im hiesigen Canton (außer an seine wenigen Herren Subscribenten als nunmehrige Besitzer des 1. Bandes) an niemand weiter mehr verkaufen, noch sonst abgeben, ankündigen oder fortdrucken lassen werde. Er bittet aber dagegen Hochdenselben um seine Schrift, sein Eigenthum, damit er gelegentlich den ehrenden Stillstand der Gemeinde sowohl als den Hohen Rath des [502] Cantons Glarus über die vollständige Idee und Gefahrlosigkeit seines Buches beruhigen könne. Inzwischen er sich in dieser Angelegenheit mit ehrfurchtsvollster Ergebung dem Schutze seiner hohen Obrigkeit empfiehlt.

Meine Schrift führe zu einem Verbrechen – Knabenschänderei – also ich schrieb über dieses Verbrechen, ich will es prüfen und damit jedem Richter einen Dienst leisten, dafür ich allen Dank erwarte: man ist über einen Kriminalgegenstand hoffentlich doch gern im Reinen.

Will man eine Schrift, Idee oder Lehre verurthcilen, ohne sie zu kennen – und kennt man ein nicht halb geborenes Werk? weiß man jetzt schon ganz, was ich will? Man muß mich ganz abhören, das heißt, mir gnädig erlauben, mein Buch mit meinem Geld zu drucken und ihm alsdann – sein Recht widerfahren lassen.

Man will hier die Obrigkeit vorführen, man will sie hier zum Werkzeug der Unwissenheit und Bosheit mißbrauchen.

Ich sage immer und zwar mit allem Recht: dieses Buch ist ein rein wissenschaftliches – und man will da diese hohe Behörde gegen mein Buch und mich zu einer rein wissenschaftlichen machen – man spielt mit ihr gegen einen Bürger, der nicht weniger werth als meine Gegner.

Die zwei Titelblätter, genau, buchstäblich, wie sie jetzt vor beiden Bänden stehen, gab ich, gedruckt bei C. F. [Cosmus Freuler], herum – auf diese hin machte man sich für den Ankauf eines Exemplars verbindlich. Nun fragen wir: sprachen diese zwei Titelblätter mit ihren Motto's eine bestimmte, begreifliche, menschliche, vernünftige Aufgabe aus oder keine?

Herr Straßer hat gesagt, das Buch ist wahr, aber – Ich Monarch verbiete es – Griechenland ist durch die Ausschweifungen der Männerliebe untergegangen – Stehlen ist ein Verbrechen und man kann mit dieser Natur geboren sein – Man kann doch gleich heirathen, [503] es gibt ja nur unglückliche Ehen – Abnormitäten, Ausartungen, Auswüchse, Unkraut! Poesien sind Phantasie, gelten und bedeuten nichts.

Ich erinnere mich eben, daß einst ein Mann anläßlich zu mir sagte: Alle diese (oder solche) Menschen machen nie ein Glück, sie kommen immer in Zerfall – – – und erst nach Jahren ward es mir sonnenklar, daß dieses eine höchst wichtige Beobachtung und Wahrheit sei – die wohl wenig eingesehen wird; so sind sie ganz richtig durch uns zum Fluch geboren, ja durch uns zum Fluch geboren, und das ist die ganze Wahrheit, der ganze Triumph unsers diesfühlig herrlich-sittlichen Standpunkts.

Preßfreiheit ist nicht Lasterfreiheit. Durch die Presse tritt der Urheber des Guten und Schlechten, eben in diesen Eigenschaften, ans Licht; und es tritt der Mensch, die Wahrheit, die Öffentlichkeit, die allgemeine Vernunft in ihrer vom Schöpfer beabsichtigten Thätigkeit auf – darin liegt eben der Werth der Presse. Ein schlechtes Buch wird durch sein Erscheinen nicht sicher, es überliefert sich selbst wie rasend dem Gericht der Welt, der Verachtung, dem Spott, und es muß, was in seiner Absicht nicht liegt, gerade dem Guten und Wahrhaften Thür und Thor öffnen.

Wollten Hochderselbe mir mein nun einziges Ehre-Rettungsmittel untersagen? (das heißt, den Druck meines Buchs) – – – Wenn Sie mich das Buch drucken lassen, alsdann geschieht gewiß, was in der Pflicht liegt, ich werde gerichtet durch das Buch oder geschützt und gerettet durch das Buch und das liegt beides in der Obliegenheit.

Geben Hochderselbe auch zu, daß sich verlarvte Menschen, das heißt solche, die sich mir nicht nennen (ich habe mich genannt), geheim gegen die h. Wahrheit [504] meines Buchs und auch gegen mich, meine bürgerlichen Rechte stellen? Ich heiße hier und vorn auf meinem Buch
Heinrich Hößli»

Das Endergebnis der Verhandlungen Heinrich Hößli's mit der Behörde war dieses, daß er die Auflage seines Werkes zwar behielt, auch sein Manuskript zurückbekam, daß er aber innerhalb des Kantons Glarus weder ein weiteres Exemplar des bereits Gedruckten verkaufen, noch sein Manuskript weiter drucken lassen durfte. Gemäß einer Bekundung soll er eine schwere Buße (angeblich 2000 Franken oder mehr) haben zahlen müssen, nach einer andern Quelle kam er dagegen ohne Buße davon. Seinem bisherigen Buchdrucker Freuler war damit die Möglichkeit des Weiterdruckes abgeschnitten.

Man wird sich schwer des Argwohns entschlagen können, daß das Vorgehen des Evangelischen Rates gegen Hößli nicht lediglich Heinrich Hößli's wenn auch entschiedener so doch von jeglicher Lüsternheit freier Verteidigung der gleichgeschlechtlichen Liebe gelten sollte, sondern mehr und vielleicht besonders seine religiös-freie Denkungsweise, der er durch Einbeziehung von Hexenprozeß und -glauben, Pfaffen und Teufeln in sein Werk von der Männerliebe der Griechen unverhohlenen Ausdruck gab, zu treffen bestimmt gewesen ist. War schon die Darstellung der geschlechtlichen Natur der Männerliebe zu damaliger Zeit eine sehr bedenkliche Kühnheit, welche höchste Vorsicht erforderte, so muß gar ihre Verquickung mit Angelegenheiten des Glaubens als äußerst unvorsichtig bezeichnet werden. Der Gedanke eines Parallelismus zwischen Verfolgung gleichgeschlechtlicher Liebe und den Prozessen gegen Hexen, welche wie ein roter Faden durch beide Bände des «Eros» sich hindurchzieht, mag dazu mitgewirkt haben, daß auch Solche Hößli nicht verstehen wollten, die ihn hätten ver- [505] stehen und der Verbreitung seiner Erosidee hätten förderlich werden können, daß er zur Zeit seines Auftretens, im zweiten Viertel des 19. Jahrhunderts, unbeachtet blieb oder totgeschwiegen wurde, daß er tauben Ohren predigte und nach dem Erscheinen seines ersten «Eros»-Bandes bereits einem geschlossenen Widerstand sich gegenüber sah, an dem selbst seine im höchsten Maße opferwillige und trotzige Energie und seine von ununterdrückbarer Ueberzeugung getragene Willenskraft nach kurzem Kampfe zerschellte; diese unglückselige Verquickung von Liebe mit Glauben, welche freilich in seinem Gerechtigkeitsgefühle wurzelte, mag vorzugsweise die Schuld tragen, daß Hößli am Siege seiner Wahrheit für absehbare Zeit endgültig verzweifeln mußte und ein Prediger in der Wüste nicht nur seinen Zeitgenossen, sondern bis auf die heutige Stunde geblieben ist. Sein großes unsterbliches Lebenswerk, sein zweibändiger «Eros», hat denn auch tatsächlich das Schicksal erlebt, daß es an der Wende des 19. Jahrhunderts, fast 60 Jahre nach seinem Erscheinen und fast 30 Jahre nach Hößli's Hinscheiden, von einer Seite, welche Hößli's Wesen und Bedeutung mit Verständnis zu erfassen vermochte, in zwei völlig getrennte Bücher zerlegt worden ist – in «Hexenprozeß und -glauben, Pfaffen und Teufel» einerseits und in «Männerliebe der Griechen» andererseits.[8]

[506] Dieses Mißgeschick jedoch, das Verbot des Vertriebes und des Weiterdruckes seines Eros innerhalb der Grenzen des Kantons Glarus, brach Hößli's Wagemut noch nicht; – er sah sich nur genötigt, nach einem Ersatze für den Drucker Freuler in einem anderen Kanton sich umzusehen, und einen solchen fand er alsbald in der Person des J. Fr. Wartmann in St. Gallen. Mit Hülfe dieses ausgezeichneten Mannes gelangte Heinrich Hößli sicher und schnell zu seinem ersehnten Ziele. Vom zweiten Erosbande waren bereits 8 Bogen gedruckt, nur die Seiten 43 und 44 mußten als unbrauchbar verworfen werden;[9] der schriftliche, den Druck des Eros betreffende Verkehr zwischen beiden Männern währte vom 17. März 1837 bis zum 31. Oktober 1838; alsdann war der Druck auch des 2. Erosbandes vollendet. Der Austausch der Gedanken zwischen Wartmann und Hößli hatte inzwischen vertraulich, fast herzlich, ja freundschaftlich sich gestaltet; öfter war die Rede von geplanten persönlichen Zusammenkünften, bei denen dann auch der «liebe Kubli» immer eine Rolle spielte. Wartmann führte Klage bei Hößli über unleserliches Manuskript: «Bei diesem Anlaß» – schreibt er am 10. Juni 1837 – «nehme ich mir die Freiheit, eine Bitte an Sie zu richten, die Sie mir gewiß nicht übel deuten werden. Es kommen nämlich in dieser Manuskriptsendung einige Blätter vor, wovon ein paar nur mit der größten Mühe und eines (wie Sie in der Korrektur finden werden) an

---

[8] Siehe dazu «Die Ausgaben von Heinrich Hösslis ‹Eros›» in diesem Buch, S. 207–212.

[9] Ein Exemplar dieses Blattes befindet sich in Zürcher Privatbesitz und wird auf S. 206 erstmals reproduziert.

einigen Stellen gar nicht entziffert werden konnten. Ich muß Sie deßwegen im Interesse der Sache wirklich dringend bitten, etwas mehr [507] Sorgfalt auf dasselbe zu verwenden; denn äußerst unangenehm ist es für den Verfasser eines Werkes wie für den ehrliebenden Buchdrucker, wenn auf diese Weise sinn- und geiststörende Fehler einschleichen.» Ein anderes Schreiben Wartmann's vom 10. Oktober 1837 nimmt Bezug auf den Evangelischen Rat: «Die Glarner Sperren scheinen Retraite schlagen lassen zu wollen und zu dem lieben Juste-milieu zurückzukehren. War es dann wohl der Mühe werth, einen so gewaltigen Lärm in der Welt zu machen, wenn man am Ende doch den Muth nicht hat, einigen intriganten Pfaffen den Hals zu brechen?» Wartmann gelang es, auch die Verlagsbuchhandlung C. P. Scheitlin in St. Gallen zur Uebernahme der Kommission für beide Erosbände mit 50 % Provision zu gewinnen [...]. [...]

[509] Bis zur Fertigstellung des 2. Bandes des «Eros» reichte Hößli's Kraft und Energie; dann hat er jede Absicht öffentlichen Wirkens jäh aufgegeben. Die zahlreichen Vorarbeiten zum 3. Bande ließ er unverändert liegen, aber ohne sie zu vernichten. Er redete sich fortan ein, daß sein Werk nichts tauge, daß der wirksamen Darstellung seiner Erosidee er selber nicht gewachsen sei. In einem Briefe wegen der jüngsten Schrift über den Hexen-Prozeß und eine ältere von J. F. Rübel schreibt er: «Blos um Wort zu halten, kommt der Eros hier auch mit. Sie werden ihn nicht lesen – wegwerfen, denn schlechter ist kein Buch geschrieben; und es ist auch zum Theil dieses [510] Gefühl, diese Ueberzeugung, daß ich den 3. Thl. liegen ließ; je tiefer ich von der großen Bedeutung der Idee ergriffen bin, um so sicherer ist auch meine traurige Ueberzeugung, daß sie nur durch einen großen, gebildeten, gelehrten Mann unsrer Zeit gemäß darstellbar ist; wie einst den Griechen durch Plato, der noch so prächtig dasteht. Der Stoff, wie jedes Element der ganzen Schöpfung ist immerwährend vorhanden: zum Heil oder zum Verderben ... da aber sitzt der Verfasser des ersten oben berührten Schriftleins Pag. 157 Zeile 4, 5 u. 6 wahrlich noch im dicken Nebel.»[10]

---

[10] Der Sinn dieses Zitats ist nicht leicht zu finden. Zudem ist nicht klar, welche Zeilen Hössli meint, da die ersten drei Zeilen der Seite ein Titel, ein Zitat und dessen Autor ausmachen. Wenn wir diese als Zeilen 1–3 zählen, dann wollte Hössli wohl sagen, dass «die Wissenschaften und die Künste, die da sind des Menschen höchste Natur, dem Menschen schöpferisch, hervorbildende, entwickelnde, leitende, erziehende Hände reichen», dass er selber jedoch wenig von diesen Gaben erhalten habe.

«Heinrich Hößli als Greis nach einer Daguerrotypie. Von sechs Personen, welche Hößli gekannt haben, ist mir bestätigt worden, daß dieses Bild den Verfasser des ‹Eros› ‹leibhaftig› darstelle, wenn auch gealtert und verbittert.» (Originallegende Karsch)

Allein wie sehr seine Erosidee bis in sein Greisenalter Hößli beschäftigte und ihm am Herzen lag, davon zeugt die verlorene rührende Klage im Konzepte eines Briefes von ihm aus dem Jahre 1855: «Wie froh wäre ich, alle meine die Idee des Eros betreffenden zahlreichen Bücher einem fähigen Manne im Interesse einer verlassenen Wahrheit überlassen zu können: und der hätte bei mir den Rechtstitel darauf – weil ich heute oder morgen sterbe, denn ich bin schon 71 Jahre alt.» Und hatte Hößli auch mit dem Jahre 1838 alle Hoffnung auf öffentlichen Erfolg vollends aufgegeben, so verlor er damit gleichwohl nicht die Lust, seine Erosidee weiter zu begründen, zu erforschen und zu vertiefen. Zeugnis dessen sind zahlreiche Auszüge und Bemerkungen seines handschriftlichen Nachlasses, Notizen, welche bis in das Jahr des Todes des achtzigjährigen Greises reichen […].[11] […]

[513] Der schwerste Schlag, der Heinrich Hößli überhaupt treffen konn-te, war ihm für sein Greisenalter vorbehalten. Als er 1857 oder 1858 nach Lachen, Richterswyl (oder Wadenschwyl) zog, übergab er den ganzen ihm noch verbliebenen Rest seiner «Eros»-Auflage dem Besitzer der Eisenhand-lung im Löwen zu Glarus, Herrn Josua Dürst, der ihn oben im Rittersaale unterbrachte – und hier ist, was vom «Eros» den Weg in die Welt noch nicht gefunden hatte, vom 10. bis 11. Mai 1861 bei dem großen Brande von Glarus, der die halbe Stadt einäscherte, noch 3 Jahre vor Heinrich Hößli's Ableben, durch Feuer vollständig vernichtet worden.

Ferdinand Karsch: Quellenmaterial zur Beurteilung angeblicher und wahrer Ura-nier. Zweite Reihe, in: Jahrbuch für sexuelle Zwischenstufen unter besonderer Be-rücksichtigung der Homosexualität, V. Jahrgang 1903, S. 447–706, hier S. 453–513.

Karsch zitiert gegen den Schluss seines Textes (S. 514f.) das negative Urteil des hannoveranischen Juristen Karl Heinrich Ulrichs, der im Laufe der Arbeit an seinen «Forschungen über das Räthsel der mannmännlichen Liebe» (so der Reihentitel der ersten fünf Schriften) von Hösslis Werk Kenntnis erhielt, dieses als «ermüdend weitschweifig» beurteilte und ihm vorwarf, dass «alle und jede Gliederung des Stoffes fehle». Abgesehen davon, dass dieses Urteil, wie auch Karsch bemerkt,

---

[11] Eine dieser Notizen, ein bei Karsch abgedruckter Ausschnitt aus der Lokalzeitung, hat den Anlass und sogar den Titel zu einer historischen Recherche gegeben: Rolf Thalmann: «Jener Heini, Bedienter des Nuntius …». Ein Luzerner Prozess wegen widernatürlicher Unzucht 1862, in: Mannschaft, Januar 2012, S. 69.

ebenso gut auf Ulrichs' Werk gemünzt werden könnte, sei hier lieber ein ausgesprochen positives Zeugnis von Ulrichs an den Schluss gestellt.

Am 29. August 1867 versuchte Ulrichs vor dem deutschen Juristentag in München eine Rede über die «mannmännliche Liebe» vorzutragen. Noch auf dem Weg zum Podium beschlichen ihn Ängste und Bedenken.

Dann aber war mir's, als ob eine andere Stimme ihr Flüstern begänne. Das war die Mahnung, mit der vor 30 Jahren mein Vorgänger im Kampfe, Heinrich Hösli in Glarus, sich selber gemahnt hatte, nicht zu schweigen,[12] und welche in diesem Augenblick, anklingend und laut wiedertönend, mit all' ihrer Kraft mir vor die Seele trat:

«Zwei Wege habe ich vor mir: dies Buch schreiben und der Verfolgung mich aussetzen, oder: es nicht schreiben, dann aber mit dieser Schuld beladen hinabsteigen in das Grab. Ja, ja! ich bin schon in böser Versuchung gestanden, diese Schrift aufzugeben. Dann aber stunden wieder vor mir Platon und die griechischen Sänger und Helden, die der Natur des Eros angehörten, und die in ihr geworden sind, was sie der Menschheit werden konnten. Und daneben sah ich vor mir, was wir aus solchen Menschen gemacht haben. Vor meinen Augen erschienen die Gestalten der verfolgten und die schon verfluchten, die noch nicht geboren sind, und die unseligen Mütter an den Wiegen der schuldlos verdammten! Dann sahe ich unsre Richter mit ihren verbundenen Augen. Zuletzt sahe ich den Todtengräber den Deckel des Sarges mir über mein erkaltetes Gesicht schieben. Da faßte mich der Drang, ehe ich ihm verfallen bin, einzutreten für die unterdrückte Wahrheit, faßte mich siegend mit seiner ganzen Gewalt. Und ich schrieb weiter, meine Augen vorsätzlich abwendend von denen, die dafür an meinem Verderben arbeiten. Eine Wahl zwischen reden und schweigen habe ich nicht. Ich sage zu mir:
Rede oder sei gerichtet!»

Ich aber wollte Hösli's würdig sein. Auch ich wollte nicht unter die Hand des Todtengräbers kommen, ohne zuvor freimüthig Zeugniß abgelegt zu haben für das unterdrückte Recht angeborner Natur, ohne zuvor, wenn

---

[12] [Anmerkung von Ulrichs:] «Eros; über die Männerliebe.» Von Heinrich Hösli. 2 Bände: Glarus 1836; St. Gallen 1838 bei C. P. Scheitlin. (Bd. II. S. XXX. XXXI, Bd. I. Widmung.)

auch mit minderem Ruhm, als einst ein größerer Name, der Freiheit eine Gasse[13] gebrochen zu haben.

Das waren die Gedanken, mit denen ich am 29. August 1867 zu München, im großen Saal des Odeons, vor mehr als 500 deutschen Juristen, darunter deutsche Abgeordnete und ein bayrischer Prinz, mit hoch klopfendem Busen die Stufen der Rednerbühne hinanstieg.

Mit Gott!

Karl Heinrich Ulrichs: «Gladius furens». Das Naturräthsel der Urningsliebe und der Irrthum als Gesetzgeber. Eine Provokation an den deutschen Juristentag. Als Fortsetzung der Schriften von Numa Numantius: Sechste Schrift, Kassel 1868, S. 1 f.

---

[13] «Der Freiheit eine Gasse» (1841) ist der Titel eines Gedichts von Georg Herwegh. Jede der fünf Strophen endet mit der Zeile «Der Freiheit eine Gasse». Die erste ist der legendären Tat Arnolds von Winkelried in der Schlacht bei Sempach (1386) gewidmet.

Rolf Kamm

Heinrich Hösslis Glarus

Heinrich Hössli entstammte einer alten Glarner Familie, die bereits im 13. Jahrhundert prominent in den Quellen erscheint, im 18. Jahrhundert allerdings nicht mehr zur Führungsschicht zählt. Der Name «Hösli» ist im Glarnerland noch heute weit verbreitet, wird allerdings meist mit einem s geschrieben.[1] Von kurzen Unterbrechungen abgesehen, lebte und arbeitete Hössli von 1784 bis 1852 im Kantonshauptort Glarus, wo er mehrere Häuser besass und an mindestens drei verschiedenen Orten sein Geschäft betrieb. Hier schrieb er auch die beiden Bände des «Eros».

Man kann sich fragen, warum die erste bekannte Monografie über Homosexualität in der westlichen Welt ausgerechnet in Glarus entstanden ist. Das hat in erster Linie mit der Person Heinrich Hösslis zu tun, vielleicht aber auch mit dem Umfeld, in dem er aufwuchs und lebte. Wie haben wir uns dieses vorzustellen? Was prägte und bewegte Hösslis Glarus?

Ein wohlhabendes Land

Einem jungen Zürcher Reisenden fiel 1781 der «zunehmende Reichtum breiter Schichten» auf, was sich offenbar auch in Lebensart und Sitte der Glarner zeigte: Vermehrt werde Veltliner und Oberländer Wein eingeführt, es gebe nun mehr Personenkutschen und grössere und bequemere Häuser. Die Leute beschäftigten sich mit Jagen, Schiessen, Spazierenfahren oder veranstalteten Dorffeste und Wettkämpfe zwischen den Dörfern.[2] Solche

---

[1] Rolf Kamm: Glarus – zwischen Habsburg und Zürich. Die Entstehung des Landes im Spätmittelalter, Baden 2010, S. 143 f.
[2] Zitiert bei Johann Jakob Blumer und Oswald Heer: Gemälde der Schweiz, Bd. 7: Der Kanton Glarus, Bern, St. Gallen 1846, S. 286.

Abb. 1: Glarus war zur Zeit von Hösslis Geburt noch ein Dorf. Die Heimspinnerei und -weberei hatte gerade begonnen, Textildruckereien gab es noch keine. Stich von Née, nach Perignon, 1780, Landesarchiv Glarus (LAGL).

«Ring-, Lauf- und Wurfkämpfe» seien, «so wie bei anderen Gebirgsvölkern», sehr beliebt gewesen, schrieb auch der deutsche Arzt Johann Gottfried Ebel, nachdem er Glarus um 1800 besucht hatte. Allerdings scheint dieses Phänomen damals bereits ausgestorben zu sein. Ebel bedauert auch das Verschwinden der Hirtengesänge und Kuhreihen, wie sie in Appenzell noch weiterbestünden. Zu geselligem Beisammensein kam es damals vor allem an «Chilbenen» (Kirchweihen), der Fasnacht, privaten Hochzeiten oder der alljährlichen Feier zum Gedenken an die Schlacht bei Näfels von 1388, der sogenannten Näfelser Fahrt. An den übrigen Tagen war das Tanzen zeitweise ohnehin verboten.[3] Das einfache Landleben, das Ebel und andere aufgeklärte Städter gerne idealisierten, scheint es um 1800 in Glarus schon nicht mehr gegeben zu haben.

---

[3] Johann Gottfried Ebel: Schilderung des Gebirgsvolkes vom Kanton Glarus und der Vogteien […], Leipzig 1802, S. 292–294.

Abb. 2: Während Hösslis Lebenszeit wurde aus dem ländlichen Flecken Glarus eine indus-
trialisierte Kleinstadt mit vier grossen Textildruckereien. Das Nachbardorf Ennenda (links)
war nicht weniger gewachsen und galt als die reichste Gemeinde der Schweiz. Lithographie von
J. H. Fries, nach H. Steiner, um 1865, LAGL.

Der Lausanner Henri Robert Besson hielt Glarus 1786 gar für einen der teuersten Orte der Schweiz: «L'argent n'y est pas rare.» Er führt den Reichtum der Glarner auf die weitverbreitete Baumwollspinnerei zurück, sogar Männer würden dieser Heimarbeit nachgehen. Besson erwähnt auch landwirtschaftliche Exportprodukte, wie den vielgerühmten «Schabziger» oder «fromage vert», der allerdings «pas du goût de tout le monde» sei. Auch die Pflanzen zur Herstellung des «thé suisse» sind Besson eine Erwähnung wert. Besson war der Meinung, die Glarner verliessen ihre Heimat leichter als alle anderen Schweizer. Glarner treffe man überall.[4]

Die günstige wirtschaftliche Entwicklung am Ende des 18. Jahrhunderts nahm 1798 ein jähes Ende, als das revolutionäre Frankreich die alte Eidgenossenschaft eroberte. Im Jahr darauf wurde Glarus mit dem Durchmarsch eines russischen Heeres unter General Suworow gar zum Kriegsschauplatz.

---

[4] Henri Robert Besson: Manuel pour les savans et les curieux qui voyagent en Suisse, tome second, Lausanne 1786, S. 111–113.

Die Not war so gross, dass etliche Familien ihre Kinder in Städte schicken mussten, weil es im Glarnerland zu wenig zu essen gab. Der fünfzehnjährige Heinrich Hössli aus Glarus kam in dieser Zeit nach Bern, wohl auch, um ein Handwerk zu erlernen.[5] Noch einmal, 1817, kam es zu einer massiven Teuerung der Lebensmittel und zur letzten Hungersnot im Glarnerland. 1843 bis 1845 erfolgte die grosse Auswanderungswelle, die zur Gründung von New Glarus in Wisconsin führte.[6] Trotzdem: Zwischen der Mitte des 18. Jahrhunderts und 1836 nahm das versteuerte Einkommen im Glarnerland massiv zu, im Hauptort Glarus verdoppelte es sich fast. Bis 1842 wuchs es nochmals um mehr als zwanzig Prozent. Auch die Zahl der Häuser verdoppelte sich zwischen 1760 und 1830 auf über 600.[7]

Als Hössli nach 1800 wieder in Glarus lebte und arbeitete, hatte die Industrialisierung bereits begonnen. Der liberale Journalist Johann Jakob Leuthy zeichnete Glarus 1840 mit dem Prädikat «städtisch» aus. Industrie und Handel sowie Bildung und Geselligkeit hätten sich für die 4100 Einwohner vorteilhaft ausgewirkt, und er verwies auf die «verschiedenen Fabriken der Baumwollindustrie» und einige Brauereien. Tatsächlich gab es um 1840 mindestens vier Baumwolldruckereien im Hauptort, Spinnereien vielleicht zwei und eine Brauerei. Der Brite John Murray blies 1844 ins gleiche Horn: Der 4320 Einwohner zählende Ort sei ein «place of manufactures, especially of cotton, printing of muslins, etc.», und eine grosse Menge Ziger werde nach Amerika verkauft. Der Handel mit dem «green cheese» scheint trotz Industrialisierung nach wie vor lukrativ gewesen zu sein. Murray meinte, die Einheimischen führten den speziellen – und offenbar beliebten – Charakter des Zigers auf die Kraft und besonderen Eigenschaften der Glarner Alpweiden zurück. Leuthy und Murray lobten das neuerbaute Schulhaus am Zaunplatz von 1835 – keine zwanzig Meter von Hösslis Geburtshaus entfernt. Bewundernd stellt Murray zudem fest, dass das Schulhaus mit Spendengeldern errichtet worden sei. Prächtiger als das eher nüchterne

---

[5] Ferdinand Karsch: Heinrich Hössli (1784–1864), in: Jahrbuch für sexuelle Zwischenstufen, Jg. 5, 1903, S. 449–556, hier S. 454. Zur Glarner Geschichte um 1800 Christoph H. Brunner et al.: Helvetischer Bilderbogen, Kanton Linth 1798–1803, Glarus 1998.

[6] Blumer/Heer (wie Anm. 2), S. 371 f.

[7] Ebd., S. 471, und Historischer Verein des Kantons Glarus (Hg.): Glarus 1861. Der Brand und seine Bewältigung, Glarus 2011, S. 10–13. Unentbehrlich dazu Laurenz Burlet: Glarus. Vom Flecken zur Stadt. Geschichtliche Notizen zu den Strassen und Gebäuden, 3 Bände, Glarus 1989 (Typoskript im Landesarchiv Glarus).

Abb. 3: Hösslis Glarus: 1. In der Abläsch, heute Abläschstrasse 10: Wohnort Hösslis 1784–1799. 2. Gasthof zum Schwarzen Adler, im Erdgeschoss, 1861 abgebrannt: Wohn- und Geschäftsort Hösslis 1827–1832 und 1834–1835. 3. Im Sand (genauer Standort unbekannt), 1861 abgebrannt: Wohnort Hösslis irgendwann nach 1832. 4. Am Kirchweg, heute Teil des Hotels Freihof am Kirchweg 18, Eingang Allmeindstrasse 2: Geschäftsort Hösslis 1842–1848. 5. Ecke Bärengasse, heute Bärengasse 24, Ecke Allmeindstrasse: Das Haus verkaufte Hössli 1852 Jakob Kubli. 6. Auf der Almei, heute Bärengasse 18: Wohnort Hösslis nach 1848. 7. Auf dem Spielhof im Löuen, 1861 abgebrannt, Geschäftsort Hösslis bis 1851. Hier verbrannten 1861 Hösslis Eros Bestände.

a. Zaunschulhaus. b. Regierungsgebäude. c. Casino. d. Gasthof Raben. e. Gasthof Goldener Adler. f. Altes Schulhaus, 1831 Cosmus Freulers Wohnung. g. Altes Rathaus (Rekonstruktion von Reto Fuchs, 2014, www.altglarus.ch).

41

Abb 4: Hösslis Geburtshaus, wie es Ferdinand Karsch 1903 sah. Vom grossen Brand von 1861 blieb das Haus verschont. Karsch, Hössli, S. 455.

Abb. 5: Hösslis Geburtshaus in der Abläsch. Das Haus gehörte bis 1782 dem Schlosser Rudolf Steinmüller, einem Freund der «letzten Hexe», Anna Göldin. Steinmüller wurde mit angeklagt und erhängte sich während des Prozesses. Foto von Rolf Kamm, 2014, Glarus.

Schulhaus präsentierte sich für Leuthy das neue Regierungsgebäude von 1837.[8] Das klassizistische Bauwerk war wie das Schulhaus ein sichtbares Zeichen eines wohlhabenden und modernen Glarnerlandes.

Und der Aufschwung dauerte an: Der deutsche Nationalökonom Arwed Emminghaus bezeichnete Glarus 1860 als das «bemerkenswerteste Industriegebiet der Schweiz», vielleicht sogar der Welt. Die Glarner seien ein «handelslustiges Völkchen». Als Exportgüter früherer Zeit nannte der deutsche Reisende Vieh, Glarner Tee, Schabziger und Schiefer, und seit dem 18. Jahrhundert blühe die Baumwollindustrie. Ein Drittel der Bevölkerung «isst jetzt industrielles Brot», und das Glarnerland sei eine

---

[8] John Murray (Hg.): Hand-Book for Travellers in Switzerland and the Alps of Savoy and Piedmont, London, Paris 1844, S. 197; Johann Jakob Leuthy: Der Begleiter auf der Reise durch die Schweiz. Ein Hülfsbuch für Reisende, Zürich 1840, S. 248. Johann Jakob Leuthy war unter anderem ein Vorkämpfer für die Gleichberechtigung der Frauen. HLS, 16. Dezember 2013.

Abb. 6: Die Abläsch von Norden. Auf der rechten Seite befinden sich die Häuser der Familien Dinner und des Ratsherrn Tschudi. In der Bildmitte kann man knapp Hösslis Geburtshaus erkennen. Aquarell von J. H. Jenny, um 1830, LAGL.

grosse «Fabrikstadt» geworden. «Fabrik reiht sich an Fabrik.»[9] Tatsächlich dürften die grossen weissen Fabriken und die hölzernen «Hänggitürme» zum Trocknen der Tuchbahnen bei keinem Besucher ihre Wirkung verfehlt haben. 1830 gab es im Glarnerland fünf Spinnereien und Webereien und zwölf Textildruckereien. 1852, bei Hösslis Wegzug aus dem Glarnerland, waren es neunzehn Spinnereien und Webereien und 22 Textildruckereien.[10]

Auch Hösslis berufliche Tätigkeit zeugt von Wohlstand und Weltgewandtheit. Der «Eros»-Autor war einer von immerhin achtzehn Putzmachern im Hauptort Glarus. Dank Geschäftstüchtigkeit, guten persönlichen Kontak-

---

[9] Arwed Emminghaus: Die Schweizerische Volkswirtschaft, Bd. 1: Landwirtschaft und Industrie der Schweiz, Leipzig 1860, S. 149 f. Emminghaus gründete 1865 die «Deutsche Gesellschaft zur Rettung Schiffbrüchiger». Wikipedia, 16. Dezember 2013.

[10] Rolf von Arx, Jürg Davatz, August Rohr: Industriekultur im Kanton Glarus. Streifzüge durch 250 Jahre Geschichte und Architektur, Glarus 2005, S. 361–363.

ten und wachsender grossbürgerlicher Kundschaft geschäftete er offenbar recht erfolgreich. Nebst Ratsherren und dem Landammann zählte auch die Kirchgemeinde Glarus zu seinen Kunden.[11] Hössli scheint fast immer dort gewohnt zu haben, wo auch sein Geschäft war, häufig in Gasthäusern: Von 1827 bis 1832 und in den Jahren 1834 und 1835 lebte er im Schwarzen Adler nahe der Kirche, von 1848 bis 1851 im Löwen am Spielhof.[12] John Murray empfahl 1844 dagegen die Gasthäuser Raben und Goldener Adler. Beide seien «not large, but comfortable». Etwas ausführlicher äussert sich Leuthy über die Glarner Gasthöfe. Den Goldenen Adler im Besitz der Familie Streiff, den Raben der Familie Glarner und den Schwarzen Adler der Familie Leuzinger lobte er allesamt. Die empfohlenen Gasthöfe galten als geräumig, bequem und «bestens meubliert», die Bedienung sei «reinlich», «gefällig» und zum Teil auch billig. Hösslis Löwen erwähnt keiner der Reisenden.[13]

Auch der Brand von Glarus vom 10. und 11. Mai 1861, der zwei Drittel der Wohnungen, das Ortszentrum und auch Hösslis privaten Bestand an «Eros»-Bänden zerstörte, fiel in diesen ausgesprochenen wirtschaftlichen Aufschwung. Der rasche und grosszügige Wiederaufbau des Hauptortes legt davon Zeugnis ab. Noch im 20. Jahrhundert sprach man daher für die Zeit von 1820 bis 1890 oft vom «glarnerischen Wirtschaftswunder». Das verheerende Feuer änderte daran nichts, erst Ende des 19. Jahrhunderts geriet die Textildruckerei, insbesondere im Hauptort, in ihre erste schwere Krise. Hössli war zu diesem Zeitpunkt aber bereits seit dreissig Jahren tot.[14]

Ein gebildetes Volk

Der Glarner Christoph Trümpi schrieb bereits 1774, Weltgewandtheit, «bürgerlicher Wohlstand» und «Hof-Manieren» seien nicht nur bei vornehmen Familien und «Officiers» üblich, sondern bei den Glarnern aller Schichten weit verbreitet. Trümpi attestierte gerade den Glarner Bauern einen besonders «hellen Kopf» und «vernünftigen Umgang». Und man begegne nicht

---

[11] Pirmin Meier: Mord, Philosophie und die Liebe der Männer, Zürich, München 2001, S. 307 f., und Christoph H. Brunner: Glarner Geschichte in Geschichten, Glarus 2004, S. 510.

[12] Karsch (wie Anm. 5), S. 456–460.

[13] Murray (wie Anm. 8), S. 197; Leuthy (wie Anm. 8), S. 248.

[14] Vgl dazu Historischer Verein des Kantons Glarus (wie Anm. 7). Zur industriellen Entwicklung von Arx et al. (wie Anm. 10), S. 23–29.

wenigen Leuten, die mehr oder weniger Französisch, Italienisch, Englisch oder gar Holländisch sprächen. Allerdings bekomme der Wirtshausbesuch vielen nicht.[15]

Etwas weniger rosig sah Philipp Albert Stapfer, der helvetische Minister für Wissenschaften und Kunst, die Glarner Bildungslandschaft. Er schrieb 1798, es gebe im ganzen Kanton Linth nur eine einzige Buchhandlung (Kaspar Freuler in Glarus) und nur eine einzige Buchdruckerei, nämlich diejenige von Cosmus Freuler, ebenfalls in Glarus. «Und so gering diese

---

[15] Christoph Trümpi: Neuere Glarner-Chronick, Winterthur 1774, S.115–117.

Abb. 8: Das Haus am Kirchweg, dessen linke Hälfte Hössli 1842–1848 bewohnte. Hinten links steht das Haus der Familie Dinner, der Nachbarn der Hösslis in der Abläsch. Foto von Rolf Kamm, 2013, Glarus.

Mittel zur Aufklärung sind, so nichtig ist noch immer im allgemeinen das Gefühl vom Bedürfnis derselben», bedauerte Stapfer.[16]

Cosmus Freuler aber, der seine Buchdruckerei 1798 als Achtzehnjähriger gegründet hatte, verspürte durchaus ein Bedürfnis nach Aufklärung. Hösslis späterer Verleger war auch Autor, Lehrer und Sammler von Büchern. Dekan Bernhard Freuler, Pfarrer von Wülflingen bei Winterthur, bei dem Hössli im Juni 1861 wohnte, war sein Sohn.[17]

Im Jahr 1834 verfasste Cosmus Freuler das Büchlein «Volksgespräche und Erzählungen nach der Glarner'schen Mundart». Auf dem Titelblatt heisst

---

[16] Paul Thürer: Collectanea zur Glarner Geschichte, 180 Hefte, Nachträge in 9 Bänden (Landesarchiv Glarus), Heft 18, S. 46 f.

[17] Cosmus Freuler (1780–1838), Bernhard Freuler (1820–1895). Sofern nichts anderes angegeben ist, basieren biografische Informationen auf der nach Kirchgemeinden geordneten Glarner Genealogie im Landesarchiv Glarus. Diese enthält nebst Lebensdaten, Berufen und verwandtschaftlichen Beziehungen auch biografische Details.

Abb. 9: An der Bärengasse 18 wohnte Hössli nach 1848. Die Adresse existierte damals aber noch nicht, sondern man sprach von der «Almei». Die Allmend war das gemeinschaftlich genutzte Land, an dem jeder Bürger einen Anteil hatte. Foto von Rolf Kamm, 2014, Glarus.

Abb. 10: Die Bärengasse 24 befand sich einst im Besitz Hösslis. 1852 verkaufte er das Haus Jakob Kubli für 2500 Franken. Ob Hössli selbst jemals hier gewohnt hat, weiss man nicht. Foto von Rolf Kamm, 2014, Glarus.

es: «Verschmäh nicht die Stimme des freien Alpensohnes! Sie ist die Stimme der ungekünstelten Natur». Und im Vorwort schreibt Freuler, er wolle mit seinem Buch «auch ein Scherflein zur vernünftigen Aufklärung und Veredlung unseres Volkes» beitragen.[18] Als Geschäftsmann hatte sich Freuler schon früh einen Namen gemacht: Seit 1803 besorgte er alle Drucksachen des Rats, erst ab 1839 wurden diese Aufträge ausgeschrieben und «der Meistbietende» berücksichtigt.[19] Freulers Bücher- und Naturaliensammlung ging nach dessen Tod 1839 an den Kanton und bildete zusammen mit

---

[18] Cosmus Freuler: Volksgespräche und Erzählungen nach der Glarner'schen Mundart, Glarus 1834, Titelblatt und S. VI. Erschienen ist das Büchlein allerdings in der «Jennischen Buchhandlung neben dem goldenen Adler».

[19] Thürer (wie Anm. 16), Heft 151, S. 53, und Heft 158, S. 35.

anderen Sammlungen den Grundstock der kantonalen Bibliothek und der naturhistorischen Sammlung des Kantons.[20]

Der Verleger Cosmus Freuler machte bereits lange vor Hösslis «Eros» Erfahrungen mit problematischen Texten: Im Jahr 1823 erschien bei Freuler eine «Vertheidigung-Schrift für den Doctor der Philosophie Friedrich Ludwig Jahn». Der spätere «Turnvater Jahn» war 1819 wegen seiner nationalen Gesinnung in Preussen verhaftet worden, weshalb sich nun der preussische Gesandte bei der Tagsatzung über Freulers Drucksache beschwerte: Das Vorwort «verletze die Achtung» vor der preussischen Regierung. Bern als Vorort verlangte darauf, dass Freuler über den Empfang des Manuskripts, den Auftrag und die Bezahlung Auskunft geben müsse. Er habe diese Schrift im Auftrag der Gessnerischen Buchhandlung in Zürich gedruckt, verteidigte sich Freuler. Die Glarner Regierung rechtfertigte sich, die Aufsicht über die Presse sei nicht Aufgabe einer «Regierung eines demokratischen Standes», zumal jene Presse so unbedeutend sei und bisher zu keinen Klagen Anlass gegeben habe. Man habe aber den «ernsten Befehl» erlassen, künftig keine Manuskripte zu drucken, die nicht von «hoher Behörde» eingesehen worden seien.[21] Der Fall Freuler und ähnliche Ereignisse führten zu einer eidgenössischen Zensurregelung, die aber ab 1828 zunehmend unter Druck kam. 1829 forderte ein Landsgemeindeantrag die völlige Abschaffung aller Einschränkungen von Schreib-, Rede- und Pressefreiheit im Glarnerland, und die Landsgemeinde folgte dem Antrag. Einige Monate später bekannte sich auch die Tagsatzung zum «freien Wort». Als Pfarrer Samuel Heer 1835 ein wachsendes Interesse an der Landsgemeinde und allen öffentlichen Angelegenheiten feststellte, schrieb er dies dem regelmässigen Erscheinen von Zeitungen zu. Bereits 1829 erschien der «Öffentliche Anzeiger» und ab 1832 die «Glarner Zeitung». Natürlich gehörte auch Cosmus Freuler zu den ersten Zeitungspionieren im Glarnerland.[22]

Den öffentlichen Raum beherrschten Anfang des 19. Jahrhunderts aber weniger die Druckmedien als die Wirtshäuser. Johann Gottfried Ebel schrieb, hier würden öffentliche Angelegenheiten der Schweiz, des Kantons und der Gemeinde besprochen und die Gespräche zeugten von

---

[20] Ebd., Heft 158, S. 37.
[21] Ebd., Heft 132, S. 7 f.
[22] Ebd., Nachträge, Bd. 2, S. 845. Zur Pressefreiheit siehe Jakob Winteler: Geschichte des Landes Glarus, Glarus 1952, S. 402–404.

Abb. 11: Der Spielhof um 1830. Der Schopf vor der Kirche wich 1840 einem klassizistischen Wachthäuschen. Der Schandpfahl oder Pranger vorne links bestand bis zum Brand 1861. Direkt dahinter, im Löwen, befand sich Hösslis letztes Geschäft. Aquarell von J. H. Jenny, um 1830, LAGL.

grosser Kenntnis der Glarner Geschichte. Viele Glarner besässen Bücher und zeigten «eine lebhafte und bündige Art, sich auszudrücken, mit dem treffendsten Witze und der höchsten Laune gewürzt. [...] So trifft man hier gewöhnlich unter dem unscheinbarsten Äußern einen innern Stoff, der umso mehr auffällt, je weniger man ihn ahndete.»[23]

Zum Gasthaus Raben, gegenüber dem Casino, schrieb Johann Jakob Leuthy: «In gesellschaftlichen Zirkeln wird hier mancher Abend froh durchlebt.» Im Gegensatz zur Mitgliedschaft im Casino, das der Brite Murray ganz zutreffend als «Club» bezeichnet, standen die gesellschaftlichen Zirkel im Raben jedermann offen. Als Mitglied des Casinos, einer gediegenen Lese-

---

[23] Ebel (wie Anm. 3), S. 292–294.

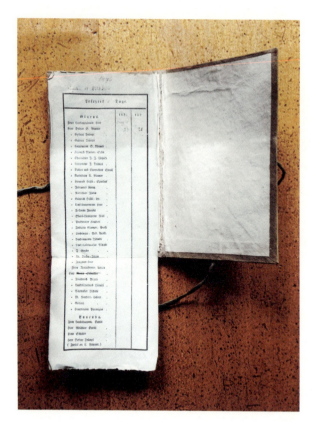

gesellschaft, und guter Gast in Wirtshäusern dürfte Hössli die eine oder andere Diskussion mit bestritten haben.[24]

Nicht nur Freuler sammelte. Privaten Sammlungen kam in der ersten Hälfte des 19. Jahrhunderts grosse Bedeutung zu; die Bildung einiger Glarner war beinahe mit Händen zu greifen: Die Landammannsfamilie Heer besass beispielsweise eine bedeutende Urkunden-, Manuskript- und Münzensammlung, Chorherr Johann Jakob Blumer nannte eine «bedeutende Bücher- und Naturaliensammlung» sein Eigen. Blumer lieh seine Bücher auch aus, zum Beispiel dem Näfelser Walter Marianus Hauser, einem Bekannten Heinrich Hösslis. Der Sohn eines Söldnerhauptmanns war ursprünglich ein Mann der Helvetik, als Lehrer lernte er Pestalozzi kennen und arbeitete für den Erbauer des Linthkanals Hans Conrad

---

[24] Leuthy (wie Anm. 8), S. 248, und Meier (wie Anm. 11), S. 302–308.

Abb. 13: Die Bibliothek des Chorherren Blumer hat sich bis heute erhalten. Es ist gut möglich, dass Hössli hier Bücher ausgeliehen hat. Foto von Rolf Kamm, 2014, Glarus.

Escher. Später versuchte er sich mit wenig Erfolg als Textildrucker und als Unternehmer in den Vereinigten Staaten. Zeitweise liebäugelte Hauser sogar mit einer Teilnahme am griechischen Freiheitskampf. Auch selbst besass Hauser etliche Bücher, darunter die wichtigsten Glarner Chronisten, antike Klassiker oder Werke von Zschokke, Pestalozzi oder – als Katholik – bedeutender Reformatoren. Dem Putzmacher Hössli lieh Hauser Platons «Symposion» und «Phaidros» oder Wielands «Geschichte des Agathon» aus. Wahrscheinlich ohne es zu wissen, trug Hauser so zur Entstehung des «Eros» wesentlich bei. Die Verfassung von 1836 lehnte Hauser ab, ein Feind des Fortschritts war er aber sicher nicht. So liess er zum Beispiel sein Kind beim Arzt Johannes Marti gegen Pocken impfen. Auch bei Marti verbinden sich Neues und Altes auf interessante Weise: Der Arzt war noch 1782 Sachverständiger im Anna-Göldin-Prozess, die

Existenz von Hexen, Dämonen und dergleichen stand für den späteren Impfpionier stets ausser Frage.[25]

Hössli bezog offenbar auch Bücher aus Zürich, Lieferant war der «Student der Philosophie Joh. Christ. Tschudi», der Hösslis Arbeit am «Eros» interessiert verfolgte.[26] Dies war der spätere Ratsherr, Kriminalrichter und Regierungsrat Johann Christof Tschudi, der wegen seiner Knausrigkeit später «Gufäschnuuz» (Nadelschnauz) genannt wurde und in dessen Ökonomiegebäude 1861 der verheerende Brand von Glarus ausbrach. 1836 und 1837 war er an der philosophisch-historischen Fakultät der Universität Zürich eingeschrieben, 1836 wurde er Mitgründer des Historischen Vereins des Kantons Glarus. Wie Hösslis Freundin Margaretha Brunner (später Vögeli) waren auch die Tschudis am Zaunplatz zeitweise Hösslis Nachbarn.[27]

Die Gemeinde Glarus selbst verfügte 1846 bereits über eine Jugendbibliothek und eine Mineralien- und Vogelsammlung. Der Kanton hatte seit der Aufhebung der konfessionellen Behörden ein einziges zentrales Archiv im alten Rathaus am Spielhof. 1839 beschloss der Rat, einen «tüchtigen» Bibliothekar anzustellen, womit der Grundstein zu einer Kantonsbibliothek gelegt wurde. Die Anregung hierzu kam von Landammann Dietrich Schindler, erster Bibliothekar wurde der Philologe und Lehrer Gottlieb Strässer. Schindler war 1836 Mitglied des evangelischen Rats gewesen und hielt Hösslis «Eros» damals «für einen interessanten Versuch», Strässer war Hösslis Lektor und verfertigte 1845 eine Quellensammlung zur Glarner Geschichte.[28]

---

[25] Brunner (wie Anm. 11), S. 502–515. Die Landammannsfamilie Heer: Cosmus Heer (1790–1837) und Joachim Heer (1825–1879), Johann Jakob Blumer (1756–1825), Walter Marianus Hauser (1777–1850), Johannes Marti (1745–1819). Zu Marti Rolf Kamm: Die Rehabilitierung Anna Göldis und Walter Hausers Buch, in: Jahrbuch des Historischen Vereins des Kantons Glarus, Heft 88, 2008, S. 240–243, hier S. 241.

[26] Karsch (wie Anm. 5), S. 497 f. (in diesem Buch S. 27).

[27] Ebd., S. 457. Ratsherr Johann Christof Tschudi (1817–1877). Universität Zürich, Matrikeledition, 2. Juli 2014. Die Gründungsmitglieder des Historischen Vereins finden sich im Jahrbuch des Historischen Vereins des Kantons Glarus, Heft 1, 1865, S. 3–5.

[28] Leuthy (wie Anm. 8), S. 248; Blumer/Heer (wie Anm. 2), S. 348 f.; Dietrich Schindler (1795–1882), Gottlieb Strässer (1802–1878). Quellen zur Glarergeschichte. Mit Vorrede von Gottlieb Strässer. Mit Nachträgen von Peter Leuzinger, 1845 (Landesbibliothek Glarus). Karsch, S. 498, und Meier (wie Anm. 11), S. 324–327.

Hösslis erste Wahl als Lektor war der Lehrer Burkhart Marti gewesen, der aber ablehnte.[29] Auch Marti war kein unbeschriebenes Blatt: Der ehemalige Textildrucker galt einigen als «der beste Lehrer seiner Zeit», hatte 1826 den kantonalen Sängerverein gegründet und hielt 1838 den Nachruf auf den preussischen Immigranten Georg Spielberg, den Gründer einer halböffentlichen Sekundarschule. Das nach ihm benannte Spielberg'sche Institut befand sich seit 1835 im Zaunschulhaus.[30]

Die Glarner Autoren Johann Jakob Blumer und Oswald Heer attestierten ihren Landsleuten 1846 «einen klaren, hellen Verstand und eine mehr nach außen gehende Geistesrichtung», einen ausgeprägten praktischen Sinn, Redegewandtheit und rasche Entschlossenheit. Dies führe zu einem haushälterischen Umgang mit Geld und mache aus den Glarnern gute Geschäftsleute, aber teilweise auch engherzige und «knitterische» Menschen mit wenig Tiefsinn und Besinnlichkeit. Die Glarner hätten wenig Sinn «für Kunst und solche Wissenschaft, die nicht unmittelbar ans Leben sich anschließt».[31]

Als wollten sie ihren Worten Nachdruck verleihen, widmen Blumer und Heer nachfolgend zehn Seiten «Wissenschaftlichen und künstlerischen Leistungen» von Glarnern – Hösslis «Eros» wird mit keinem Wort erwähnt. Anschliessend werden auf vierzehn Seiten Staatsmänner und «militärische Leistungen» gewürdigt, welche Letztere fast ausschliesslich im Sold fremder Fürsten erfolgten. Der überwältigende Teil des Werks befasst sich aber mit Geologie, Botanik und Tierwelt, mit Wirtschaft und Staat. Kein Wunder bei der Mitautorschaft des berühmten Naturforschers, Pfarrerssohns und Darwin-Kritikers Oswald Heer.[32]

Das umfassende Werk von Blumer und Heer war keineswegs das einzige wissenschaftliche Erzeugnis dieser Zeit. Vor allem gebildete Laien – meistens Angehörige der Oberschicht, die finanziell unabhängig waren – taten sich als Gelehrte hervor. In fünfzig Jahren entstanden nicht weniger als vier Glarner Geschichtswerke, eine historisch-naturwissenschaftliche Betrach-

---

[29] Ebd., S. 497. Burkhart Marti (1803–1858).

[30] Jakob Winteler: Glarus. Geschichte eines ländlichen Hauptortes, Glarus 1962, S. 182.

[31] Blumer/Heer (wie Anm. 2), S. 289. Johann Jakob Blumer (1819–1875), Oswald Heer (1809–1883).

[32] Vgl. dazu Conradin A. Burga (Hg.): Oswald Heer 1809–1889. Paläobotaniker, Entomologe, Gründerpersönlichkeit, Zürich 2013.

tung des Landes, drei Schulbücher und ein «Taschenbuch für Schweizreisende» – und Hösslis «Eros», die erste Abhandlung über Homosexualität
seit der Antike.[33]

Aber die Sitten ...

Johann Gottfried Ebel war der festen Überzeugung, dass die Beschäftigung
mit Handel und Industrie sowohl zu Reichtum führe als auch die «physische
und moralische Beschaffenheit» der Einwohner präge. Dass es nicht zu
einem Zerfall der Sitten gekommen sei, verdanke das Glarnerland einzig
seiner freiheitlichen Verfassung. «Pracht, Modesucht und Prunk», «Schwel-
gerei» oder Ess- und Trinkgelage hätten trotz Reichtum nicht zugenommen,
und das, obwohl «viele Eingeborene in den ersten Handelsstädten Europas ein halbes Menschenalter zugebracht» hätten und erst im Alter in ihre
Heimat zurückgekehrt seien. Die Sittlichkeit der Glarner zeigte sich laut
Ebel auch in den wenigen unehelichen Geburten und Ehescheidungen.
Die Strafe für Letztere sei mit 36 Gulden zwar gering, dafür das «Urtheil
der öffentlichen Meinung» umso vernichtender.[34]

Ob es tatsächlich ein Zeichen von Sittlichkeit ist, wenn man sich aus
Furcht vor der «öffentlichen Meinung» nicht scheiden lässt? Ebel hält zudem ganz offensichtlich die Verderbtheit der «großen Welt» der sittlichen
Überlegenheit «seiner» Bergler entgegen, etwas, was sich wie ein roter Faden
durch sein Werk zieht und was wir auch bei anderen Glarnerlandreisenden
finden. Der Brite Murray schrieb es ihrer Abgeschiedenheit zu, dass sich
die Glarner ihre «einfachen Sitten» bewahrt hätten. Dermassen abgeschie-
den war Glarus aber keineswegs, Zürich und St. Gallen lagen weniger als

---

[33] Die erwähnten Werke sind Johann Jakob Blumer: Glarner Geschichte im Neuen Helvetischen Almanach (1809); Johann Peter Aebli: Geschichte des Landes Glarus (1831);
Salomon Walcher: Taschenbuch für Schweizreisende (1832); Johann Melchior Schuler: Geschichte und Beschreibung des Landes Glarus (1836); ders.: Geschichte und Beschreibung
des Landes Glarus «für die Jugend in Schule und Haus» (1837); Johann Heinrich Tschudi:
Lesebuch für Oberklassen (1852); ders.: Lesebuch für die Mittelklassen Schweizerischer
Volksschulen (1854), zitiert bei Blumer/Heer (wie Anm. 2), S. 327–329. Vgl. dazu Winteler
(wie Anm. 22), S. 399–402 oder 468–470.
[34] Ebel (wie Anm. 3), S. 292–294.

fünfzehn Stunden Fussmarsch entfernt, Luzern keine zwanzig und Basel war in dreissig Stunden zu erreichen.[35]

Schliesslich idealisiert Ebel auch die (ungeschriebene) Glarner Verfassung der Zeit um 1800: Mit dem Ende der Helvetik lag die Macht wieder in den Händen der alten Familien, die konfessionelle Zugehörigkeit war wieder massgebend und alle Nichtbürger waren von politischen Entscheidungen ausgeschlossen, was sich erst mit der liberalen Kantonsverfassung teilweise änderte. Zum Umbruch von 1836 kam es wohl auch, weil nach 1820 durch Handel und Industrie «neue» Familien zu Macht und Einfluss gelangt waren, wie die Heer, die Tschudi, die Schindler, die Zwicky oder die Blumer. Auch nach 1836 blieben Führungspositionen meist finanziell unabhängigen Männern vorbehalten.[36]

Wie Ebel äusserten sich auch verschiedene einheimische Pfarrer über die Sitten. In Schriften – nicht selten bei Cosmus Freuler gedruckt – oder Fahrts- und Landsgemeindepredigten konstatierten sie immer wieder «Sittenverfall», «schlechte häusliche Erziehung», Modesucht, «Wohlleben», «Rohheit auf den Gassen» oder wachsenden Unglauben.[37]

Sogar Pfarrer Jakob Heer, der Vater Oswald Heers, gehörte zu den Mahnern, was einigermassen erstaunt. Der «glarnerische Pestalozzi» setzte sich ein Leben lang für Bildung und «vernünftige Volksaufklärung» ein, und er begrüsste 1830 die Julirevolution als einen «Sieg der Freiheit über den Despotismus und der Humanität über die Bestialität». Doch 1839 veröffentlichte Heer bei der Freuler'schen Buchdruckerei «Einige Worte der Belehrung, der Warnung und des Trostes [...] an meine geliebten Mitbürger». Trotz dem harmlosen Titel handelt es sich dabei um eine vehemente Ablehnung der Person und der Schriften des quellenkritischen deutschen Theologen David Friedrich Strauss. Heer stand mit seiner Meinung damals keineswegs alleine, war doch Strauss' Berufung an die Universität Zürich im gleichen

---

[35] Murray (wie Anm. 8), S. 197, und Leuthy (wie Anm. 8), S. 215 f.

[36] Hans Rudolf Stauffacher: Herrschaft und Landsgemeinde. Die Machtelite von Evangelisch-Glarus vor und nach der Helvetischen Revolution, Glarus 1989, S. 247–270, und Winteler (wie Anm. 22), S. 448 f.

[37] Thürer (wie Anm. 16), Nachträge, Bd. 2, S. 845 f. Von jeher wurde an der Näfelser Fahrt und der Landsgemeinde auch gepredigt. An der Fahrt hat sich das bis heute erhalten.

Jahr einer der Ursachen für den Züriputsch, den gewaltsamen konservativen Umsturz in der Limmatstadt.[38]

Johann Jakob Blumer und Oswald Heer unterteilen die Glarner in drei Gruppen: in den beinahe genussfeindlichen, aber weltgewandten Mann der Oberschicht, den rührigen und recht ehrgeizigen Arbeiter und den zähen, aber «langsamen» Bauern, der «zwar weniger weiß, was er aber weiß, weiß er besser». Nach Meinung der beiden Autoren bekam der neue «Luxus» gerade den untersten Schichten nicht gut. Zwar werde mitunter gespart, doch es gebe auch «Genußsucht und wilde Ausgelassenheit», die Vergnügungen der «untersten Klassen» seien gar häufig «roh-sinnlicher Art» und arteten meist in Schreien und Lärmen aus.[39]

Während Ebel den Glarnern um 1800 noch genügend Standhaftigkeit attestierte, den Verlockungen des Reichtums zu widerstehen, schienen die negativen Auswirkungen der Industrialisierung fünfzig Jahre später offensichtlich. Der Glarner Pfarrer Bernhard Becker war ein früher und wortgewaltiger Kritiker der Fabrikarbeit. Er beklagte den schlechten Gesundheitszustand insbesondere der Frauen und Kinder durch das dauernde Stehen, den Mangel an frischer Luft und die immer gleichen, «einförmigen» Bewegungen, was auch zu «irregulären Geburten» führe. 1854 seien 34 Prozent der Glarner militärdienstuntauglich gewesen. Kinder würden oft nur als «Erwerbsmittel» betrachtet und deren Gesundheit der Geldgier geopfert. Prämien und Akkordarbeit verschlimmerten diese Tendenz. Die Industrie werde zur «Götze». Das nahe Zusammenleben der Geschlechter in der Fabrik und die «eigenthümliche, die Nerven abspannende und zugleich aufregende Thätigkeit» wecke das Geschlechtsleben zu früh. Es werde zu früh geheiratet und Frauen stürben zu oft und zu jung im Kindbett.[40]

In seinem Bericht zitiert Arwed Emminghaus Bernhard Becker ausführlich, teilt aber dessen Meinung nur zum Teil. Eine «Vernachläßigung der Verstandesbildung oder Ausschweifungen und Hoffart» kann er bei den

---

[38] Winteler (wie Anm. 22), S. 421–423, und Jakob Heer: Einige Worte der Belehrung, der Warnung und des Trostes hinsichtlich der neuesten kirchlichen Vorfälle im Kanton Zürich, an meine geliebten Mitbürger, Glarus 1839. Jakob Heer (1787–1864).

[39] Blumer/Heer (wie Anm. 2), S. 290–292.

[40] Bernhard Becker: Ein Wort über die Fabrikindustrie. Mit besonderer Hinsicht auf den Kanton Glarus, Basel 1858, S. 29–31.

Glarner Fabrikarbeitern nicht feststellen. Allerdings sieht er das «religiöse Leben und der kirchliche Sinn der Bevölkerung» sowie die «Innigkeit des Familienlebens» im Abnehmen begriffen. Kleinkinder würden aus Not oder Geldgier weggegeben, damit jedes Familienmitglied in der Fabrik arbeiten könne, nach der Devise: «Der Körper wächst von selbst, und für die Seele sorgt der Lehrer und der Pfarrer.» Wie Becker beklagt auch Emminghaus den «raffinierten Eigennutz der Fabrikanten und Eltern» auf Kosten der Kinder. Und wie die Glarnerlandreisenden vor ihm verweist er auf die politische Reife der Glarner: Radikale Gesinnungen oder die Lust am Umsturz seien ihnen fremd, da unter ihnen fast jeder eigenen Boden besitze und stolz auf die «uralt freie Verfassung» des Landes sei.[41]

Um 1860 war es um die glarnerische Demokratie tatsächlich um einiges besser bestellt als noch um 1800, aber die «uralt freie Verfassung» war damals seit dreizehn Jahren Geschichte, sie hatte 1837 der ersten wirklich freiheitlichen Glarner Verfassung Platz gemacht. Radikaler Klassenkampf hatte es in Glarus aber tatsächlich nie leicht. Zum einen, weil jeder Bürger wenn nicht gerade eigenen Boden, so doch Rechte am Allmendland besass, zum andern, weil die Arbeiterschaft zu stark segmentiert war, als dass sie sich zu einer radikalen Änderung des Systems hätte durchringen können. Schliesslich machten Reformen die Revolution obsolet: Zwischen 1848 und 1864 regelte die Landsgemeinde Normalarbeitszeiten und die Nachtarbeit oder verbot Kinderarbeit und Sonntagsarbeit. Glarus wurde gar zum sozialpolitischen Vorreiterkanton.[42]

So berechtigt Beckers sozialpolitische Anliegen gewesen sein mögen, spricht aus ihnen doch ein offenbar weit verbreiteter Grundgedanke: Der Fortschritt verdirbt den Menschen. Bereits die Gründung der evangelischen Glarner Bibelgesellschaft 1819 sollte durch Verbreitung der Heiligen Schrift hier Gegensteuer geben. Die Obrigkeit sah dieses Engagement der Pfarrer allerdings nicht gerne, da man eine Zuspitzung der konfessionellen Gegensätze fürchtete. Die Bibelgesellschaft löste sich 1839 auf.

Weit effizienter und nachhaltiger war die Tätigkeit der sogenannten Stillstände. In jeder Kirchgemeinde existierte ein solches Gremium, bestehend

---

[41] Emminghaus (wie Anm. 9), S. 150–152.
[42] Von Arx et al. (wie Anm. 10), S. 31 f.

aus den lokalen Ratsherren unter der Leitung des Pfarrers.[43] Dem Stillstand oblag die Bekämpfung von Sünde und Laster, er war zuständig für Armen- und Schulwesen und amtete als Ehegericht und Sittenpolizei. In all diesen Belangen war er sowohl beratende wie vollziehende Behörde. Die Verfassung von 1836 änderte daran nichts, sondern regelte die Aufgaben der Stillstände im Detail.[44] Deshalb betonte Hössli auch vehement, dass an seiner Schrift nichts Unsittliches oder Verderbliches sei: Die Behörde, die seinen «Eros» aus dem Verkehr zog, war der Stillstand von Glarus, keine staatliche Zensur. Für den «Filosofen» und Putzmacher machte das allerdings keinen Unterschied, er fühlte sich um sein Lebenswerk betrogen.

In den meisten Gemeinden übertrug man Ehe, Schule oder Armenwesen ab 1873 sukzessive anderen Behörden, die Stillstände wurden dadurch überflüssig.[45]

Der Zeit voraus

Sowohl die Entstehung des «Eros» als auch dessen Verbot sind eng mit Hösslis Heimat verknüpft, der er 1852 verbittert den Rücken kehrte.

Stärker als andere ländliche Hauptorte war Glarus von einem fortschrittlichen Geist geprägt. Zum einen hatte das jahrhundertelange Zusammenleben zweier bisweilen verfeindeter Konfessionen einen pragmatischen,

---

[43] Die Bezeichnung stammt daher, dass die Mitglieder nach dem sonntäglichen Gottesdienst in der Kirche oder im Pfarrhaus zusammenblieben («stillstanden»), um die aktuellen Fälle zu besprechen.

[44] Zu den Stillständen heisst es da: «§ 92. Jede Kirchgemeinde hat einen eigenen Stillstand, bestehend aus dem Ortspfarrer als Präsidenten, den Mitgliedern des Rathes der betreffenden Gemeinde und einer beliebigen Anzahl von der Kirchgemeinde zu wählenden Beisitzer.» Und: «§ 93. Er bildet die vorberathende und vollziehende Behörde in den Kirchensachen der Gemeinde, er handhabt die Sittenpolizei, besorgt das Armenwesen, beaufsichtigt in seiner Gesammtheit oder durch besondere Beauftragte die Schulen, und ist die einleitende Behörde in Matrimonial- und Paternitätsfällen. Über seine Verhandlungen wird ein regelmäßiges Protokoll geführt.»

[45] Bei Karsch wird zum Teil der Evangelische Rat als verbietende Behörde genannt, Hössli selbst schreibt in einem Briefentwurf korrekt vom Stillstand. Der Evangelische Rat, der mit dem Inkrafttreten der neuen Verfassung 1837 zu existieren aufhörte, war vielleicht das ausführende Organ, das Sittengericht aber war der Stillstand. Karsch (wie Anm. 5), S. 501–504. Zum Stillstand Winteler (wie Anm. 22), S. 149 f. und 398 f.

beinahe antiradikalen Charakter entwickelt. Zum andern fand die Helvetik auch im Glarnerland ihre vorsichtigen Anhänger. Und schliesslich führten Handel und Industrie zu einem ständigen und bedeutenden Austausch des Bergtals mit der Welt. Glarus war vor 1848 der einzige Landsgemeindekanton mit einer liberalen Verfassung, sein Hauptort befand sich in vielerlei Hinsicht auf Augenhöhe mit den grossen Städten der Schweiz.

Zum Teil wurden diese Neuerungen aber von aussen angestossen, zum Teil entstanden sie nur aus der schieren Not heraus, und immer fanden sich Gegner und Zweifler. Die wirtschaftlichen und politischen Umwälzungen begünstigten das manchmal krampfhafte Festhalten am Alten. Die steten Warnungen vor Sünde und Sittenzerfall sind Ausdruck davon.

Mit der neuen Verfassung wurde Glarus nicht schlagartig zu einer modernen Demokratie, liessen das Stimm- und Wahlrecht für Niedergelassene noch vierzig, dasjenige für Frauen noch fast 150 Jahre auf sich warten. Auch von Gewaltenteilung konnte 1836 nur ansatzweise die Rede sein. Andererseits besassen Homosexuelle genauso das Stimm- und Wahlrecht wie alle andern Glarner Männer, ihr «Leiden» war nicht politischer Natur. Das Liebesleben dagegen, auch das unerfüllte und auch das heterosexuelle, blieb im überschaubaren und gesellschaftlich eher konservativen Glarus Privatsache, trotz dem Ende der Zensur und trotz «1836».

Hössli hielt die Ächtung der Homosexuellen Anfang des 19. Jahrhunderts für genauso unzeitgemäss und falsch wie die frühere Verfolgung von Hexen, eine Sichtweise, die wir heute zwar teilen; Hösslis Zeitgenossen sahen das aber zweifellos anders. Der Putzmacher war seiner Zeit eben weit voraus – sogar in Glarus.

Rainer Guldin

Heinrich Hösslis «Eros» – eine Inhaltsübersicht

Band I[1] besteht aus neun Abschnitten. Von besonderem Interesse [134] sind die ersten beiden mit einem Vergleich zwischen der Hexenverfolgung und der Bekämpfung der Männerliebe. Hössli steht in der Tradition der Aufklärung. Es ist ein Nicht-Wissen, das zu den Hexenprozessen geführt hatte, Wahn und Aberglaube haben den Richtern den Blick auf die Wahrheit verstellt. Ähnliches läßt sich von der Männerliebe sagen. Es ist dabei zu bedenken, daß noch kurz vor Hösslis Geburt Anna Göldin, die in Hösslis Geburtshaus gelebt hatte, als letzte Hexe Europas zum Tode verurteilt worden war.[2]

Hössli verfolgt mit dem Vergleich weitreichende Absichten, wie schon der Titel des einleitenden Abschnitts verrät: «Hexenprozess- und Glauben, Pfaffen und Teufel, als würdiges Seitenstück zu dem Wesen unserer Meinungen und Begriffen vom Eros der Griechen, wie er in seinen Folgen und Einflüssen mitten in unserm Leben waltet.»[3] Die Beschreibung des mittelalterlichen Fanatismus und Obskurantismus und die sich daraus ergebenden Analogien zur Verfolgung gleichgeschlechtlicher Liebe sollen den Leser auf das Folgende einstimmen, ihm die Greuel der Vernichtung vor Augen führen, unter denen auch die Männerliebe zu leiden hat. «Die Hölle war der Himmel [...] auf Erden irrten als flüchtige Abentheurer, die Edelsten unsers Geschlechts überall verfolgt – und ihres Daseins nirgends einen Augenblick sicher umher [...] das Buch der holden, der ernsten, der

---

[1] Ferdinand Karsch: Heinrich Hössli, in: Jahrbuch für sexuelle Zwischenstufen 5 (1903), S. 449–557, bietet auf S. 482–485 das Inhaltsverzeichnis der beiden publizierten Bände und einen Abriss des dritten, unveröffentlichten. Abgedruckt in Hössli, Eros III, S. 68–71.

[2] Ebd., S. 485.

[3] Hössli, Eros I, S. 1.

schönen, der ewigen Natur liegt, verschlossen unter den Machtsiegeln des Fürsten der Finsternis [...].»[4]

Nach einer Reflexion über das 18. Jahrhundert heißt es: «in eben diesem Jahrhundert sind noch Hexen verbrannt und enthauptet worden – und eben dieses Jahrhundert hat sich selbst das aufgeklärte, das philosophische Jahrhundert geheißen – und wir heißen nun das neunzehnte also, und morden bloß keine Menschen mehr als Wettermacher und Zauberer; im Uebrigen aber ist das Meiste noch wie es war, und den Meisten recht.»[5] Die Hexenprozesse sind die Ausgeburt eines blinden Wahns, einer krankhaften, kollektiven Verblendung: «So waren ganze Völkerschaften gegen Wesen, die eigentlich gar nicht existirten [...].»[6] [135]

Und er fährt, auf sein eigentliches Thema kommend, fort: «O der Glaube an nicht natürliche Dinge ist ein gefährlicher Glaube, und ja nicht alles, was einst Hand in Hand mit diesem Scheusal ging, ist abgethan [...] nein, noch ganz in ihr, noch ganz in jener Mordnacht sind wir selbst, freilich meist ohne es zu wissen, in vielen Dingen noch – ganz noch Kinder der traurigsten Weltlage aller Zeiten. Aus solcher will ich nun hier ein dem Hexenglauben ähnliches, in seinen Einflüssen aber fürchterliches, bis auf diese Stunde noch unversehrt gebliebenes, noch nie angetastetes, noch nicht geprüftes, nie entlarvtes, – auf dem gräßlichsten Verfall aller Naturwahrheit und Wissenschaft beruhendes Weltscheusal, in seinen Folgen schrecklicher, als die Ketzer-, Teufels- und Hexenlehre selbst darzustellen, zu enthüllen und zu stürzen versuchen – noch steht es zwar felsenfest [...] mit schwarzem hochmüthigem Aberglauben, mit allen Mächten der Unwissenheit und der Finsterniß wohl und weise umgeben, mit lauter Lug und Trug bekleidet und beschützt.»[7]

Der zweite Abschnitt handelt von «Wahn und Wahrheit, Aberglaube und Unwissenheit».[8] Hössli beruft sich bei seinem Begriff der Männerliebe auf wissenschaftliche Grundlagen und die Idee der Natur, beide stellt er den falschen, unmenschlichen Meinungen seiner Zeit gegenüber. So heißt es zu Beginn von Band II: «Aller Forschung voran geht die Naturforschung [...].

---

[4] Ebd., S. 6 und 9.
[5] Ebd., S. 14.
[6] Ebd., S. 23.
[7] Ebd., S. 27 f.
[8] Ebd., S. 33.

Die Geschlechtsnatur des Menschen ist nicht Wille des Menschen, nicht Wahl des Menschen.»[9] Es geht ihm darum, die «Liebe zu den Lieblingen»[10] in aller Öffentlichkeit zu rehabilitieren, «allen verderblichen Einflüssen und Erfindungen frecher, lästernder, blinder Pfaffenseelen»[11] zum Trotz. Dabei versteht er seinen aufklärerischen Diskurs auch als einen Kampf auf sprachlicher Ebene: «[…] schrecklich ist's wie stets der Wahn an Worten haftet – und die Worte am Wahne – schändliche Wahnbilder hängen an dem Wort Blut, Blutschande, Blutsfreunde, Blutgericht, Zauberer, Freigeist, Sodomit. […] Solche Wahnworte haben Gemüther und Freundschaften zerrissen. […] Ja man könnte aus unserer Wirklichkeit wohl noch ein Wörterbuch solcher […] Wahnnamen schreiben […].»[12] [136]

Und er schlägt eine Brücke zu den Hexenprozessen und Ketzerverfolgungen: «Aber wir haben an ihrer Stelle ein Wahnwort, ein Mordsignal, mit all seinen Früchten. Ein Wahnwort im Munde der Kirchen hat die Scheiterhaufen […] angezündet; ein Wahnwort hat diese Verheerungen angerichtet, diese Morde als Heil verkündigt, diesen Fluch für Segen gepredigt und diese Millionen Mitmenschen verschlungen. […] So wie die Wahnworte Freigeist und Türke, die Schwarzen und Blauen […] steht uns, wo wir es antreffen, also auch hier, das Wort ‹Knabenliebe, Liebe zu den Lieblingen, Eros› da. Wir haben eine gewisse Scheu, eine Furcht und Abneigung vor ihm; es erfüllt uns mit einem unheimlichen Gefühl, mit einem dunkeln Mißtrauen, es beleidigt uns.»[13]

Hössli benutzt den Begriff Sodomit,[14] um so die Kontinuität in der Verfolgung von Ketzern, Hexen und Sodomitern und die Vergleichbarkeit der Motive, die dahinter stehen, aufzeigen zu können.[15] Aber er geht noch weiter: Verdammung und Ausgrenzung rufen gerade das hervor, wovor sie

---

[9] Hössli, Eros II, S. 4.

[10] Hössli, Eros I, S. 36.

[11] Ebd., S. 37.

[12] Ebd., S. 42.

[13] Ebd., S. 44 f.

[14] An anderer Stelle spricht er ironisch von dem «Mährchen von Sodom und der Salzsäule». Ebd., S. 91.

[15] Zum Sündenbockmotiv vgl. Paul Derks: Die Schande der heiligen Päderastie. Homosexualität und Öffentlichkeit in der deutschen Literatur 1750–1850 (Homosexualität und Literatur 3), Berlin 1990, S. 476.

zu warnen vorgeben: «Auf das Mord-, Lügen- Wahn- und Schmachwort ‹Sodomi› hin […], entscheiden wir mit kaltem lachendem Unsinn und Uebermuth, zerstörend über das Schicksal tausend schuldloser Mitmenschen […]. Während dem wir von Recht, Cultur, Bildung, Wissenschaft, Natur, Humanität, Licht und Aufklärung träumen und faseln und predigen, […] schmachten durch unsere, ja nicht durch ihre Schuld, Tausend und Tausende in Verachtung, Schande und Schmach, und Tausende in Acht und Ketten, gerathen dann durch solches Unrecht, durch Leiden und Wirren ohne Maaß und Namen, endlich in wirkliche, in vollendete Lasterhaftigkeit.»[16]

Und im zweiten Band heißt es: «Wo die ganze Fülle lebensbedingender Regungen […] in eine sich selbst widersprechende und zerstörende und von allen Begriffen verlassene Richtung und Dunkelheit gedrängt wird, da wird und muß auch nothwendig der ganze Lebensgang zu allen Gräueln und Qualen der vollständigsten innern Zerrüttung führen.»[17] [137]

Ein Beispiel dafür liefert der Fall des Franz Desgouttes: «[…] unsere Irridee hat ihn zuerst zum verlorenen und lasterhaften Menschen, und endlich dadurch zum Mörder gemacht […].»[18] So ist denn auch an mehreren Stellen von einem Prozeß die Rede, den man mit Zwangsheterosexualisierung umschreiben könnte, z. B. wenn es heißt: «Wo wir zwei Naturen für eine behandeln, und wieder eine für zwei, da ist nothwendig Nacht und Unrecht mit allen ihren Folgen links und rechts. Wenn […] wir, ein in der Natur für sich und in sich geschaffenes Leben, mit seinen in sich vollständigen und selbstständigen, eigenen Lebenskreisen, Radien und Schatten, in den Lebenskreis eines anderen, wieder in sich selbst vollständigen Geschlechtslebens blindlings hinüberschleppen durch Meinungen und Ansichten und nöthigenfalls durch Verfolgungen und Gesetze, und es gewaltsam da, wo es nicht ist, leiten und da wo es ist, nicht leiten und lehren, leben und sich bewegen lassen wollen, da sind wir armen und blinden Thieren, die sich in das Räderwerk einer fürstlichen Maschine verirrt haben und darin umkommen, ähnlicher als vernünftigen Menschen, die solche gebrauchen und regieren wollen.»[19]

---

[16] Hössli, Eros I, S. 48 f.
[17] Ebd., S. 40.
[18] Ebd., S. 213.
[19] Ebd., S. 6 f.

Die folgenden Abschnitte versuchen so etwas wie eine mögliche Ätiologie der Männerliebe zu skizzieren. Grundthese Hösslis ist, das es keine «Zuverlässigkeit der äußern Kennzeichen im Geschlechtsleben des Leibes und der Seele» gibt,[20] die seelischen Empfindungen eines Mannes also nicht seiner physischen Konstitution entsprechen müssen. Hössli nimmt hier, wenn auch nicht explizit ausformuliert, Ulrichs' These von der ‹weiblichen Seele in einem männlichen Körper› vorweg. Hösslis Leistung liegt jedoch nicht so sehr in der Formulierung einer Theorie als in der Darlegung der Mechanismen der Verfolgung und derer Auswirkung auf das Leben der Betroffenen.

Die Gesetze und sozialen Gebote, so Hössli, drängen anders geartete Menschen «in innern und äußern Lebenswiderspruch».[21] War das griechische Gesetz menschlich, weil der Natur gemäß, so ist das heutige absolut unmenschlich: «Des Menschen Wesen ändert nie, die Natur keines ihrer ewigen Gesetze [...]. Nur der Wahnmensch sagt zum Bruder: ‹Das ist nicht deine Natur, weil sie die meine nicht ist – Sünde ist die deinige, weil sie wie meine nicht ist.»[22] [138]

Abschnitt fünf ist dem «Wesen der menschlichen Geschlechtsliebe»[23] gewidmet. Hösslis Argumentation ist hier stark Platos Phaidros und der daraus entstandenen Tradition verpflichtet. Die Geschlechtsliebe verbindet das Gegensätzliche, das Menschliche und das Tierische, die Wildheit des natürlich Triebhaften mit geistigen, unsterblichen Anteilen. Es wäre falsch, darin bloß tierische Regungen entdecken zu wollen, im Gegenteil: «So gewaltsam zuweilen auch die Regungen des bloß sinnlichen Theils der Geschlechtsliebe sind, so sind sie dennoch in dem ganzen Wesen, in der Gesammtanlage der unterste und untergeordnete, der vergängliche Theil.»[24] Es wird auf den «verklärenden Einfluß»[25] der Geschlechtsliebe hingewiesen, auf ihre Unteilbarkeit.[26] Die wahre Liebe «weckt alle Mensch-

---

[20] Ebd., S. 69.

[21] Ebd., S. 91.

[22] Ebd., S. 102 und 116.

[23] Ebd., S. 125 f.

[24] Ebd., S. 130.

[25] Ebd.

[26] «Der tiefe Trieb des Sinnlichen und Geistigen ist in der Liebe ein ununterscheidbares, ein in eins zusammen fließendes Leben.» Ebd., S. 134.

lichkeit [...] sie erhebt, sie veredelt, sie erzieht alles; sie ist eine Fakel der Gottheit.»[27]

Die Abschnitte sechs und sieben tragen jeweils einen lapidaren Titel: Natur beziehungsweise Plato.[28] «[...] wo der Wille und die Vermögen und die Freiheit sich gegen die Natur stellen und in Thätigkeit treten; da wird Verstümmelung, Halbheit, Schiefheit, Ausartung [...]. Unter allen bedenklichen Richtungen, die der Mensch und die Menschheit nehmen kann, ist die der Naturabirrung und Naturentfremdung die allergefährlichste.»[29] Aus diesem Grunde postuliert Hössli ein «moralisches Naturgesetz»,[30] denn «wahre Menschensitten und wahre Menschengesetze sind nur Diener der Natur [...].»[31] Schon in der Vorrede hält er fest: «Den Eros betreffend, stehen unläugbar unsere und der Griechen Sitten und Begriffe sich völlig entgegen [...]. Sitten gegen menschliche Natur sind allenthalben Sitten gegen das ganze menschliche Geschlecht, das nur eine Natur hat.»[32] Auf das «ewige Tageslicht griechischer Menschenauffassung» folgte eine «grausame Gespensternacht».[33] Er sieht [139] sich als direkten Erben des Platonischen Eros: «[...] man zeige mir ein Buch, auf unserer weiten Erde, das uns über unsere Irridee und über das Gastmahl und den Phädrus und den Gegenstand derselben aufklärte – ich kenne keines.»[34]

Die letzten beiden Abschnitte behandeln die Idee der Männerliebe bei den Griechen und ihre spätere Rezeption. Hössli fügt eine Reihe von Zitaten aus den Werken von Herder, Johannes von Müller, Lessing, Byron, Klopstock und Winckelmann an.[35] Am Ende von Band I werden die beiden Argumentationslinien miteinander verknüpft: «[...] die männliche Liebe der Griechen, des Plato, des Eros [ist] bestimmte und zuverläßige Menschennatur. [...] Die Griechen glaubten, lehrten und ehrten die Männerliebe – sie

---

[27] Ebd., S. 135.
[28] Vgl. Klaus Müller: Aber in meinem Herzen sprach eine Stimme so laut, Berlin 1991, S. 76; Derks (wie Anm. 36), S. 474 f.
[29] Hössli, Eros I, S. 158.
[30] Ebd., S. 163.
[31] Ebd., S. 173.
[32] Ebd., S. XIII f.
[33] Ebd., S. XXVII.
[34] Ebd., S. 189.
[35] Vgl. ebd., S. 202–233.

haben sie nicht erfunden und nicht eingeführt. […] Ihnen war sie eben so
natürlich, als uns unnatürlich […] die Wurzeln des Eros liegen in den Tiefen
der Menschennatur; […] die Männerliebe ist wahre Natur, Naturgesetz.»[36]

Allerdings bleibt er bis zum Schluß des ersten Bandes dem Leser die
angekündigte wissenschaftliche Beweisführung zur Natürlichkeit der
Männerliebe schuldig. Diese sollte, wie er am Ende von Band I betont, im
folgenden noch geleistet werden, bleibt aber auch in Band II aus.

Es folgt ein kritischer Hinweis auf die Verfälschung der Idee der platonischen Liebe, auf deren spätere Heterosexualisierung, die dann in Band zwei
ausführlich behandelt wird.[37] Hössli kritisiert die von der Tradition bewußt
vollzogenen Kürzungen der Originaltexte: «Wir begehen aus lauter Zucht
und Ehrbarkeit, solche literarische Unzucht.»[38] Er spricht von Wahrheiten,
die «in den ehrwürdigen Mist der Unwissenheit einbalsamirt»[39] wurden,
von «Verhunzungen der Klassiker, […] literarischen Schinderstreichen und
Diebstählen»,[40] von «Wort-Trödlern».[41] [140]

Der zweite Band nimmt die Grundthemen des ersten wieder auf und liefert eine breite Auswahl literarischer Zeugnisse zur Männerliebe – insgesamt
42 Textauszüge auf gut hundert Seiten –, hauptsächlich aus der klassischen
Antike und dem Orient – eine Prozession der Märtyrer: «Aber wahrlich,
nur ein Maßstab mißt sie alle menschlich, diese Stimmen und Zeugen, und
nur versunkene Halb- und Unmenschen werden ihrer spotten; sie treten
hier durch reine Menschenliebe, zu einem heiligen Zwecke vereinbaret, von
Plato's und der Menschheit Schutzgeist geleitet, als Ruf- und Fingerzeig auf,
und fordern Prüfung – um der Vergangenheit willen, und um der Gegenwart
willen und um der Zukunft willen – aber wahrlich tausendmal mehr für die
werdenden als vorübergehenden Völker, und zur Reinigung vom Unrecht
an andern Nationen; nicht der Griechen wegen nur, denn ich will, (damit
die ganze Erscheinung nicht etwa eine bloß griechische heiße) sie auch als
eine ewig aller Menschheit angehörende aufführen, aus allen Völkern und

---

[36] Ebd., S. 242 f., 249 und 251.
[37] Hössli, Eros II, S. 215 f.
[38] Hössli, Eros I, S. 260.
[39] Ebd., S. 263.
[40] Ebd., S. 269.
[41] Ebd., S. 275.

Zeiten, in denen sich ihr ganzes Wesen, außer den Einflüssen und Folgen unserer Irridee, geoffenbaret hat.»[42]

Neben Horaz (Brief an Collius und neunte Ode an Balgius), Vergil (zweite Ekloge), Tibull (vierte und neunte Elegie), Theokrit (siebte und zwölfte Idylle), Anakreon (fünf Oden in der Übersetzung von Herder), einem Hinweis auf Antinous und Hadrian und einer längeren Passage aus Plutarch findet man Xenophons Leben des Agesilaus und seine Anabasis, Hadrians Feldzüge, Hinweise auf Plato und Sokrates, kurze Auszüge aus Aristoteles Politik und Platos Republik. Daneben findet man eine beträchtliche Anzahl orientalischer Dichtungen, z. B. des persischen Dichters Sadi, verschiedene Texte aus dem Türkischen und einen Ausschnitt aus der Biographie des Aschik Hassan Tschelebi. Obwohl einige der Texte zum ‹Kanon› homosexueller Literatur zu rechnen sind, fällt doch Hösslis recht eigenwillige Auswahl und Textanordnung auf, nicht nur wegen der erstaunlichen Fülle an arabischen, persischen und türkischen Texten, sondern auch wegen bedeutsamer Lücken: weder die Rede des Aristophanes aus Platons Symposion noch die Wagenlenkerpassage aus dem Phaidros hat er aufgenommen, obwohl er doch im Laufe seines Werkes mehrmals emphatisch auf beide hingewiesen hat.[43] Die einzigen Texte aus Hösslis Zeit sind die Nummern [141] 26 und 36 aus Friedrich Wilhelm Ramdohrs Venus Urania. Über die Natur der Liebe, über ihre Veredlung und Verschönerung.[44]

Hössli spricht durchweg als empörter, anklagender Moralist, der im Namen der Wahrheit und der Vernunft die Stimme erhoben hat.[45] Sein Buch ist keine «Bittschrift»,[46] sondern eine Kampfansage an die «Mordanstalt»[47] seiner Zeit. Und er präzisiert seine Position: «Von Gnade rede ich nicht, es ist da um Recht und Wahrheit, um Licht und Wissenschaft, und nicht und

---

[42] Hössli, Eros II, S. 52 f.
[43] Hössli, Eros I, S. 189 f.
[44] Es handelt sich um eine Passage aus Teil 4, Seite 25 und eine weitere aus dem 3. Band, 1. Abteilung, 12. Kapitel. Vgl. dazu Hössli, Eros II, S. 114 f. und 134 f. Zu Ramdohr vgl. Derks (wie Anm. 36), S. 379–392.
[45] Zum sprechenden Ich vgl. Müller (wie Anm. 49), S. 74 f. und 188 f., aber auch Derks, S. 474. Müller vergleicht die Position Hösslis mit der Ulrichs'.
[46] Hössli, Eros I, S. XXII.
[47] Ebd., S. XX.

nie um Gnade zu thun.»[48] Er fühlt sich dabei durchaus als Pionier: «[...] noch keiner wagte [sich] [...] in allen jetzigen Sprachen Europa's, ein Buch, ein ernstes, ein entscheidendes Buch»[49] dem Gegenstand zu widmen. Er «will [...] reden für Tausende und abermal Tausende, für Geborne und für noch nicht Geborne.»[50] «In die Welt muß nun meine Idee! – was ihr, was mein Schicksal sein wird, will ich ruhig abwarten; für ihre Darstellung hätte ich auch einen andern Weg einschlagen können, und vielleicht sollen? und hätte dazu auch Plan und Stoff im Ueberfluß zu etlichen Bänden. Aber Zeit und Noth fordern nun das Wort für Recht und Wahrheit in hundertfältigen Beziehungen jetzt von mir ab – ich opfere demnach auch Plan und zahllose Materialien auf – ich folge dir, innere Stimme! und wenn's in den Tod wäre – und gebe meine Idee [...] als Wink und Ruf, als Leuchte in tiefe, tödtende Finsterniß, und sehe darin auch die Aufgabe meines Lebens gelöst, mein Tagewerk vollbracht [...].»[51]

Der Aufbau der beiden Bände ist nur schwer nachzuzeichnen, eine umständliche Anhäufung der Argumente führt dazu, daß sich die Themen wiederholen. Der Stil, den Ulrichs später als «ermüdend weitschweifig»[52] bezeichnen sollte, ist zwar oft redundant, wuchernd,[53] [142] ausufernd, überrascht aber plötzlich wieder durch prägnante[54] Formulierungen. So ist das Motiv des Kainsmals für Hössli mehrmals Anlaß, sich ironisch mit der biblischen Tradition auseinanderzusetzen: Es ist eine Auszeichnung, die durch soziale Zwänge in ihr Gegenteil verkehrt wird: «und wessen Namen tragen sie an ihrer Stirne, den eines Verirrten und verwirrten – verführten und verführenden Sünders – oder den eines klaren, himmlischen Menschengeistes?»[55] Seine Zeit sieht er durch Verblendung gezeichnet: «Das Schandmal solchen Glaubens trägt unsere stolze Zeit [...] noch an ihrer Stirne, sie sieht eine Blumenwiese (Plato's Garten des Menschlichen) noch immerfort für einen Abgrund an [...] und schmiedet noch Ketten,

---

[48] Ebd., S. 112.
[49] Ebd., S. 66.
[50] Ebd., S. 76.
[51] Ebd., S. XXIII f.
[52] Zitiert in Müller, S. 75 (Ulrichs, Memnon [1868], S. 129).
[53] Müller, S. 77.
[54] Derks, S. 474.
[55] Hössli, Eros I, S. 190.

für Wesen ohne irgend eine Schuld.»[56] Die Männerliebe wird verächtlich «in den Koth getreten».[57]

Zentral ist die Lichtmetaphorik. Hössli schreibt an gegen Unwissenheit und Verblendung, gegen das, was er zu Beginn des ersten Bandes «das Reich der Finsterniß […] die tausendjährige Nacht […] der Hölle dunkle Greuel»[58] nennt. Nicht alle wagen es, der Wahrheit ins Auge zu sehen: «das ist kein Geschäft für Halbmenschen und Fledermäuse, die die Sonne fürchten und im Dunkeln darum ihren Fraß aufschnappen müssen, weil sie für den Tag keine Augen haben.»[59] Es geht darum, den Geist der Zeit aufzuhellen,[60] die Männerliebe «von aller Finsterniß und allem Unrecht»[61] zu retten.

Rainer Guldin: Lieber ist mir ein Bursch … Zur Sozialgeschichte der Homosexualität im Spiegel der Literatur, Berlin 1995 (Reihe Homosexualität und Literatur, Bd. 8), S. 133–142, mit freundlicher Erlaubnis des Autors.

Rainer Guldin hat sich als erster moderner Forscher durch den «Eros» gelesen und ihn charakterisiert.

---

[56] Ebd., S. 103 f.
[57] Ebd., S. 174.
[58] Ebd., S. [2] der unpaginierten Vorrede.
[59] Ebd., S. 18 f.
[60] Vgl. ebd., S. XV.
[61] Ebd., S. XVIII.

Hans Krah

«Eros» (1836/1838) –
Textanalyse und historische Semantik

Ulrichs wie auch Guldin weisen nicht ohne Grund darauf hin, wie schwierig Hösslis Text zu lesen ist.[1] Trotzdem lohnt sich die Lektüre, wie ich zeigen möchte. Sein Aufbau, so ‹willkürlich› er erscheinen mag, ist zumindest von den eigenen Prämissen, von Hösslis eigenem Anspruch und Denkrahmen her, durchaus sinnig und funktional. Zudem ist der Text interessant, da Hösslis «Eros» in seiner historischen Situierung zu sehen ist, als frühes Dokument des 19. Jahrhunderts, und er es erlaubt, den beginnenden Diskurs Homosexualität in dieser Zeit skizzenhaft zu rekonstruieren.

Denn jeder Text ist Dokument seiner Zeit. Kein Text ist im luftleeren Raum, sondern zu einer bestimmten Zeit produziert und für diese und in Abhängigkeit bestimmter zeitbedingter Faktoren geschrieben. Jeder Text ist primär und zunächst Teil der Kommunikation seiner Kultur, auch wenn in seiner Aneignung zu späteren Zeiten sich dann Bedeutungsverschiebungen und Umkodierungen aus den Gegebenheiten dieses neuen Kommunikationsrahmens ergeben können.[2]

Dokument seiner Zeit ist ein Text auch insofern, als kulturelles Wissen in seine semantischen Strukturen einfliesst, das zum Verstehen nötig ist, und diese Semantiken wiederum auf das jeweilige Denken zu beziehen sind. So sehr ein Text eigene Konzeptionen und Weltmodelle entwerfen kann, immer sind diese Imagologien rückgebunden an die Produktionszeit

---

[1] Siehe S. 34 und S. 69 in diesem Buch.
[2] Als Beispiel hierfür siehe Hans Krah: Bedeutung und Bedeutungsaneignung. Überlegungen zu Semantik und Intermedialität am Beispiel Selma Meerbaum-Eisingers, in: Rainer Hillenbrand (Hg.): Erbauendes Spiel – Unendliche Spur. Festschrift für Zoltan Szendi, Wien 2010, S. 399–428.

und das Denken dieser Zeit und gewinnen ihre Bedeutung zunächst vor diesem Hintergrund.

‹Denken› ist dabei im Sinne Titzmanns[3] verstanden und beruht auf der grundlegenden Unterscheidung von sozialer Praxis und den in Artefakten sich artikulierenden überlieferten Vorstellungen. Das Denksystem, die ‹gedachte Welt›, ist von der kulturellen Praxis, von der ‹gelebten Welt›, zu unterscheiden, da beide Bereiche nicht notwendig kongruent sein müssen, Wissen sich also nicht zwangsläufig und direkt in Verhalten oder gar Verhaltensänderung niederschlagen muss.

Im Denksystem ist das Wissen einer Kultur zusammengefasst und organisiert, und darunter sind alle Vorstellungen zu verstehen, die eine Kultur für wahr, für gültig hält, insbesondere auch die Vorstellung von der Realität selbst. Das Denksystem umfasst nicht nur Wissen über konkrete Sachverhalte oder Wissen über andere Kulturen – so bezieht sich Hössli ja bereits in seinem Titel explizit auf die Antike –, sondern auch über die jeweils gültigen Denkkategorien, Denkregeln, Argumentationsschemata und Formulierungsmöglichkeiten, also wie und in welchen Formen ‹gedacht› beziehungsweise über die Realität etwas gewusst werden kann. Auch die möglichen Diskurse, worüber in einer Kultur überhaupt geredet und wie geredet werden kann, wie man sich über was verständigen, wie etwas kommuniziert werden kann/darf, sind Teil des Denksystems. Denksysteme sind durchaus längerfristig gültige Gebilde und weisen in ihren fundamentalen Prämissen eine relative Konstanz auf; sie ändern sich also nicht so schnell, auch wenn sie als kulturelle Gegebenheiten prinzipiell Wandel unterliegen.[4]

Wenn ich im Folgenden von ‹Männerliebe› oder der ‹Liebe der Griechen› spreche, folge ich (weitgehend) Hösslis eigener Terminologie und überneh-

---

[3] Michael Titzmann: Kulturelles Wissen – Diskurs – Denksystem. Zu einigen Grundbegriffen der Literaturgeschichtsschreibung, in: Zeitschrift für französische Sprache und Literatur 99, 1989, S. 47–61.

[4] Zum Einstieg in die theoretischen Grundlagen der hier praktizierten textanalytischen Methodik seien empfohlen Michael Titzmann: Propositionale Analyse – kulturelles Wissen – Interpretation, in: Hans Krah, Michael Titzmann (Hg.): Medien und Kommunikation. Eine interdisziplinäre Einführung, 3., erweiterte Auflage, Passau 2013, S. 87–114; Hans Krah: Einführung in die Literaturwissenschaft/Textanalyse, Kiel 2006; Jan-Oliver Decker, Hans Krah: Mediensemiotik und Medienwandel, in: Institut für interdisziplinäre Medienforschung (Hg.): Medien und Wandel, Berlin 2011, S. 63–90.

me dessen Begrifflichkeit in meine Beschreibungssprache. Implikationen über diesen deskriptiven Aspekt hinaus sind nicht intendiert, vor allem sind die Begriffe und deren Inhalte nicht unabhängig von Hösslis Verwendung, in einer ihnen ursprünglich zukommenden Bedeutung, zu verstehen. Platons Gedankengut interessiert hier nur sekundär in seiner Vermittlung durch Hössli, als Wissenselement seiner Zeit im Allgemeinen und in Hösslis Aneignung im Besonderen. Wenn ich demgegenüber von ‹Homosexualität› rede, dann ebenso als einer ‹neutralen› Beschreibungskategorie (und dann selbstverständlich nicht von Hössli übernommen) und zu dem Zwecke, in der eigenen Beschreibung zwischen der Rekonstruktion von Hösslis Ausführungen und dem Rekurs auf einen allgemeinen Diskurs, der nicht dem zeitgenössischen kulturellen Wissen Hösslis angehört, zu unterscheiden.

Hösslis Argumentationsfiguren

Bevor Konzeptionen der Männerliebe im «Eros» präzisiert werden können, muss zunächst Hösslis Argumentationsrahmen und Denkhintergrund vorgestellt werden, wie er sich aus dem Text selbst rekonstruieren lässt. Denn dieser bildet den argumentativen Rahmen, in den die Ausführungen zur Männerliebe integriert sind und vor dessen Folie sie sich verstehen lassen. Zentrale Leitbegriffe in Hösslis Ausführungen sind die Begriffe ‹Natur›, ‹Geschichte›, ‹Wissenschaft›, ‹Kunst› und ‹Menschheit›.

Festzuhalten ist, dass ‹Natur› und ‹Geschichte› als die beiden zentralen Grössen angesehen werden, die der Menschheit bei ihrer Organisation zur Verfügung stehen. Merkmal der Natur ist dabei erstens ihr ‹Ausserhalb-der-Zeit-Stehen›, ihre Unveränderbarkeit: «Die Natur an und in sich ist ewig gleich, unwandelbar, eine und dieselbe.»[5] Zweitens erhält Natur, wie die anderen Begriffe auch, einen sakralen Status: «Natur und Wissenschaft, Wahrheit und Kunst, die sind heilig und unvergänglich.»[6]

‹Geschichte› als zweite Kategorie scheint dieser enthistorisierten Konzeption von Natur zu widersprechen. Die Relevanz von Geschichte ergibt sich im Text aber nicht aus einem historischen Interesse, sondern aus einem

---

[5] Hössli, Eros II, S. 280.
[6] Hössli, Eros I, S. 14.

aktuellen. Nicht um die Qualität einer eigenständigen Vergangenheit geht es, sondern Geschichte kommt eine Hilfsfunktion von Naturerkenntnis zu, als Bestätigung und argumentative Beweisbarkeit von Naturhaftem: «Wer ein Jevorhandenes beweiset, der beweiset ein Immervorhandenes!»[7] – und damit ‹Natur›. Vor diesem Hintergrund ist auch der Titel des «Eros» zu sehen: Es geht nur vordergründig und nicht primär um die Griechen und deren Lebenseinstellung, diese sind vielmehr funktional für die Gegenwart. Es geht um die Beziehungen der Männerliebe zu «allen Zeiten», und damit dient sie, die Männerliebe der Griechen, als Argument für das Jetzt, für Hösslis Zeit.

Auch die anderen Leitbegriffe stellen wie ‹Geschichte› keine autonomen Begriffe dar. Sie sind allesamt Oberbegriffe, das heisst Kategorien, die verschiedenen Realitätsbereichen zuzuordnen sind und hierbei den jeweils unspezifizierten Klassenbegriff repräsentieren. Sie strukturieren und ordnen damit die Wirklichkeit, sorgen für die Weltordnung und verhindern Chaos, ohne allerdings die Welt zu zerteilen; eine Aufgliederung in weitere Unterbegriffe und Differenzierungen unterbleibt. Die unterstellte Weltordnung ist eine der ‹Einheit› und Synthese. Wie an den Leitbegriffen zu zeigen ist, sind diese synthetisierbar, aufeinander beziehbar und auch immer wieder aufeinander bezogen und damit letztlich als identisch gedacht: Sie haben die gleichen Merkmale, etwa das Merkmal ‹heilig› aus dem obigen Zitat, und sie bedingen sich gegenseitig. Zwei Beispiele solcher Engführung: «[...] daß wir um ihrer [Geschlechtsliebe, H. K.] hohen Bestimmung [...] willen, entweder rein wissenschaftlich, oder aber auch nur, was am End eines und dasselbe ist, rein natursinnig, richtig und genau wissen, erfassen und anerkennen müssen, was zu ihr, und was nicht zu ihr gehöret [...].»[8] «Denn die Natur des Menschen ist Kunst. Alles wozu eine Anlage in seinem Dasein ist, kann und muß mit der Zeit Kunst werden.»[9]

Diese gegenseitige Abhängigkeit und Bedingtheit äussert sich insbesondere anhand einer grundlegenden Argumentationsfigur des Textes, die ich ‹zirkuläre Bindung› nennen möchte. Paradigmatisch gilt sie für die Beziehung von Geschichte und Natur: «Natur und Geschichte sind die große

---

[7] Hössli, Eros II, S. 43.
[8] Hössli, Eros I, S. XVII.
[9] Ebd., S. 81.

Schule der Menschen-Kinder – Die Geschichte straft die Sünden wider die Natur – und die Natur die Sünden wider die Geschichte.»[10]

Aber auch andere Bereiche sind auf diese Weise vernetzt: «Die Griechen muß man lesen, wie die Bibel und die Bibel wie die Griechen.»[11] «[...] und sie [die Liebe zu den Lieblingen, H. K.] ist, weil sie war, und sie war, weil sie ist.»[12]

Durch diese tautologische Konzeption ist die dem Denken zugrunde liegende Weltordnung eine statische, ist ein – auch argumentativ – in sich geschlossenes System. Jede Grösse ist auf die andere projizierbar und bildet diese letztlich, nur unter einem anderen Namen, ab. So kann die Rede vom «Schutzgeist der Menschheit»[13] und den «geweihten Haine[n] der Wissenschaft und Kunst»[14] kommentarlos zur Rede über den «Geist Gottes»[15] werden, da allen das Merkmal der Heiligkeit inhärent ist. Gott repräsentiert einen weiteren Oberbegriff, der nur ein weiteres Synonym zur obigen Reihe bildet.

Eine zweite zentrale Argumentationsfigur, durch die ebenso Ordnung geschaffen wird, kann hier angeschlossen werden: Grundsätzlich ist Hösslis Gedankenführung von einem ‹Tertium-non-datur›-Denken geprägt: «Dieser unser Glaube muß also entweder eine wissenschaftliche Prüfung [...] aushalten, [...] oder ich muß ihn als Täuschung und Unwahrheit, als Finsternis und Menschenbetrug [...] darzustellen im Stande sein – eines von beiden!»[16]

Eines von beiden, ein Drittes gibt es nicht. Diese Denkfigur, die formallogische Axiome auf kulturelle Sachverhalte überträgt, schafft auf der einen Seite argumentative Möglichkeiten und stärkt die Evidenz der Argumentation. Denn es genügt, die Existenz des einen zu beweisen, da dann von dieser auf die Nichtexistenz des anderen geschlossen werden kann: «Wenn nun der Griechen Verfahren [...] recht gewesen ist, so ist das unsrige [...]

---

[10] Ebd., S. 34.
[11] Ebd., S. 198.
[12] Hössli, Eros II, S. 314.
[13] Hössli, Eros I, S. VIII.
[14] Ebd., S. VII.
[15] Ebd., S. X.
[16] Ebd., S. 72.

notwendig und unmittelbar unrecht, – war jenes rein menschlich, so ist das unserige absolut unmenschlich.»[17]

Auf der anderen Seite werden durch diese Setzung von Beziehungen als Notwendigkeiten, wie es hier geschieht, andere, komplexere Möglichkeiten ausgeblendet. Diese Operation entspricht also einer Reduktion der Wirklichkeit, der Empirie, unter ein theoretisches System, das in seiner Einfachheit Orientierungshilfe bietet. Eine Relativierung oder Modifizierung von Positionen, eine ‹evolutionäre Entwicklung›, ist damit ausgeschlossen.

Das Postulat der Einheit korrespondiert mit dem Denkschema der Ganzheit und Vollständigkeit. So ist die Natur eine «allseitige und vollständige».[18] Daraus folgt als Systemverpflichtung, dass alles zu integrieren ist, wobei das Ergebnis dieser Integration in holistischen Mustern gedacht wird, das heisst, nicht die Teile ergeben das Ganze, sondern das Ganze als quasi ontologische Wesenheit ist die Grösse, von der das Denken bestimmt wird und ausgeht. Explizit wird dies etwa für die menschliche Verfasstheit geäussert: «Alle überfeinerten Eintheilungen der Menschen nach Prinzipien, aus denen sie ausschließlich handeln sollen, sind dem Geiste der Geschichte ganz fremd. Er weiß, daß in der Menschennatur das Prinzipium der Sinnlichkeit, der Einbildungskraft […] u.s.f. nicht in abgetrennten Kammern wohnen, sondern daß in einer lebendigen Organisation […] viele von ihnen, oft alle lebendig zusammenwirken. Jedem von ihnen läßt er seinen Werth […], überzeugt, daß alle, auch unbewußt, zu Einem Zwecke, dem großen Prinzipium der Menschlichkeit wirken.»[19]

So wenig die einzelnen Teile einen Eigenwert zugesprochen bekommen, so sehr ist alles aber harmonisch, ohne Probleme zu evozieren aufeinander bezogen und somit nicht getrennt voneinander zu behandeln. Ausgegangen wird von einer prinzipiell durch die Weltordnung gegebenen «Harmonie des Daseins».[20] Dementsprechend sind Operationen wie ‹Zerteilung› oder «Zergliederung»[21] die Störung produzierenden und zu verhindernden ‹Gegenmodelle›. ‹Bindung› dagegen ist das positive Prinzip schlechthin, das die

---

17 Ebd., S. 102.
18 Hössli, Eros II, S. 172.
19 Hössli, Eros I, S. 162 f.
20 Ebd., S. 259.
21 Ebd., S. 163.

Gesamtharmonie des Systems gewährleistet. So wird etwa vom «gesunde[n] Ganzmensch[en]»[22] und vom «blinde[n] Halbmensch[en]»[23] gesprochen.

Das Integrationsprinzip schlechthin, das eine solche Harmonisierung gewährleistet, ist die Liebe: «[…] sie duldet alles, sie trägt alles, sie überwindet, sie heiligt alles; sie fragt nicht, sie versteht; […] sie braucht nicht zu reden, […] ihr Schweigen ist die Sprache des Allmenschlichen.»[24]

Es sind die der Liebe zugesprochenen Qualitäten – ihre Unmittelbarkeit, die keines vermittelnden Kommunikationssystems bedarf, sondern direkt ‹einwirkt›, ihre Omnipotenz und universale Anwendbarkeit und ihr Grenzen überwindendes Potenzial, das kausale, rationale Beziehungen (wie Ursache – Wirkung, Frage – Antwort) aufhebt und aufeinander projizieren lässt –, die die Liebe im obigen Kontext des Holismus als dafür geeignet erscheinen lassen. Und wiederum wird von Liebe als Oberklassenphänomen gehandelt, als nicht in sich ausdifferenziert und spezifiziert.

Vor diesem Denkhintergrund plausibilisiert sich der Aufbau des «Eros». Denn die zunächst umschweifig und abschweifig erscheinenden Teile, in denen es um Liebe im Allgemeinen geht, erweisen sich als durchaus funktional und sind ‹konsequent›. Wo es in der Argumentation nicht um einen Spezial-/Teildiskurs gehen darf, da eine Rede über einen solchen Teildiskurs den Grundannahmen widerspricht (bezogen auf das Teil-Ganze-Verhältnis), müssen diese Kontexte zuerst ausgeführt werden, damit dann der eigentliche Sachverhalt, den es zu diskutieren gilt, darin situiert und integriert werden kann.

So sehr die Weltordnung als statische und unveränderliche gedacht ist, so gibt es in ihr doch ein Element, das dynamisch konzipiert ist: den Menschen. Es handelt es sich hier um einen emphatischen Menschen- und Menschheitsbegriff. Zugrunde liegt dem das Modell der Ausbildung des Menschen zum Menschen, seine «Veredlung»,[25] die auf einen «Endzweck»[26]

---

[22] Ebd., S. 148.
[23] Hössli, Eros II, S. XXVI.
[24] Hössli, Eros I, S. 139.
[25] Ebd., S. 128.
[26] Hössli, Eros II, S. 160.

ausgerichtet ist und die jedem Menschen aus seinen Anlagen heraus möglich ist, «denn Mensch zu werden, dazu bringt jeder Anlage mit sich».[27]

Menschwerdung des Einzelnen ist nicht nur eine Möglichkeit, sondern im Sinne eines ‹kategorischen Imperativs› Verpflichtung, ist sie doch selbst wieder funktional für die ideologisch wesentliche und höherrangige Einheit der Menschheit an sich: «Zum Besten der Gesammtmenschheit kann niemand beitragen, der nicht aus sich selbst macht, was aus ihm werden *kann und soll,* und eine wahre Erziehung des Menschen kann nur auf die Kenntnisse seiner Urkräfte und Uranlagen gegründet sein.»[28]

Hier wird eine Grundlage von Hösslis Argumentation deutlich: das auf Vernunft gegründete Nützlichkeits- und Schädlichkeitsdenken, das als oberste Leitdifferenz den Gesamtdiskurs organisiert (und sich in extenso sprachlich niederschlägt): «Alles was der Menschheit, richtig erfaßt, je wahrhaft nützet und nützen kann, ist darum Natur, weil, wenn es keine solche wäre, es ihr schadete, nie nützen könnte und nie genutzt hätte.»[29]

Inhaltlich spiegelt sich hier das goethezeitliche Bildungskonzept wider, so etwa, wenn es heisst: «Im Saamen, im Keim, im Embrio ist der ganze Mensch; wir können nichts in solchen hineinbringen, nur sich entwickeln lassen das in ihm Verschlossene.»[30] Hier zeigt sich, dass Hössli in verstärktem Masse auf das ihm zur Verfügung stehende ‹Bildungsgut› zurückgreift und auch direkt daraus zitiert. Überwiegend und exzessiv referiert Hössli Johann Gottfried Herder, daneben unter anderen Johann Caspar Lavater, Jean Paul, Friedrich Schleiermacher, Friedrich August Carus, Johannes von Müller, Johann Georg Sulzer. Allein die Tatsache, dass nicht immer, wenn ein Textteil als direktes Zitat markiert ist, der Verfasser der Quelle angegeben wird, und nicht immer deutlich ist, ob überhaupt, ob noch zitiert wird oder nicht, verdeutlicht, dass Hössli auch auf dieser Textebene, der Verfasstheit des eigenen Werkes, dem oben rekonstruierten Prinzip der Integration und Synthese verpflichtet ist, es aus diesem Denken heraus nicht nur legitim, sondern sogar fast notwendig erscheint, die Distanz ver-

---

[27] Hössli, Eros I, S. 80.
[28] Ebd., S. 159 (Hervorhebung H. K.).
[29] Hössli, Eros II, S. 17 f.
[30] Ebd., S. 201 f.

schiedener Verfasser nicht als Distanz erscheinen zu lassen, sondern die einzelnen ‹Beiträge› zu homogenisieren.

Hösslis Verständnis von Wissenschaft

Ein zentraler Leitbegriff in Hösslis Ausführungen ist der der Wissenschaft, der immer wieder auch zur Beschreibung der eigenen Rede angeführt wird. Über seinen ersten Band äussert er: «[…] seine Theile sind für eine wissenschaftliche Deduktion angelegt.»[31] Wissenschaft ist nicht gleich Wissenschaft – es gilt zu präzisieren, welches Bild von ‹Wissenschaft› es ist, das sich hinter seinem Begriff von Wissenschaft verbirgt.

Wissenschaft bei Hössli lässt sich im Spektrum des aufklärerischen Denkens als Gewinn von Erkenntnis definieren, der einen zuvor vorhandenen Mangel behebt. Diese Zuordnung (insbesondere die exzessiv verwendete Lichtmetaphorik der Aufklärung) verdeutlicht ein wesentliches Merkmal von Wissenschaft im Text: Wissen, Erkenntnis kann und muss gefunden, kann aber nicht geschaffen werden. Ausgehend von und verbunden mit dem Postulat der Unveränderlichkeit und Vollständigkeit der Weltordnung kann (und darf) Wissenschaft keine wirklich neuen Erkenntnisse liefern, sondern nur bereits gegebene, vorgegebene ‹Wahrheiten› wieder aufdecken: «[…] durch unser Anerkennen kann nichts entstehen, und durch unser Verkennen nichts vergehen. Aber das, was da ist, das können, das müssen wir […] erfassen.»[32] Wissenschaft ist hier also dezidiert keine analytische Wissenschaft (da diese ‹zerstören›, ‹zerteilen›, ‹zergliedern› würde) und sie ist demgemäss keine, die in Spezialdiskurse ausdifferenziert wäre und sein könnte. Im Begriff der ‹Wahrheiten›, als die Wissen bezeichnet wird, wird sie darüber hinaus transzendiert und der Religion angenähert, so etwa im Begriff der «wissenschaftlichen *Dreifaltigkeit*.»[33]

Wissenschaft ist demgemäss auch keinem sie konstituierenden Ordnungssystem, ist keinen wissenschaftlichen Diskursregeln untergeordnet: «An die Kunst giebt es Forderungen, aber dem, der eine Wahrheit findet, können

---

[31] Hössli, Eros I, S. 38.
[32] Hössli, Eros II, S. 282.
[33] Ebd., S. 182 (Hervorhebung H. K.).

wir die Art und Weise, sie mitzutheilen, schwerlich vorschreiben.»[34] So, wie es keine ‹Ordnung› gibt, wie Wahrheiten zu finden (und mitzuteilen) sind, so gibt es auch keine Ordnung innerhalb dessen, was als Wahrheiten erkannt ist, und zwar, «weil es in der Wahrheit keinen Widerspruch und keine Rangordnung, nur eine ewige Harmonie giebt, und sie nicht über- und untereinander, sondern nebeneinander stehen»,[35] «weil es weder im Himmel noch auf Erden eine einzige [Wahrheit] gibt, die eine andere zu widerlegen vermöchte».[36]

Das Wissens-‹System›, die Wahrheiten, bildet also weder ein klassifikatorisches, in sich strukturiertes System, noch kann es Gegebenes modifizieren, relativieren oder gar eliminieren. Wahrheiten können nur hinzugefügt werden, ohne dass dies irgendwelche Auswirkungen auf das hätte, was schon da ist.

Das Wissenssystem ist zudem kein Selbstzweck; es geht nicht um Erkenntnis um ihrer selbst willen, sondern diese ist ebenso wie alles andere dem oben formulierten Nützlichkeitsaspekt unterworfen: «es gibt keine unnütze Wahrheit»,[37] ebenso wenig wie «je eine Wahrheit den Menschen geschadet hat».[38]

Hösslis Text selbst, so ist sowohl aus seiner Struktur als auch aus den Selbstzuschreibungen zu folgern, stellt einen wissenschaftlichen in diesem Sinne dar. Konsequent wird demnach das Buch als Wahrheit gesetzt: «Aber kein Buch wollte ich schreiben – ich wollte bloß meiner Zeit und Mitmenschheit eine Schuld bezahlen, eine Wahrheit vorlegen.»[39]

Ein zentraler Aspekt dieser ‹Wissenschaft› ist das Verhältnis von Kunst und Wissenschaft. Auch wenn sich ein Unterschied zwischen Kunst und Wissenschaft im obigen Zitat zu artikulieren scheint, so lässt sich dennoch feststellen, dass insgesamt gesehen im Text eine Entdifferenzierung dieser beiden Bereiche unterstellt ist. Beide, Wissenschaft und Kunst, sind als untrennbar und gleichwertig gedacht und stehen in einer spezifischen Be-

---

34 Hössli, Eros I, S. 38.
35 Hössli, Eros II, S. XI.
36 Hössli, Eros I, S. XXVI.
37 Ebd., S. XI.
38 Ebd., S. XXXII.
39 Ebd., S. XV f.

ziehung zueinander. So kann formuliert werden: «Wir haben über diesen Gegenstand [die Liebe zu den Lieblingen, H. K.] etliche deutsche Schriften (Schriftsteller). Er ist *also* ein wissenschaftlicher.»[40] Kunst dient insofern der Wissenschaft, als sie über ihren Bezug zur Natur sowohl als deren ‹Sprachrohr› als auch als das der Wissenschaft gesetzt ist – und damit der Wahrheitsfindung dient. Der Kunst kommt damit ein essenzieller Anteil am ‹wissenschaftlichen› Beweisverfahren zu. Wissenschaft kann nicht ohne Kunst existieren. Denn die Kunst gehört der Natur an: «Der Natur, der sie entquoll, und die sie einst gebar, der gehöret jede Dichtung, als eigene Seelenkraft, als Feierkleid und Zeugnis ihres Wesens und Daseins an.»[41] Dichtung ist also Ausdruck der Natur. Zudem kann und muss jede Natur zu Kunst transformiert werden: «Denn die Natur des Menschen ist Kunst. Alles wozu eine Anlage in seinem Dasein ist, kann und muß mit der Zeit Kunst werden.»[42]

Das exzessive Zitieren und Referieren vergangener Dichtkunst im zweiten Band,[43] die Technik der Montage von «Stimmen und Zeugen», ist somit konsequent, da unter diesen Prämissen diese tatsächlich und im wörtlichen Sinne als Zeugen (eines logischen Beweisverfahrens) fungieren können: Dichtung ist der Beweis und Garant für die Natürlichkeit und Tugendhaftigkeit des in ihr verhandelten Gegenstandes: «das Laster hat keine Muse, und die Lyra tönet nicht der Hand des Sünders».[44]

Wenn es also Dichtungen über ‹mannmännliche› Liebe gibt, ist dies vor diesem Argumentationshintergrund der Beweis für die Natürlichkeit dieser Liebe. Der Existenz von sprachlichen Dokumenten kommt also ein Status über eine reine Medialität und über eine rein semiotische Qualität hinaus zu, im Sinne einer Identifizierung von res und verba, von Sache und Wort. In diesem Kontext plausibilisiert sich auch Hösslis anfängliches – und zunächst kurios erscheinendes – Bemühen, sich mit Zschokke gerade an einen Schriftsteller zu wenden und eine literarische Verhandlung als angemessen für sein Projekt der Rehabilitierung der Männerliebe zu halten.

---

[40] Ebd., S. 36 (Hervorhebung H. K.).
[41] Ebd., S. 270.
[42] Ebd., S. 81.
[43] Hössli, Eros II, S. 53–151.
[44] Ebd., S. 49.

Hösslis ‹Rede› lässt sich insgesamt dem Modell der ‹apokalyptischen Rede› zuordnen, wie es Hartmut Böhme[45] formuliert hat. Die Art, wie die Wahrheit vorgelegt wird, ist dergestalt inszeniert, dass Hössli die Wahrheit ‹hinausschreit›, hinausschreien muss. Denn er geriert sich selbst nur als Medium der Verkündigung der Botschaft. Gesetzt ist der explizite Auftrag zur Verschriftung von einer höheren, metaphysischen Instanz. Hössli nimmt sich als Autor also zurück, er gibt nur das wieder, was ihm von einer anderen Instanz, einer unhinterfragten Autorität, quasi in die Feder diktiert worden ist: «Im Geist an D…s Opferbank und Schmachgerüst hast du [Schutzgeist der Menschheit, H. K.] mit deinen Strahlen und deiner Allmacht mich vollends ergriffen – und sprachst: ‹Dein Schweigen oder Reden entscheidet nun dein eigenes Menschthum, und muß dich selbst, strafend oder segnend, aus diesem Leben geleiten. Schreib, Mensch! oder sei gerichtet, und ewig in dir selbst verworfen!› Da, Geist Gottes, ward durch dich dieß Buch […].»[46]

Hösslis Konzept der ‹Männerliebe›

Welche ‹Botschaft›, welche ‹Wahrheit› ist dies nun? Katalysator für Hösslis Überlegungen ist (logisch rekonstruiert) das Postulat der Kausalität der Welt, auf welches die oben aufgelisteten Merkmale zurückgeführt werden können. Zentrale ‹Frage› ist: «Giebt es Theile der Menschheit, die für das All der Menschheit keine Bedeutung haben?»[47] Wenn von einem Postulat der Kausalität der Welt ausgegangen wird, wenn also die Möglichkeit von kontingenten Weltstrukturen ausgeblendet wird und die empirisch – das heisst literarisch – belegte Existenz von Männerliebe (in spezifischen Kontexten) anerkannt wird, wird die Suche nach dem Sinn dieses Phänomens und damit seine ‹wissenschaftliche› Erforschung geradezu erzwungen, nimmt man seine eigenen Prämissen, die sich einem Denksystem der Synthese, der Integration, der Aufnahme von allem bedingen, ernst.

Hössli setzt sich nicht für Homosexualität an sich ein, sondern für ein spezifisches Modell von Homosexualität, das dem des ‹Eros›, der Männerliebe der Griechen, nachgebildet ist. Dieses Modell stellt in Hösslis

---

[45] Hartmut Böhme: Vergangenheit und Gegenwart der Apokalypse, in: ders.: Natur und Subjekt, Frankfurt am Main 1988, S. 380–398.
[46] Hössli, Eros I, S. IX f.
[47] Hössli, Eros II, S. 345.

Denken den einzig möglichen Typ einer mannmännlichen Beziehung dar. Er grenzt sein Modell dabei nicht explizit von anderen Varianten ab, und er grenzt es insbesondere nicht von einer körperorientierten, sexualisierten Beziehung ab. Seine Argumentation läuft vielmehr explizit darauf hinaus, gerade diesen Aspekt, den körperlichen Punkt, ins Zentrum zu rücken: «Jene Freundschaften [...] sind bei den Griechen ohne die Wurzeln des Geschlechtslebens nicht und nie gewesen.»[48]

Sowohl in der Interpretation der platonischen Liebe als reiner Seelenliebe, als «Roman der Seele», als auch in der als Gräuel und Laster, als «Bestialität des Leibes»,[49] sieht Hössli eine Zergliederung und Reduktion und damit einen Verstoss gegen die Gebote der holistischen Totalität und harmonischen Ganzheit: «Wurzeln ohne Baum und einen Baum ohne Wurzeln bürden wir den Griechen immer auf, aber beide hatten sie nicht. Das eine ist eine Ausschweifung aus der Natur aufwärts, und das andere eine gleiche abwärts; dem einen mangelt das Leben des Leibes, dem andern das der Seele; beide sind empörende Verstümmelungen der menschlichen Natur.»[50]

Eingeordnet wird die Männerliebe bei Hössli zwischen zwei Polen grundsätzlich anders strukturierter Beziehungsformen: «Die männliche Liebe ist nicht die Liebe zum anderen Geschlecht und ursprünglich nicht Freundschaft [...]; sie ist eine eigene, besondere, bestimmte Art, [...], die eben so wenig je zur einwohnenden Liebe für das andere Geschlecht werden kann, als diese hinwieder je selbstwillig sich zu einer andern umgestalten könnte.»[51]

Männerliebe ist sowohl von Freundschaft als auch von der Liebe zum anderen Geschlecht zu unterscheiden. Die Notwendigkeit dieser zweiten Unterscheidung mag auf den ersten Blick irritieren, erscheint sie doch als evident. Ein zentrales Merkmal in Hösslis Konzeption ist aber das Postulat, dass es sich bei der Männerliebe nicht um einen Ersatz für die gegengeschlechtliche Liebe handelt, männerliebende Männer also nicht durch diese ihre Liebe von der Liebe zum anderen Geschlecht «schwärmerisch willkürlich»[52] abgelenkt und abgehalten werden.

---

[48] Ebd., S. 176.
[49] Ebd.
[50] Ebd., S. 177.
[51] Ebd., S. 349.
[52] Ebd., S. 34.

Das Postulat der Gleichwertigkeit und des Nebeneinanders ist im Kontext der Hössli'schen Grundprämissen zu sehen: Wären beide Formen mögliche Alternativen, stünden sie in Konkurrenz zueinander und würden die Harmonie der Weltordnung gefährden. Zudem, wie etwa Formulierungen wie «Unkosten» zeigen, wäre Männerliebe dann per se als schädlich einzustufen, und zwar auf einer hochrangigen, bevölkerungspolitischen Ebene und das Gemeinwesen, das Gemeinwohl betreffend. Und schliesslich wäre durch eine Transformierbarkeit des einen in das andere das Postulat der Statik und Unveränderbarkeit der Weltordnung betroffen. Und dies ist durchaus zentral: Denn Hösslis Argumentation pro Männerliebe ist darin begründet, dass erstens das, was einmal in der Natur war, aufgrund der Unwandelbarkeit der Natur immer ist, und dass zweitens durch das ‹wissenschaftliche› Verhältnis von Dichtkunst und Natur aufgrund der literarischen Zeugen auf das Gewesensein der griechischen Männerliebe geschlossen werden kann, und damit die Natürlichkeit der Männerliebe bewiesen ist. Ein Zulassen von Veränderbarkeit würde das Fundament seiner ‹Deduktion› nachhaltig untergraben.

In der bisher gegebenen Skizze von Hösslis Argumentation ist ein zentrales ‹Bindeglied› noch unerwähnt. Hössli grenzt seine Vorstellung von der Männerliebe zwar nicht explizit von anderen Vorstellungen ab (was aufgrund seiner Prämissen auch nicht kohärent wäre), er begrenzt und rahmt sie allerdings durch eine ordnungsstiftende Instanz: durch die «Idee». Diese Grösse, als Begriff selbstverständlich Platon entnommen, im Text selbst aber inhaltlich wenig konkretisiert, wird als der ‹theoretische› Rahmen gesetzt, der das empirische Phänomen der Männerliebe quasi ‹domestiziert› und damit, da es nun erst Natur im ideologischen Sinne wird, integrierbar werden lässt. Das heisst, Hössli differenziert in seiner Argumentation unthematisiert dann doch und unterscheidet zwischen der ‹ungebändigten› «Urnatur» und dem Ergebnis einer Operation der Vermenschlichung durch die ‹Idee›. So gilt es bezüglich der Männerliebe, «ihre Urnatur als solche, als eine positiv erschaffene, im Menschen-Typus gegebene Ader des Lebens, in der Idee der Griechen vermenschlicht und außer ihr in wilder Rohheit, [zu] erkennen».[53]

Über diese ‹Problemlösung›, die Einführung der Idee, lassen sich für Hössli zwei empirische Daten, die er nicht ausser Acht lassen kann, erklä-

---

[53] Ebd., S. 236.

ren. Da er argumentativ setzt: «Wenn die männliche Liebe der Griechen […] bestimmte und zuverläßige Menschennatur ist, […] so muß sie […] sich überall, wo sie ist, wirkend kund geben, offenbaren»,[54] steht Hössli erstens vor dem Problem, die gegenwärtige zeitgenössische Absenz einer solchen ‹Offenbarung› zu plausibilisieren und zu motivieren. Dies kann er nun durch das Bindeglied ‹Idee›, das vorhanden oder nicht vorhanden sein kann, so dass über diese Verschiebungsstrategie die Natur gleich bleiben kann: «[…] daß für diese Natur nichts aufgehört hat als einzig die Idee, die Bildung, die Erziehung, die Leitung, der Eros, der Geist der Griechen.»[55] Damit kann das Fehlen einer Wirkung selbst als Beweis für die Richtigkeit seiner Argumentation gedeutet werden: «Also, warum haben wir keine Dichtungen dieser Menschen? – Weil wir ihr Leben, ihre Liebe, ihr menschliches Dasein in der Idee nicht haben; wir haben nur ihre Verbrechen, ihre Entwürdigten, ihren Tod.»[56]

Zweitens kann Hössli, wie es in dem obigen Zitat bereits anklingt, damit auch den zweiten empirischen Befund, die im kulturellen Diskurs als gegeben gesetzte Korrelation der Männerliebe mit Laster und Verbrechen, für sich funktionalisieren. Das Fehlen der «Idee» bedingt notwendigerweise, Tertium non datur, die Existenz einer «Irridee», und diese ist verantwortlich dafür, «daß dann solche Schmach Menschen, schreckliche Menschen-Exemplare liefern muß, die der Natur außer solcher Irridee und ohne diese Irridee nicht möglich wären, und die ja nicht nur dem Verstoßenen allein, sondern der ganzen Menschheit das schuldlos verfluchte zum wirklichen Fluch […] werden muß».[57]

Verbrechen entsteht notwendigerweise, wenn es eine Diskrepanz von Natur und Idee gibt. Für eine solche Diskrepanz, für die Existenz der «Irridee», ist aber allein die Gesellschaft zuständig. Über Desgouttes kann Hössli also urteilen: «[…] er, der Ermordete, war zwar ein Mörder, aber unsere Irridee hat ihn zuerst zum verlorenen und lasterhaften Menschen, und endlich dadurch zum Mörder gemacht.»[58] Nicht der Homosexuelle ist pervers, sondern die Situation, in der er lebt. Laster und Verbrechen können

---

[54] Hössli, Eros I, S. 242.
[55] Hössli, Eros II, S. 236.
[56] Ebd., S. 211.
[57] Ebd., S. 185.
[58] Ebd., S. 213.

in einem Modell der Abweichung erklärt werden, wobei nicht dem Individuum diese Abweichung angelastet wird, als empirischer Verstoss gegen die eigentlich unbedingt gültige, gerechte und harmonische Weltordnung, sondern die Abweichung wird der momentanen Gesellschaft angerechnet, die in Bezug auf die überzeitliche Weltordnung die Rolle des abweichenden ‹Individuums› einnimmt.

Diese dezidierte Gesellschaftskritik heisst nicht, dass Hössli ein uneingeschränkter Verfechter gleichgeschlechtlicher Liebe wäre. So sieht er in ihr durchaus ein systemsprengendes Potenzial ohne «Idee», das nur durch die Ordnung der Idee und in einer bestimmten Ordnung akzeptabel ist: Sie ist «in dem anerkannten, rechtlichen und sittlichen Verhältnisse des Liebhabers und Lieblings sittlich, und wieder außer diesem Verhältnisse unsittlich und rechtlos».[59] Hierin, im Verhältnis von Liebhaber und Liebling, äussert sich das zentrale Merkmal, das Hössli für die Männerliebe im Unterschied zur Freundschaft setzt. Neben dem ‹körperlichen Punkt› – «Freundschaft hat kein Geschlecht»[60] – und der Benennung: «Und in der Freundschaft heißt es Freund und Freund»[61] ist es vor allem das Kriterium der Ungleichrangigkeit der Partner, das für Hössli entscheidend die Männerliebe prägt und definiert: Während die Freundschaft «ein gegenseitiges, gleiches […] Verhältnis» ist, «muß uns in allen Verbindungen der Männerliebe immer ein ungleiches […] auffallen, denn es heißt nämlich immer: der Liebende und der Geliebte, immer der Liebhaber und der Liebling, nie die zwei Liebhaber, nie die zwei Lieblinge […] und überall steht der Liebhaber zum Geliebten in einem ganz anderen Verhältnis, als umgekehrt der Geliebte zum Liebenden.»[62]

Nur in dieser geordneten Form, mit genau vordefinierter Rollenverteilung, kann und darf sich positive Männerliebe äussern. In Abgrenzung sowohl zur Freundschaft als auch zur Liebe der beiden Geschlechter ist in der Männerliebe kein «gegenseitiger Austausch der Gefühle, Stillung gleichen Triebs, gleicher Neigung, gleicher Leidenschaft, gleicher Entstehung herrschend, angenommen oder vorausgesetzt»,[63] so wird betont. Warum?

---

[59] Ebd., S. 341.
[60] Ebd., S. 143.
[61] Ebd., S. 221.
[62] Ebd.
[63] Ebd., S. 222.

Gefolgert werden kann, dass durch das präformierte Rollenverhältnis zumindest eine ‹epistemische› Kontrolle von aussen installiert, also Wissen über die Beziehung vorhanden ist. Zudem wird durch die Ungleichrangigkeit und die Asymmetrie der Beziehung eine Hermetik des wechselseitigen Auf-sich-Bezogenseins verhindert, also ein Sich-selbst-Genügen unter Ausblendung von allem ausser sich selbst. Eine solche Isolation ohne Anknüpfung an die Gesellschaft ist in Hösslis Logik nicht Sinn und Zweck einer solchen Beziehung. Denn nicht primär ein individuell-psychologisches Interesse, eine Parteinahme für die Individualität, die Gefühle und die Person des Einzelnen rechtfertigt die Zulassung von Männerliebe, sondern ein soziales Argument, ein pädagogisches Denken aus der Perspektive der Gemeinschaft, der Menschheit, des Ganzen: Hösslis Modell der Männerliebe basiert grundlegend auf dem Axiom ihrer Funktionalität. Männerliebe ist wie alles andere auch dem Prinzip des Endzweckes unterworfen, steht also nicht für sich, ihre Anerkennung wird nicht um ihrer selbst willen versucht. Hössli postuliert sowohl einen Endzweck der Männerliebe (wobei er sich über den Inhalt dieses Endzweckes nicht klar auslässt) als er sie auch in Relation zur Gesellschaft funktional verortet. Und hier ist sie nützlich in zweifacher Hinsicht: Sie dient der «Verhütung tausend unglücklicher Ehen»[64] und der Reduzierung von Verbrechen, kann also indirekt dem Gemeinwohl durch die Verringerung von destruktivem Potenzial dienen. Zu dieser «rein menschliche[n] Tendenz für das Familien- und Staatsleben»[65] trägt sie zudem konstruktiv bei, da das dadurch freigewordene Menschenpotenzial nun direkt seine Energien für das Gemeinwohl ‹zinsbringend› einbringen kann.

Hösslis «Eros» im Kontext des 19.Jahrhunderts

Ausgehend von diesen Ergebnissen zu Hösslis Argumentationsfiguren und Konzeptionen möchte ich versuchen, diesen Diskussionsstand im Diskurs der Zeit zu verorten. Es geht dabei nicht darum, dies sei vorausgeschickt, Hössli und seine Leistung zu desavouieren. Der Sachverhalt, dass Hössli ein solches Projekt in seiner Zeit unternimmt und realisiert, gegen diverse Widrigkeiten, etwa den Widerstand der Behörden, verdient Achtung und Würdigung. Dessen ungeachtet sind die textuellen Befunde einer Interpre-

---

[64] Hössli, Eros I, S. XXX.
[65] Ebd.

tation hinsichtlich der kulturellen Relevanz ihrer Semantiken zu unterziehen, woraus Erkenntnisse und Einsichten in historische Zusammenhänge gewonnen werden können. Und darum geht es im Folgenden. Aufgezeigt werden sollen Linien, mit denen sich Hösslis «Eros» und seine Verfasstheit historisch verorten und einbetten lassen.

Deutlich dürfte bereits geworden sein, dass sich Hösslis Ausführungen dezidiert auf aufklärerische Traditionen beziehen und auf diesen beruhen, so eben mit den Paradigmen ‹Vernunft›, ‹Nützlichkeit› und ‹pädagogischer Impetus›. Darüber hinaus und in Fortführung dieser Traditionen ist als Grundlage der Argumentation goethezeitliches Denken zu erkennen, vor allem dessen Bildungskonzept. Hösslis Weltbild rekrutiert sich aus diesen Grundlagen, die skizzierten Denkschemata und Prämissen haben hier ihren literarhistorischen und denkgeschichtlichen Ort.[66]

Hösslis Text erweist sich als Kompendium, als Zusammenschau ‹sämtlicher› Ideologeme des Vorangegangenen. In seiner Übernahme, seinem ‹Gebrauch› dieses Wissensstandes am Ende dieses Denkens, 1836/38, ist der Text damit letztlich als anachronistisch zu bezeichnen. Dies korreliert sicher mit der fast zwanzigjährigen Entstehungszeit. Hössli geht von diesem Denkhintergrund als unhinterfragtem aus, er ist sich dessen Überholtheit nicht bewusst. Ausgeblendet sind zum Beispiel vollständig die Anfänge der sich etablierenden exakten Wissenschaften, für die das 19. Jahrhundert steht; diese werden nicht wahrgenommen. Hösslis Begriff von Wissenschaft ist dezidiert nicht der, der mit Wissenschaftlichkeit in diesem Sinne verbunden wird. Was ‹theoretisch-wissenschaftlich› heisst, dies hat sich aber gewandelt beziehungsweise ist in dieser Zeit im Wandel begriffen. Deutlich wird dies

---

[66] Goethezeit benennt das Literatursystem, das in etwa von 1770 bis 1830 für die deutsche Literatur bestimmend ist und sich durch parallel existente wie sukzessiv aufeinanderfolgende Subsysteme auszeichnet. Gemeinsam ist (vor allem) die Verhandlung der Problematik der Autonomie des Subjekts. Einsetzend mit dem Sturm und Drang, durch den im Sinne einer Radikalisierung des Aufklärungsdenkens Probleme im Verhältnis von Individuum und Gesellschaft sich konturieren und manifest werden, versuchen dann Klassik wie Romantik als je unterschiedliche Lösungsversuche darauf zu reagieren. Zur Goethezeit und seiner Anthropologie allgemein siehe Michael Titzmann: Anthropologie der Goethezeit. Studien zur Literatur und Wissensgeschichte, Berlin, Boston 2012. Zu den hier angeführten Denkkategorien und Argumentationsfiguren Hösslis und deren literarhistorische Relevanz siehe Hans Krah: Schiller, Kleist, Grabbe: Dramatische Problemkonstellationen in literarhistorischer Perspektive, in: Grabbe-Jahrbuch 2011/12, S. 74–112.

insbesondere an dem Grundparadigma ‹Natur›, das in seiner naturphiloso-
phischen und (natur)ideologischen Bedeutung obsolet wird, gerade durch
die aufkommenden Naturwissenschaften.

Hösslis Ausführungen und Argumentationen stehen damit auf wackligen
Beinen und entbehren einer tragfähigen Grundlage. Und zwar nicht nur
deshalb, weil er sich nicht auf neue Diskurse bezieht, sondern auch in der
Art, wie er sich auf seinen eigenen Denkrahmen selbst bezieht. Hösslis
Ausführungen führen letztlich zur Desavouierung des zugrunde liegenden
Systems. Sie demonstrieren eher, dass der verwendete Denkrahmen nicht
mehr adäquat ist, als dass sie als Argumentation pro Männerliebe überzeugen. Gerade dadurch, dass gemäss der systeminternen Logik der Integration
und Synthese und dem Postulat der Ganzheit ausgegrenzte, tabuisierte
Teile – die Männerliebe – dem System einverleibt werden sollen und dadurch, dass im Text Wert gelegt ist auf eine explizite Argumentation, auf
logische Deduktion, auf Beweis- und Schlussfiguren, werden die Aporien,
die impliziten Widersprüche/Unstimmigkeiten, die im System selbst enthalten sind, als solche erkennbar; damit ist dieses Denken zumindest als
rationale, reflektierte Grundlage von wissenschaftlichen Texten schwerlich
geeignet. So zeigt Hösslis Text die Grenzen dieses Denkens gerade dort auf,
wo ein dem Gegenstand eigentlich angemessenes Zu-Ende-Denken eben
nicht vollzogen wird und der Text selbst solche Aporien, Widersprüche
ausbildet und stehen lässt. Diese Widersprüche ergeben sich ‹notwendig›,
da der Denkrahmen nicht verlassen wird und dieser den Gegenstand domi-
niert. So betrifft die im Kontext der Männerliebe zentrale Aporie im Text,
wo also, so könnte man sagen, den Text der Mut verlässt, Konsequenzen
zu akzeptieren, den «körperlichen Punkt», die Sexualität. Diese gehört qua
Integrationsprinzip zwar notwendig mit zum Konzept der Männerliebe,
ausgeführt wird der Punkt aber nicht, sondern hierzu wird immer wieder
auf den – nicht geschriebenen – dritten Band verwiesen. Ursprünglich (im
ersten Band) ist das Werk auf zwei Bände angelegt. Erst im zweiten Band
erscheinen die Verweise auf den dritten Band, in dem es insbesondere um
den ‹körperlichen Punkt› gehen soll. Geschrieben wird er nicht. Hier zeigt
sich, dass dafür dann doch die Sprache fehlt, dass die Länge der Ausführungen auch dahingehend zu deuten ist, gerade diesen Punkt zu vermeiden
und um den heissen Brei herumzureden. Der Topos des Unaussprechlichen,
der durch die «Zeugen und Stimmen», durch «lautsprechende Beweise» als
bewusster Anspruch gebrochen werden sollte, hier bestätigt er sich dann
doch ‹unbewusst›.

Eine zweite Aporie ist hinsichtlich der konstruierten Differenzierungen auszumachen: Einerseits erachtet Hössli Literatur und Kunst als Garanten der Männerliebe, die für deren Natürlichkeit zeugen, andererseits grenzt er sich von ‹falscher› Literatur ab, die diese Natürlichkeit leugnet. So gibt es «Geld- und Mode-Schriftsteller, die ihre Produkte nach Thalern und Zeitumständen modeln».[67] Welche Kriterien für welche Art von Dichtung, die laut eigenem Postulat insgesamt Natur widerspiegelt, gelten, bleibt ausgespart. Insofern könnte selbstverständlich auch gefragt werden, ob die von Hössli angeführten ‹Stimmen und Zeugen› nicht ‹falsche Literatur› sind – es fehlt ein Kriterium.

Hösslis Text markiert das Ende einer Diskurstradition, auch wenn er zugleich der erste Text eines Diskurses im inhaltlichen Sinne ist, einer ‹theoretisch-wissenschaftlichen› Auseinandersetzung mit dem Phänomen Homosexualität. Dies ist Hösslis Eigenleistung: die Anwendung gegebener Denkkategorien auf einen ‹neuen› Gegenstand – der dabei die Denkkategorien sprengt.

Hösslis «Eros» ist ein signifikanter Text qua Absenz: So wenig der Text juristisch, medizinisch oder gerichtsmedizinisch begründet ist – dies die gängigen Diskursfelder, in denen im 19. Jahrhundert über Homosexualität gesprochen wird (wobei die Medikalisierung der Homosexualität erst ab der Jahrhundertmitte mit Casper, Westphal und Krafft-Ebing einsetzt) –, so wenig ist er einer neu aufkommenden, diskurstragenden Kategorie verpflichtet, dem Paradigma der Normalität. Dieses Ergebnis ex negativo bedarf einiger Erläuterungen.

Normalität ist ein historisches Phänomen. Nach Jürgen Link, dessen Monografie «Versuch über den Normalismus» meinen Überlegungen zugrunde liegt, konstituiert sie sich in einer Phase des Pränormalismus im 18. Jahrhundert in einer Reihe von naturwissenschaftlichen Spezialdiskursen (und als statistisches Argument) und aus der Bifurkation von Normalität und Normativität, um sich dann zwischen 1820 und 1870 – als Interdiskurs – zu etablieren: «Während um 1820 noch niemand im Alltag hätte sagen oder verstehen können: ‹Das finde ich (nicht) ganz normal›, hatte sich diese

---

[67] Hössli, Eros II, S. 233.

Redeweise fünfzig Jahre später ‹durchgesetzt›: Symptom einer epochalen kulturellen Innovation.»[68]

Zentraler Aspekt von Normalität sind die Normalitätsgrenzen, das heisst die Schnitte, bis zu denen auf einer kontinuierlichen Kurve ein Wert als noch normal oder schon als anormal, nichtnormal angesehen wird. Solche Grenzen lassen sich nicht rein mathematisch bestimmen, sondern nur über semantisch-symbolische Zusatzmarken, über Stigmata, etablieren. Damit wird deutlich, dass normalistische Dispositive keine biologischen im Sinne einer präexistenten, «natürlichen» Regelung sind, sondern ganz und gar soziale und historische Dispositive, die soziale ‹Grenzprobleme› nach sozialen Toleranzen und Akzeptanzen zu regeln erlauben.

Der Frage nach der Konstituierung der Normalitätsgrenze geht Link unter dem Label ‹Das Paradox der Normalitätsgrenze› nach. Denn «paradoxerweise scheint zu gelten, daß genau das ‹normal› ist, was ‹normalerweise› als normal gilt».[69] Damit sind zwei Merkmale der Normalität verknüpft: erstens ihre Verortung im Alltagsdiskurs und zweitens ihre ‹demokratische› Verankerung. Normalitätsgrenzen gelten dort, «wo sie von der Mehrheit einer Population ‹gesehen› werden» und «dieses mehrheitliche ‹Sehen› der Normalitätsgrenze […] wird nicht zuletzt durch die normalistische Mentalität ermöglicht, die nach Durchschnitt und ‹Mitte› fragt».[70] Normalität wird also selbst zur Norm, zur Grundlage des Denkens und etabliert die (neue) binäre Leitdifferenz ‹normal› versus ‹nicht normal›.

Dieser Exkurs zur Normalität ist vonnöten, da diese gerade im Diskurs um Homosexualität von besonderem Belang ist. Evident dürfte sein, dass die Diskussion des 20. Jahrhunderts sich um diese Kategorisierung zentrierte und durch diese organisiert war. Ihr Fehlen bei Hössli – und sämtlichen früheren Behandlungen des Gegenstandes – ist somit umso signifikanter und belegt zunächst die Gültigkeit der These Links von der Historizität der Normalität.[71] Darüber hinaus lassen sich weitere Thesen daran anknüpfen.

---

[68] Jürgen Link: Versuch über den Normalismus. Wie Normalität produziert wird, Opladen 1996, S. 202.

[69] Ebd., S. 23.

[70] Ebd., S. 339.

[71] Der erste mir bekannte Text, in dem das Label ‹normal› im Kontext der sexuellen Einstellung als deren Zuschreibung verwendet wird, ist Karl Maria Kertbenys Denkschrift von

So dient das Paradigma ‹Normalität› insbesondere der Anbindung des Diskurses an die Grösse ‹Volk›, ist diese es doch, ist das Paradigma Normalität erst einmal – durch den medizinischen Spezialdiskurs – etabliert, die zur Instanz der Normalitätsgrenzen wird, die sie dann auch ‹selbständig› weiter reproduziert. So kann sich der juristische Diskurs auch deshalb auf die Volksmeinung, das gesunde Volksempfinden, in seiner Argumentation zurückziehen, da über das Konzept der Normalität der ‹theoretische› Hintergrund eines solchen Denkens bereitet und gestützt wird.

Wenn Link postuliert, dass der Normalität allgemein eine wesentliche kompensatorische Funktion zukommt, dann trifft dies hier im Besonderen zu: Normalität ist auch insofern ein Interdiskurs, als sie semantisch leer ist. So kann sie ohne weiteres andere Paradigmen ersetzen, im Kontext der Argumentation um Homosexualität die zentrale Denkkategorie ‹Natur› (und davon abgeleitet die der ‹Natürlichkeit›), und sie kann sich mit dem füllen, was sich als ‹Vorurteil› ausbildet: Normalität wird zum ideologischen Regulativ auf demokratischer Basis, das einer Verunsicherung durch ungültig beziehungsweise unsicher gewordene tradierte Orientierungen und Ordnungssysteme entgegentritt. Sie schafft einen Rahmen, der sich durch die permanente Rückbindung an die Basis selbst perpetuieren und somit für Konstanz im Wandel sorgen kann. Hösslis Text wäre genau in dieser Lücke zu situieren, wo Natur als naturphilosophisches Konzept keine Gültigkeit mehr hat, neue Ordnungen und Instanzen wie die Normalität noch nicht vollständig etabliert sind.

Ein letzter Kontext betrifft das Verhältnis von Freundschaft und Männerliebe, Kategorien, die Hössli strikt zu trennen versucht. Freundschaft stellt im kulturellen/literarischen Kontext der 1830er Jahre ein tradiertes und einer vergangenen Epoche angehöriges Konzept dar. Sie ist im Freundschaftskult des 18. Jahrhunderts zu verorten; hier kann der Freund als Geliebter bezeichnet werden, ohne dass dies Anstoss erregen würde.

Bezüglich dieser Semantisierung lässt sich nun ein Paradigmenwechsel in der Rezeption feststellen, wie also Konzepte zeitgenössisch aufgefasst

---

1869, in der auch die Begriffsbildung homosexual erstmals geprägt wird. Bereits zuvor wird das Epitheton «normal» in unserem Kontext im (gerichts)medizinischen Diskurs verwendet, wo es allerdings (noch) nicht auf die sexuelle Einstellung bezogen, sondern auf die physische Beschaffenheit von Körperteilen angewendet wird (‹normale Genitalien›, ‹normaler After›).

wurden, der den Wandel von Freundschaftskonzeptionen wie Männlichkeitsbildern betrifft. Dieser Wandel in der Rezeption zeigt symptomatisch, dass Semantiken nicht mehr als diese Semantiken gedeutet werden, sondern sich quasi verselbständigen, und indiziert eine veränderte Mentalität.

Fast am Ende seiner Ausführungen führt Hössli einen «Beweis von dem hier zu Erweisenden» auf, einen Beweis für die Natürlichkeit der Männerliebe. Dieser Beweis ist für Hössli das 1836 erschienene Drama «Die Freunde» von Sigismund Wiese, dessen Existenz Hössli mit Begeisterung wahrnimmt: «Nun ist sie da, diese Geisterstimme in der – Wüste, diese Erklärung, dieser Stempel, diese Kunde aus dem menschlichen Reich der Seelen […] Sie ist da!»[72]

Seitenlang zitiert Hössli einzelne Stellen aus diesem Text und versucht, einen möglichen Einwand von vornherein auszuschalten – den Einwand, bei der im Drama «Die Freunde» vorgeführten Beziehung handle es sich um Freundschaft, nicht um Männerliebe: «Man wird, ich sehe es voraus, ungerechter Weise sagen: im Wiese'schen Drama walte eine andere Psyche als die griechisch-erotische.»[73] Hösslis ‹Trumpfkarte› für seine Sicht ist ein anonymer Rezensent des Dramas. Dieser schreibt: «Die Freunde, ist ein Drama, das in Holland und England wohl nicht aufgeführt werden dürfte, ohne daß Schauspieler und Dichter ihre gesunden Glieder riskirten. Die beiden Freunde sprechen nämlich vollkommen wie zwei Liebende und wecken auch beim billigsten Leser eine widerliche Empfindung. […] Wir glauben, es gehört keine allzustrenge Kritik dazu, um doch eine solche Sprache unter Männern zu mißbilligen.»[74]

Unter Berücksichtigung einer Freundschaftsideologie als Teil des Denksystems, die dafür sorgt, dass unliebsame – nämlich sexuelle – Implikationen im Denken der Zeit ausgeschlossen sind, lässt sich ex negativo folgern, dass sprachliche Ausdrucksweisen anders zu interpretieren sind und auch

---

[72] Hössli, Eros II, S. 328.

[73] Ebd.

[74] Literatur-Blatt, Nr. 95, 19. September 1836, S. 380. Beilage zum Morgenblatt für gebildete Stände, Stuttgart, Tübingen (1817–1837). Die Rezension ist vollständig abgedruckt bei Manfred Herzer: Einleitung, in: Materialien zu Heinrich Hössli, Eros. Die Männerliebe der Griechen; ihre Beziehungen zur Geschichte, Erziehung, Literatur und Gesetzgebung aller Zeiten, Berlin 1996, S. 7–34, Rezension S. 21 f.

anders interpretiert wurden – als Freundschaftsrhetorik. So ist auffällig, dass literarische Texte, die dem Freundschaftsdiskurs des 18. Jahrhunderts angehören, Hössli nicht als Zeugen für das zu «Erweisende» gelten, obwohl er sich exzessiv literarischer Dokumente bedient. Bei Hössli, dem Belesenen, erscheint Wieses «Die Freunde» quasi monolithisch wie ein Fels in der Brandung, als erstes und einziges deutsches Zeugnis.

Resümieren lässt sich, dass sich die Freundschaftsideologie des 18. Jahrhunderts dezidiert auf die Ausblendung bestimmter Implikationen einerseits und ein spezifisches Merkmalsbündel andererseits stützt. Verliert der Freundschaftsdiskurs diese ideologische Aufwertung, wird Freundschaft ‹suspekt›. Freundschaft und Männerliebe nähern sich an, das ‹Problem› Homosexualität taucht auf. Die obige Rezension belegt diese veränderte Mentalität. Das Drama «Die Freunde» wird nicht mehr vor der Folie des Freundschaftsdiskurses gedeutet, sondern als etwas anderes genommen, als Ausdruck einer sich nicht ziemenden und kulturell anstössigen Beziehung.[75]

Diese Annäherung von Freundschaft und Männerliebe geschieht in einem imagologischen Freiraum. Mit der Säkularisierung des Delikts der Sodomie, dem juristischen ‹Freiraum› und der argumentativen Unsicherheit, die dadurch entstehen, entsteht ein Bedarf an neuen Strategien des Umgangs und der Begründung, die dann mit dem Konzept der Normalität eine neue Stabilität erhalten. Normalität ist per se nichtexplizit und ist wesentlich paradox und zirkulär strukturiert und eignet sich somit gerade in Kontexten, wo eine rationale, logisch-kausal begründete Argumentation nicht gefragt ist, wo eine solche für die beabsichtigte Leistung, die Aufrechterhaltung eines Vorurteils, eher kontraproduktiv sein muss. Wenn das 19. Jahrhundert die Ausbildung von Wissenschaft als Spezialdiskurs fördert und dies die Ausdifferenzierung des Wissenschaftsdiskurses und des Alltagsdiskurses bedingt, dann schafft es als Gegengewicht gleichzeitig mit dem Paradigma der Normalität auch die Emanzipation des Letzteren, des Alltagsdiskurses, und seine Setzung als Norminstanz. Wenn der anonyme Rezensent auf den «billigsten Leser» referiert, dann geht es eben nicht (mehr) um einen Spe-

---

[75] Zu Wieses «Freunden» ausführlicher Hans Krah: Freundschaft oder Männerliebe? Heinrich Hösslis «Eros. Die Männerliebe der Griechen; ihre Beziehungen zur Geschichte, Erziehung, Literatur und Gesetzgebung aller Zeiten» (1836/38) im diskursgeschichtlichen Kontext, in: Forum Vormärz Forschung, Jahrbuch 1999, Emancipation des Fleisches. Erotik und Sexualität im Vormärz, S. 185–221, besonders S. 188–194.

zialdiskurs Gebildeter, die den Bezug zu Freundschaftsmodellen erkennen würden, sondern, ohne diese begriffliche Nennung, um eine Anbindung an Normalität. Freundschaft nähert sich der Männerliebe aber auch durch das neu sich entwickelnde beziehungsweise konstituierende Bild des Mannes an, dessen Propagierung zugleich das Nicht-zulassen-Können von Homosexualität bedingt. Die in der Goethezeit einsetzende Geschlechtercharakteristik führt zu einer Ausdifferenzierung der Geschlechter und insbesondere zu einer Rollenzuschreibung. Freundschaft ist dabei etwas, was dem sich im Laufe des 19. Jahrhunderts durchsetzenden Bild von Mann und Männlichkeit und der sich etablierenden männlichen Rolle – dem Mannsein – zu widersprechen scheint.

Hösslis «Eros», so lässt sich abschliessend resümieren, lässt sich in diesem skizzierten Kontext trotz oder gerade wegen seiner Rückwärtsgewandtheit auch als Ausnützung dieses Freiraumes deuten, bevor für das Reden über Männerliebe neue vorgegebene Raster und Diskursvorschriften verbindlich werden.

Sebastian Matzner

Homophilhellenismus

Heinrich Hösslis «Eros» und der emanzipatorische Rekurs auf die Männerliebe der Griechen[1]

> Nach unsern Meinungen und Auslegungen wäre das Studium der
> Antiken ein gefährliches Bestreben, es führte den Menschen von der
> Natur und ihren Bestimmungen ab – ! – Fundamente und Grundsätze,
> Kunst- und Natursinn für das Studium der Antiken im 19. Jahrhundert!!
> […] sie bedrohen unsere Zeit der reinen Moral und Sittlichkeit mit der
> Pest der naturabtrünnigen Griechen, unsere Tugendhaftigkeit mit dem
> National-Laster der Hellenen!
>
> Heinrich Hössli[2]

Auseinandersetzungen der europäischen Moderne mit der klassischen Antike als ihrem «nächsten Fremden»[3] sind vielfach geprägt von einer Spannung
zwischen der Antike als Grundlage von, aber auch Gegenstück zu zeitgenössischen Werten, Ideen und Identitäten. Eine besonders eindrucksvolle
Wirkungskraft entfaltete diese allen Antikerezeptionen inhärente Spannung
im Rahmen des ersten öffentlichen Diskurses über das Wesen von «Homosexualität» im deutschsprachigen Raum, hier eingegrenzt auf die Zeit von
1835 bis 1915. Dieser Zeitraum ist für die Geschichte der Emanzipation
gleichgeschlechtlich Liebender aus zwei Gründen von besonderer Bedeutung. Zum einen findet in dieser Zeit die Entwicklung jener medizinischen

---

[1] Dieser Beitrag ist eine leicht gekürzte Übersetzung meines Artikels «From Uranians to
Homosexuals: Philhellenism, Greek Homoeroticism and Gay Emancipation in Germany,
1835–1915», in: Classical Receptions Journal 2, 1, 2010, S. 60–91. Mein Dank gilt der Oxford University Press für die Zustimmung zur Neuausgabe in deutscher Sprache und dem
Leverhulme Trust für die Förderung meiner Forschungen zum Philhellenismus.

[2] Hössli, Eros II, S. 218.

[3] Uvo Hölscher: Selbstgespräch über den Humanismus, in: ders.: Das nächste Fremde.
Von Texten der griechischen Frühzeit und ihrem Reflex in der Moderne, München 1994,
S. 257–281, hier S. 278.

und psychologischen Theorien statt, welche die Grundlage für das moderne Verständnis von sexueller Identität im Allgemeinen und von Homosexualität im Besonderen sind. Auch wenn triftige Einwände gegen ein zu abruptes Verständnis dieses Vorganges im Sinne Foucaults, also gegen ein plötzliches «Erscheinen» des Homosexuellen als eines spezifischen Typus von Individuum, definiert durch sein sexuelles Verhalten, vorgebracht worden sind,[4] so steht doch ausser Frage, dass unsere zeitgenössischen schwulen und lesbischen Identitäten und Homosexualitätsdiskurse direkt und massgeblich auf Kategorien und Epistemologien des Selbst basieren, die hier zum ersten Mal artikuliert werden. Zum anderen fechten in dieser Epoche männerliebende Männer erstmals offen die diskriminierenden Gesetze ihrer Länder an und fordern öffentlich die Entkriminalisierung gleichgeschlechtlicher Liebesakte, und zwar vor dem Hintergrund einer äusserst lebendigen homosexuellen (Sub-)Kultur in den grossen Städten, besonders in Berlin, und in engem Zusammenspiel mit den neuen medizinisch-psychologischen Theorien.[5] Solcher Emanzipationsaktivismus erhielt

---

[4] Vornehmlich durch den Hinweis auf ältere Traditionen «homosexueller Charaktere», so etwa Kenneth Borris (Hg.): Same-Sex Desire in the English Renaissance. A Sourcebook of Texts, 1470–1650, London 2004, und ders.: Sodomizing science. Cocles, Patricio Tricasso, and the constitutional morphologies of Renaissance male same-sex lovers, in: ders. und George Rousseau (Hg.): The Sciences of Homosexuality in Early Modern Europe, London 2008, S. 137–164, zu mittelalterlichen und frühmodernen Vorläufern quasi essenzialistischer Konzeptionen sexueller Anziehung zwischen Männern. Für eine kritische Zusammenschau dieses Problemkomplexes siehe Bernd-Ulrich Hergemöller: Einführung in die Historiographie der Homosexualitäten, Tübingen 1999, S. 36 f.

[5] Terminologische Präzision ist ein notorisch problematischer Aspekt in Arbeiten zur Geschichte der Sexualitäten. Dies trifft umso mehr den hier besprochenen Zeitraum, als unsere gegenwärtigen Begriffe und Konzepte von «Homosexualität» und «Heterosexualität» einerseits hier ihren Ursprung haben, andererseits aber von Anbeginn an in hohem Masse kontrovers diskutiert und durchaus nicht von allen Zeitgenossen akzeptiert und geteilt wurden. Da die hier diskutierten Schriften, Theorien und Ereignisse nichtsdestotrotz die Vorgeschichte unserer eigenen, modernen Begriffe von «Homosexualität» und «schwul sein» sowie die ersten Anfänge der Schwulenbewegung darstellen, verwende ich diese Begriffe im Folgenden, wo immer ebendiese Kontinuität mit unserem zeitgenössischen Begriffsgebrauch gegeben ist. Wo dies nicht der Fall ist, habe ich mich um eine weiter offen gefasste Terminologie bemüht («homophil», «homoerotisch», «gleichgeschlechtlich» etc.), um so Personen und Positionen gerecht zu werden, deren Selbstverständnis und Vorstellung von Sexualität sich mit dem sich damals gerade erst konstituierenden Paradigma «Homo-/ Heterosexualität» nicht adäquat erfassen lässt. Zur schwulen Subkultur in Berlin in dieser Epoche siehe Michael Bollé (Hg.): Eldorado. Homosexuelle Frauen und Männer in Berlin 1850–1950. Geschichte, Alltag und Kultur, 2., durchgesehene Auflage, Berlin 1992.

mit der Einigung Deutschlands unter der Führung Preussens gegen Ende des 19. Jahrhunderts neue Dringlichkeit. Im Zuge der Einführung eines neuen, gesamtdeutschen Strafgesetzbuches geriet die liberalere Gesetzeslage in Bayern und denjenigen Teilen Deutschlands, die zuvor unter dem Einfluss des Code Napoléon gestanden hatten, zunehmend in Gefahr und fand schliesslich ihr Ende mit der Einführung des (preussischen) Paragrafen 175 ins Reichsstrafgesetzbuch von 1871, der gleichgeschlechtlichen Geschlechtsverkehr zwischen Männern nunmehr in ganz Deutschland unter Strafe stellte.[6] Die Gründung des Wissenschaftlich-humanitären Komitees durch Magnus Hirschfeld im Jahr 1897 als der weltweit ersten Organisation, die der Bekämpfung rechtlicher und sozialer Benachteiligung von Homosexuellen mittels wissenschaftlicher Forschung und der Verbreitung von Informationsmaterial über gleichgeschlechtliche Liebe gewidmet war, sowie zahlreiche selbständige und unkoordinierte Schriften anderer homophiler Aktivisten dieser Epoche sind Bestandteil einer weitgefächerten Kampagne zur Abschaffung des Paragrafen 175.

Um die Position und Bedeutung Hösslis im Gesamtzusammenhang der vielfältigen Rezeptionen antiker Homoerotik im kulturgeschichtlichen Rahmen dieser Kampagne besser verstehen und würdigen zu können, ist es nötig, die verschiedenen diskursiven Zusammenhänge und Modalitäten zu beschreiben, in denen die klassische Antike und ihre Tradition in der homophilen und homosexuellen Kultur des deutschsprachigen Raumes im 19. und frühen 20. Jahrhundert präsent ist. Darauf aufbauend, kann dann in vergleichender Darstellung näher auf drei herausragende Stimmen der frühen Emanzipationsbewegung eingegangen werden: Heinrich Hössli, Karl Heinrich Ulrichs und Benedict Friedlaender. Das Schwergewicht dieses Beitrages liegt hierbei auf der Analyse der diskursiven Konfigurationen und Spannungen innerhalb des Dreiecks von historischem Altertum, dem zeitgenössischen Paradigma des Philhellenismus/Klassizismus und der Aneignung und Anverwandlung von Antike und antiker Homoerotik durch männerliebende Männer; besondere Aufmerksamkeit gilt den Strukturen, Potenzialen und Grenzen derartiger antikebezogener Legitimations- und Subversionsstrategien.

---

[6] Zu den Details dieser rechtgeschichtlichen Entwicklung und für weiterführende Literaturhinweise siehe Matzner (wie Anm. 1), besonders S. 62.

Als Kaiser Wilhelm II. 1890 für eine Schulreform zuungunsten des altsprachlichen Unterrichts eintrat (zusammengefasst in seinem berühmt gewordenen Diktum, die Schule solle «nicht junge Griechen und Römer, sondern junge Deutsche» bilden),[7] war der Zenit des goldenen Zeitalters des deutschen Philhellenismus bereits überschritten. Wenngleich das Aufkommen und Erstarken des Nationalismus und später des Modernismus je auf ihre Weise das Gesicht der deutschen Kultur veränderten und der sogenannten «Tyrannei Griechenlands über Deutschland» ein Ende bereiteten,[8] so behielt das alte Griechenland doch einen festen, besonderen Platz in der Vorstellungswelt und im Selbstverständnis gleichgeschlechtlich liebender Männer in den deutschsprachigen Ländern.[9] Eine systematische Auswertung und Darstellung homophiler Rezeptionspraktiken in dieser Epoche führt als Erstes zu einer groben Unterscheidung in nach innen gerichtete und nach aussen gerichtete Rezeptionspraktiken. Unter nach innen gerichteten Rezeptionspraktiken verstehe ich solche Rezeptionen antiker Homoerotik, die für die Konstituierung homophiler, schwuler und homosexueller Identi-

---

[7] Eröffnungsansprache zur Schulkonferenz 1890, in: Gerhardt Giese (Hg.): Quellen zur deutschen Schulgeschichte seit 1800, Göttingen 1961, S. 196 f. Zur Schulreform siehe James C. Albisetti: Secondary School Reform in Imperial Germany, Princeton (NJ) 1983.

[8] E. M. Butler: The Tyranny of Greece over Germany. A Study of the Influence Exercised by Greek Art and Poetry over the Great German Writers of the Eighteenth, Nineteenth and Twentieth Centuries, Cambridge 1935.

[9] Für eine detaillierte Rekonstruktion des zeitgenössischen altsprachlichen Unterrichts als der wichtigsten institutionellen und kulturellen Voraussetzung für die weitreichende Vertrautheit mit griechischen und lateinischen Texten in dieser Epoche, unter besonderer Berücksichtigung von Platons «Gastmahl», dem im hier besprochenen Zusammenhang eine herausragende Bedeutung zukommt, siehe Matzner (wie Anm. 1), S. 63–66; die umfangreichste Gesamtdarstellung bietet nach wie vor Friedrich Paulsen: Geschichte des gelehrten Unterrichts auf den deutschen Schulen und Universitäten vom Ausgang des Mittelalters bis zur Gegenwart, Leipzig 1885, S. 513–754. Zur Institutionalisierung altsprachlicher und altertumswissenschaftlicher Gelehrsamkeit und ihrem darauf folgenden institutionellen Niedergang siehe Suzanne L. Marchand: Down from Olympus. Archaeology and Philhellenism in Germany, 1750–1970, Princeton 1996 (mit stark archäologischem Schwerpunkt); Joachim Wohlleben: Germany 1750–1830, in: K. J. Dover (Hg.): Perceptions of the Ancient Greeks, Oxford 1992, S. 170–202, und Walter Jens: The Classical Tradition in Germany – Grandeur and Decay, in: Edgar Joseph Feuchtwanger (Hg.): Upheaval and Continuity. A Century of German History, London 1973, S. 67–82 (trotz gelegentlicher Überzeichnungen). Detaillierte Studien zum ideologischen Wandel in der deutschen Altertumswissenschaft in der Generation der 1890er und ihren Konsequenzen bietet Ingo Gildenhard und Martin Ruehl (Hg.): Out of Arcadia. Classics and Politics in Germany in the Age of Burckhardt, Nietzsche and Wilamowitz (BICS Supplement 79), London 2003.

täten durch gleichgeschlechtlich Liebende relevant sind. Unter nach aussen gerichteten Rezeptionspraktiken verstehe ich solche, die antike Texte dazu verwenden, um mit der heterosexuellen Mehrheitsgesellschaft öffentliche Debatten zu bestreiten.

Im Rahmen der nach innen gerichteten Rezeptionspraktiken kommt der klassischen Antike in drei Bereichen besondere Bedeutung zu: dem der sprachlichen Emanzipation, dem der individuellen Emanzipation und dem der kollektiven Emanzipation. Sprachliche Emanzipation als terminologische Herausforderung ist untrennbar mit positiver wie negativer Selbstwahrnehmung verbunden. Der Mangel an neutralen, geschweige denn positiven Begriffen zur Bezeichnung gleichgeschlechtlicher Liebe nach dem Ende der Antike und das Überwiegen biblischer und theologischer Termini, wie «Sodomit» und «Sünde wider die Natur»,[10] machten schon rein terminologisch jede Form affirmativer Selbstaussprache a priori unmöglich. Einzig der Rückgriff auf die klassische Antike bot Zugang zu positiv besetztem Vokabular. Ausdrücke wie «griechische Liebe» oder «sokratische Liebe» machten es möglich, die eigenen Gefühle zu artikulieren und mitzuteilen, ohne dabei auf homophobe Sprache angewiesen zu sein.[11]

---

[10] Eine umfangreiche Geschichte des theologischen Konzeptes der Sodomie als *peccatum contra naturam* bietet Mark D. Jordan: The Invention of Sodomy in Christian Theology, Chicago 1997; für dieses Wort im deutschen Sprachgebrauch des 19. Jahrhunderts siehe Bernd-Ulrich Hergemöller: Homosexualität. I. Westlicher Bereich, in: Lexikon des Mittelalters, Bd. 5, Zürich 1991, S. 113 f.

[11] Belege für diesen Sprachgebrauch finden sich zum Beispiel in Briefen, die den Schweizer Historiker Johannes von Müller (1752–1809) und die Batthyány-Affäre von 1802/03 betreffen, siehe André Weibel (Hg.): Johannes von Müller, «Einen Spiegel hast gefunden, der in allem Dich reflectirt». Briefe an Graf Louis Batthyány Szent-Ivanyi 1802–1803, 2 Bände, Göttingen 2014. Georg Forster schrieb an Friedrich Heinrich Jacobi (Brief vom 8. August 1781), «man gebe Müllern die sokratische Liebe schuld». Georg Forster: Werke in vier Bänden, hg. von Gerhard Steiner, Bd. 4: Briefe, Frankfurt 1970, S. 160. Friedrich Koelle informierte Henry Robinson (Brief vom 22. März 1804): «In Wien wurde er der griechischen Liebe beschuldigt.» Henry Crabb Robinson und seine deutschen Freunde. Brücke zwischen England und Deutschland im Zeitalter der Romantik. Nach Briefen, Tagebüchern und anderen Aufzeichnungen hg. von Hertha Marquardt, Bd. 1, Göttingen 1964, S. 298. Für einen Überblick über die Geschichte der Terminologie gleichgeschlechtlicher Liebe im Deutschen vor der Einführung des Begriffs «homosexuell», «Homosexualität» siehe Paul Derks: Die Schande der heiligen Päderastie. Homosexualität und Öffentlichkeit in der deutschen Literatur 1750–1850, Berlin 1990, S. 86–102.

Individuelle Emanzipation, verstanden als «coming out», nicht zuletzt sich selbst gegenüber, ist ebenfalls oft mit Praktiken der Antikerezeption verbunden. Die Formierung des homosexuellen Selbst ist oftmals aufs engste verknüpft mit der Rezeption antiker Texte, in denen das Individuum sein eigenes, homoerotisches Empfinden wiedererkennt und auf dieser Grundlage befähigt ist, eine homophile/schwule/homosexuelle Identität zu entfalten; eine Entfaltung der Identität des Ich auf der Grundlage von Identifizierung mit dem Begehren eines Anderen.[12] Zahlreiche Belege hierfür finden sich etwa in den umfangreichen Fallstudien in Johann Ludwig Caspers «Handbuch der gerichtlichen Medicin» (1881). So berichtet Casper über einen 38 Jahre alten Buchhändler: «Diesen Mann sah ich im Gefängnis. [...] Mit 17 Jahren zur Onanie verführt, will er durch Lectüre der Alten zur Päderastie gekommen sein.»[13] In gleicher Weise zitiert Rolf Josef Hofmann in seiner Studie «Fug und Unfug der Jugendkultur» (1914) einen achtzehnjährigen Gymnasiasten mit den Worten: «Das ‹Gastmahl› kursiert gerade unter der großen Zahl meiner ‹invertierten› Genossen.»[14] Vor der allgemeinen Verbreitung moderner medizinischer und psychologischer Theorien von Homosexualität waren es vornehmlich die Schriften

---

[12] Troiden betont in seinem Modell der Formierung homosexueller Identitäten zu Recht die Bedeutung der Erfahrung der eigenen Andersartigkeit; nichtsdestotrotz wird besonders aus historischer Perspektive klar, dass das von ihm postulierte Stadium der «Annahme der homosexuellen Identität» eine Verfügbarkeit sichtbarer, zeitgenössischer homosexueller Identitäten voraussetzt, die «angenommen» werden können. Es ist gerade die Abwesenheit solcher Vorbilder, die der Rezeption antiker homoerotischer Texte in dieser Epoche qualitativ wie quantitativ solche Bedeutung gibt. Richard R. Troiden: The formation of homosexual identities, in: Journal of Homosexuality 17, 1989, S. 43–73. Dieser Modus retrospektiver, interkultureller Identitätsbildung zum Zeitpunkt der Entstehung essenzialistischer Auffassungen homosexueller Identität verkompliziert sozialkonstruktivistische psychologische Argumentationslinien wie etwa in Vivienne Cass: Sexual Orientation and Identity Formation. A Western Phenomenon, in: Robert P. Cabaj and Terry S. Stein (Hg.): Textbook of Homosexuality and Mental Health, Washington 1996, S. 227–252, ohne diese jedoch notwendigerweise zu widerlegen. Zur Rolle von nachahmbaren sexuellen «Scripts» im Rahmen von Identitätsbildungsprozessen mit weiteren Literaturhinweisen zu diesem Thema siehe Michael Kimmel (Hg.): The Sexual Self. The Construction of Sexual Scripts, Nashville 2007.

[13] Johann Ludwig Casper: Handbuch der gerichtlichen Medicin, Berlin 1881, S. 195. Generell zu dieser Textgattung Klaus Müller: Aber in meinem Herzen sprach eine Stimme so laut. Homosexuelle Autobiographien und medizinische Pathographien im neunzehnten Jahrhundert, Berlin 1991.

[14] Rolf Josef Hoffmann: Fug und Unfug der Jugendkultur. Hinweise und Feststellungen nebst zahlreichen Dokumenten jugendlicher Erotik bei Knaben, Greiz 1914, S. 28.

des Altertums, in denen ein männerliebender Mann die repressive Koaliti-
on von Kirche, Staat, Medien und Familie umgehen und homoerotischen
Gefühlen als gelebter Realität in positiver Darstellung begegnen konnte,
und sei es auch nur in Form von Zeugnissen einer vergangenen Realität.[15]

Kollektive Emanzipation baut auf der geteilten Erfahrung solcher indivi-
dueller Rezeptionspraktiken auf, die als Kollektiverfahrung umgekehrt die
Selbstwahrnehmung und Vorstellungswelt von gleichgeschlechtlich liebenden
Männern prägt. Das alte Griechenland bot der im Entstehen begriffenen
schwulen «community» verbindende ethische und ästhetische Vorbilder. Im
Bereich der Ethik stellte die griechische Literatur mannmännliche Bezie-
hungsmodelle wie etwa das der militärisch-patriotisch-erotischen Kamerad-
schaft in Sparta bereit.[16] Im Bereich der Ästhetik boten die im Gefolge von
Winckelmanns Philhellenismus «in jeder deutschen Stadt mittlerer Größe zu
findenden Gipsabdrucksammlungen klassischer Statuen»[17] männerliebenden
Männern, wie ehedem Winckelmann, die ansonsten seltene Gelegenheit,
den nackten männlichen Körper in sozial akzeptabler Weise bewundern
zu können. Als Resultat firmierte die klassische Antike in unangefochtener
Prominenz als kollektiver Bezugsrahmen und Referenzpunkt für die Aus-
sprache und Darstellung homoerotischen Begehrens, wie es bereits die Titel
der ersten schwulen Zeitschriften – «Eros» oder «Der Hellasbote» – sowie
das hellenisierende Ideal männlicher Schönheit der in ihnen abgedruckten
Fotografien zeigen.[18] Auf kollektiver Ebene zeigt sich hier also wiederum
jene Rezeptionspraxis, in der durch Identifikation mit dem Anderen die
eigene Identität entfaltet wird.

---

[15] Siehe Robert Aldrich: The Seduction of the Mediterranean. Writing, Art and Homosexual
Fantasy, London 1993, S. 222, und Karl Werner Böhm: Zwischen Selbstzucht und Verlan-
gen. Thomas Mann und das Stigma Homosexualität. Untersuchungen zu Frühwerk und
Jugend, Würzburg 1991, S. 99.

[16] Siehe zum Beispiel Hans Blüher: Die deutsche Wandervogelbewegung als erotisches Phänomen. Ein Beitrag zur Erkenntnis der sexuellen Inversion, Berlin-Tempelhof 1912.

[17] Marchand (wie Anm. 9), S. 125.

[18] Siehe Andreas Sternweiler: Kunst und schwuler Alltag, in: Bollé (wie Anm. 5), S. 74. Für
Beispiele solcher hellenisierender Fotografien siehe Aldrich (wie Anm. 15), S. 100 f.; weiterführende Informationen zu diesem Thema bieten das Kapitel «Mediterranean Men in Art
and Photography» in Aldrich, S. 136–161, sowie Bryan E. Burns: Classicizing Bodies in the
Male Photographic Tradition, in: Lorna Hardwick und Christopher Stray (Hg.): A Compa-
nion to Classical Receptions, Oxford 2008, S. 440–451.

In all diesen nach innen gerichteten Rezeptionspraktiken bietet die Antike ein Reservoir alternativer Betrachtungsweisen. Die Antike fungiert hier als Gegenstück zur zeitgenössischen Gesellschaft, in dem sowohl Vorbilder als auch Befreiung aus zeitgenössischen Beschränkungen gefunden werden. Die Andersartigkeit der marginalisierten gleichgeschlechtlichen Liebe und die Andersartigkeit des klassischen Altertums verschmelzen hierbei in eine unteilbar «homophilhellenische» Identität – in den Worten des Künstlers und Schriftstellers Otto Kiefer: «[…] ich bin ein aus der Vorzeit in unsere verständnislose Zeit verschlagener Hellene mit lebendigem Schönheitsdrang und glühender Leidenschaft für ‹Hellenenliebe›.»[19] Diese Zeilen stammen aus einem Brief Kiefers an den baltisch-deutschen Schriftsteller und Maler Elisar von Kupffer (1872–1942), der um die Jahrhundertwende grosse Popularität in homophilen Zirkeln genoss und dessen Werk sich ebenfalls durch jene charakteristische und weitverbreitete Haltung auszeichnet, die vornehmlich darin besteht, auf die Zurückweisung durch die zeitgenössische Gesellschaft und ihre repressive bürgerlich-christliche Moral seinerseits mit einer Zurückweisung der zeitgenössischen Gesellschaft zugunsten der klassischen Antike zu reagieren. Die Krise nichtheterokonformer Identitätsfindung wird so durch einen antimodernen Gegenklassizismus gelöst, durch einen «Homophilhellenismus», in dem das klassische Hellas als schwules Utopia imaginiert wird.

Im Grenzbereich zwischen nach innen und nach aussen gerichteten Rezeptionspraktiken wird der Rekurs auf die Antike genutzt, um in einer heterosexistischen Umwelt homoerotisches Begehren geschützt zu kommunizieren. Beispiele hierfür finden sich in Populär- und Hochkultur gleichermassen. Zeitgenössische Rezensionen zu Thomas Manns «Tod in Venedig» sehen beispielsweise grösstenteils über den Skandal einer offen erzählten päderastischen Liebesgeschichte hinweg – dank der hellenisierenden Darstellungsweise der Novelle.[20] Das griechische Kolorit der homoerotischen Gefühle Aschenbachs für Tadzio ermöglicht es wohlwollenden Rezensenten, die Homoerotik aus der Novelle wegzuinterpretieren, indem sie als blosse dichterische Verfremdung mit rein symbolischer Bedeutung aufgefasst wird – eine Lesestrategie, die das Werk für die allgemeine Öffentlichkeit

---

[19] Zitiert nach Sternweiler (wie Anm. 18), S. 87.
[20] Siehe Böhm (wie Anm. 15), S. 331.

salonfähig macht.[21] Brüll zum Beispiel erklärt das homoerotische Sujet selbst kurzum als schlicht «akzessorisch»,[22] und Hamann bekennt offen: «Ich habe um mir das Buch zu retten [...] eine Symbolik für das Ganze gesucht.»[23] Diese Lesestrategie korrespondiert mit dem Ausblenden und Ignorieren homoerotischer Sujets in altgriechischen Texten seitens der klassischen Philologen dieser Zeit. In ihren Anstrengungen, die literarischen Realitäten der antiken Texte mit den Werten und Idealen eines moralisch bereinigten Klassizismus zu versöhnen, bemühen auch sie oft symbolische Lesarten, nicht zuletzt in der Interpretation der stark homoerotischen Aspekte der platonischen Philosophie.[24] In umgekehrter Perspektive, nämlich als aktive Schreibstrategie, hat Mann selbst auf die Bedingung der Möglichkeit hingewiesen, mittels deren ein Schriftsteller auf diese Weise über die Grenzen des gesellschaftlich-moralisch Akzeptablen hinausgehen kann: «Der [...] Haß auf das ‹Unzüchtige› oder ‹Unsittliche› in der Kunst wird gegenüber den älteren unter den inkriminierten Werken einigermaßen von der historischen Autorität im Zaum gehalten, die diesen Werken zur Seite steht.»[25] Und Mann war nicht der Einzige, der sich diese «unschuldige» Symbolik und «anständige» Historizität der Antike bewusst zu Nutze machte. Die ersten schwulen Kontaktanzeigen in der Berliner Tagespresse gebrauchten ebenfalls so unauffällige wie unzweideutige klassische Anspielungen wie «Herr, 23, sucht Freund. Zuschriften unter ‹Sokrates› [...] erbeten» oder «Dame, 36, wünscht freundschaftlichen Verkehr. Postamt 16, ‹Plato›.»[26] Der Rekurs auf die Antike ermöglicht eine Camouflage und fungiert als subtiler Marker, spielt man doch hier mit der stillschweigenden Präsenz der verbotenen und unaussprechlichen Homoerotik direkt im Zentrum des erhabensten, respektiertesten und daher unverdächtigsten Elementes der

---

[21] Für eine allgemeine Auswertung zeitgenössischer Reaktionen siehe Wolfgang Koeppen: Die elenden Skribenten, Frankfurt 1981, S. 112; eine eingehende Darstellung aller Rezensionen bietet Böhm (wie Anm. 15), S. 17–25.

[22] Oswald Brüll: Thomas Manns neues Buch, in: Merkur 4.10, 1913, S. 375–380.

[23] E. M. [Elisabeth Margarete] Hamann: Aus neuer Erzählliteratur. Der Tod in Venedig, in: Die Bergstadt 1, 12, 1913, S. 1090–1094, Zitat S. 1094.

[24] Diese weitverbreitete Interpretationspraxis ist nicht zuletzt durch den vehementen Einspruch bezeugt, den emanzipatorisch bewegte Schriftsteller, besonders Hössli, dagegen einlegen; siehe unten, S. 113 f.

[25] Thomas Mann: Gutachten [über Pornographie und Erotik] (1911), zitiert nach der Grossen kommentierten Frankfurter Ausgabe, Bd. 14.1, Frankfurt am Main 2002, S. 292–298, Zitat S. 294 f.

[26] Zitiert nach Derks (wie Anm. 11), S. 190.

zeitgenössischen Kultur: des Klassizismus. Der Status der Antike ist hier also gleichzeitig der des Vertrauten und des Anderen.

Mit Blick auf die Schriften homophiler Emanzipationsaktivisten, also auf nach aussen gerichtete Rezeptionspraktiken, können zwei grundlegende diskursive Strategien ausgemacht werden. Die erste könnte man als eine fortschreibend-affirmative, die zweite als eine ostentativ-subversive Rezeptionspraxis beschreiben. Im Rahmen von fortschreibend-affirmativer Antikerezeption werden antike Topoi und Argumentationslinien, die positiv von gleichgeschlechtlicher Liebe sprechen, ausfindig gemacht und als Stellungnahmen in die Gegenwart hinein fortgeschrieben. Besonders beliebt sind hierbei neben Platon (vor allem «Gastmahl» 178a–185c und 189c–193d) nachklassische Sammlungen solcher Topoi, etwa in Plutarchs «Erotikos» (1–12) oder in Achilles Tatius' Roman «Leukippe and Kleitophon».[27] So schreibt etwa Ulrichs: «Eine Heldenschaar, die durch Liebe begeistert ist, wie der Thebaner heilige Schaar, ein solches Wunder ist der Dionäismus seiner Natur nach zu erzeugen unfähig, weil nur beim Uranismus Liebender und Geliebter mit einander in die Schlacht ziehen können.»[28]

Hier wird ein klassisches Beispiel für die Legitimität und den Wert gleichgeschlechtlicher Liebe – die unterstellte besondere Tapferkeit von Liebendem und Geliebtem im gemeinsamen Kampf – aus dem antiken Kontext herausgehoben und unverändert in den gegenwärtigen Diskurs zur Männerliebe hinübergetragen, mit dem einzigen Unterschied, dass in diesem modernen Kontext eine solche Argumentationstradition im Rahmen des herrschenden Paradigmas des Klassizismus automatisch über zusätzliche Autorität und Prestige verfügt. In dieser diskursiven Strategie ist die Antike das Vertraute, das zugunsten des Anderen spricht.

Die vielleicht interessanteste nach aussen gerichtete Rezeptionspraxis ist aber diejenige, die nicht antike Argumente zugunsten gleichgeschlechtlicher Liebe bemüht, sondern schlicht das factum brutum der Existenz von Homoerotik in der Antike herausstellt. Man könnte diese ostentativ-subversive Rezeptionspraxis wie folgt umschreiben: Durch das gezielte Hinweisen auf

---

[27] Hössli, Eros II, S. 33–38.

[28] Karl Heinrich Ulrichs: «Formatrix». Anthropologische Studien über urnische Liebe, Leipzig 1865, S. 29 f. – Dionäismus ist Heterosexualität, Uranismus ist Homosexualität.

Stimmen des Altertums, die vom Paradigma des Klassizismus zwar zum Schweigen verurteilt wurden, aber nicht aus dem Kanon verbannt werden konnten, ist es homophilen Schriftstellern möglich, die zeitgenössische heterosexistische Ideologie von innen heraus, vom Zentrum des etablierten Diskurses des Klassizismus her, zu unterminieren. Die Existenz von Zeugnissen konkreter antiker Homoerotik lieferte den emanzipatorisch bewegten Autoren einen Angelpunkt, von dem aus sie diskriminierende gesellschaftliche Konventionen in Frage stellen, untergraben und bekämpfen konnten. Die Antike ist hier das nur scheinbar Vertraute, dessen Andersartigkeit zunächst offenbar gemacht wird und dann reintegriert werden muss. In diesem Prozess werden sowohl (scheinbare) Vertrautheit wie (scheinbare) Andersartigkeit dekonstruiert.

Das Werk Heinrich Hösslis (1784–1864) ist ein herausragendes Beispiel ostentativ-subversiver Antikerezeption. Der Schweizer Putzmacher hatte keine formale Schulbildung im grossen Stil erfahren, sondern das Handwerk seines Vaters, die Hutmacherei, in Bern erlernt und war dann in seine Heimatstadt Glarus zurückgekehrt. Sein wegweisender Beitrag zur beginnenden Emanzipationsbewegung gleichgeschlechtlich Liebender wurde durch den Prozess gegen Franz Desgouttes im Jahr 1817 ausgelöst, in dem dieser des Mordes an seinem jungen Sekretär, aus Eifersucht über dessen Beziehung mit einer Frau, für schuldig befunden und hingerichtet wurde. Obgleich Desgouttes schuldig im Sinne der Anklage war, war die ungewöhnliche Grausamkeit des Gerichts ihm gegenüber (er wurde erdrosselt und gerädert) durch das homoerotische Motiv bedingt. Dies inspirierte Hössli, dessen Sohn ihm in Briefen seine eigene Neigung zu Männern offenbarte, dazu, 1836/38 die erste moderne Apologie mannmännlicher Liebe zu veröffentlichen.[29] Die unmittelbare Wirkung dieses Werkes zur Zeit seiner Veröffentlichung war sehr begrenzt: der erste Band wurde durch die Glarner Behörden konfisziert, und erst 1996 wurde das Werk durch Nachdruck in der Bibliothek rosa Winkel in vollem Umfang allgemein zugänglich. Gleichwohl lässt sich nachweisen, dass einige Exemplare des Buches in Umlauf waren und dass wenigstens Auszüge aus Hösslis Werk

---

[29] Sein ursprünglicher Plan, mit dem populären deutsch-schweizerischen Schriftsteller Heinrich Zschokke zu kollaborieren, führte nicht zu dem gewünschten Ergebnis: Zschokkes Novelle «Der Eros oder Über die Liebe» von 1821, die einige von Hösslis Gedanken enthält, fand Hössli unbefriedigend. Er eignete sich darum selbst über Jahre hinweg autodidaktisch das notwendige Wissen für die von ihm geplante Schrift an.

in Form von Exzerpten in anderen Schriften weitere Verbreitung fanden. Ulrichs und Friedlaender beziehen sich beispielsweise beide ausdrücklich auf Hössli; Ulrichs in positiver Weise, indem er ihn als Vorbild nennt,[30] Friedlaender in negativer Weise, indem er seinen Ansatz kritisiert.[31] Hösslis Werk scheint auch den mit Magnus Hirschfelds Wissenschaftlich-humanitärem Komitee verbundenen Wissenschaftlern, Gelehrten und Schriftstellern bekannt gewesen zu sein. So war es wohl eine der wichtigeren Quellen für Albert Molls (1862–1939) einflussreiche Studie von 1891,[32] und Ferdinand Karsch (ab 1905 meist Karsch-Haack, 1853–1936), einer der produktivsten Mitarbeiter des «Jahrbuches für sexuelle Zwischenstufen», veröffentlichte 1903 sogar eine Hössli-Biografie mit dem Titel «Der Putzmacher von Glarus», die selbst umfangreiche Zitate aus Hösslis Werk enthielt.[33]

Der volle Titel von Hösslis Buch, «Eros: Die Männerliebe der Griechen, ihre Beziehung zur Geschichte, Literatur und Gesetzgebung aller Zeiten, Oder Forschungen über platonische Liebe, ihre Würdigung und Entwürdigung für Sitten-, Natur- und Völkerkunde», fasst die Strategie ostentativ-subversiver Antikerezeption gleichsam programmatisch zusammen. In dieser ersten modernen Apologie gleichgeschlechtlicher Liebe von 1836 formulierte Hössli selbst keine eigene Theorie von «Homosexualität» im eigentlichen Sinne; tat-

---

[30] Siehe etwa Karl Heinrich Ulrichs: «Gladius Furens». Das Naturräthsel der Urningsliebe und der Irrthum als Gesetzgeber, Kassel 1868, S. 2. Ulrichs entwickelte seine Theorie gleichgeschlechtlicher erotischer Anziehung bis 1866 unabhängig von Hössli, erhielt dann von einem seiner Leser ein Exemplar des «Eros» und erkannte Hössli als seinen Vorgänger und Wegbereiter an; siehe Graham Robb: Strangers. Homosexual Love in the Nineteenth Century, New York 2004, S. 181.

[31] Siehe zum Beispiel Benedict Friedlaender: Renaissance des Eros Uranios. Die physiologische Freundschaft, ein normaler Grundtrieb des Menschen und eine Frage der männlichen Gesellungsfreiheit. In naturwissenschaftlicher, naturrechtlicher, culturgeschichtlicher und sittenkritischer Beleuchtung, Berlin 1904, S. 49 f. und 73. Friedlaender bezieht sich auf Hössli und Ulrichs als Repräsentanten und Begründer des bereits in das Allgemeinverständnis übergegangenen, von den Sexologen weiterentwickelten Konzepts von «Homosexualität».

[32] Albert Moll: Die conträre Sexualempfindung. Mit Benutzung amtlichen Materials, Berlin 1891; siehe Robb (wie Anm. 30), S. 179.

[33] Für biografische Kurzdarstellungen Hösslis siehe Warren Johansson: Heinrich Hössli (1784–1864), in: Wayne R. Dynes (Hg.): Encyclopedia of Homosexuality, Bd. 1, New York, London 1990, S. 544 f., und Gary Simes: Heinrich Hössli, in: Robert Aldrich und Garry Wotherspoon (Hg.): Who's Who in Gay and Lesbian History. From Antiquity to World War II, London, New York 2001, S. 214–216; eine umfangreichere, beinahe novellistische Darstellung der Leben Hösslis und Desgouttes' bietet Pirmin Meier: Mord, Philosophie und die Liebe der Männer, Zürich, München 2001.

sächlich ging er nicht darüber hinaus, darauf hinzuweisen, dass die Moderne eine begrenzte und verzerrte Wahrnehmung der Liebe habe, wenn sie nur andersgeschlechtliche Liebe anerkenne und jede andere Form von Liebe als eine Verirrung zurückweise: «Ueberall, wo wir von Geschlechtsliebe reden, sagen, setzen und denken wir noch immer hinzu: ‹zum andern Geschlecht›, das heißt, unsere Zuverläßigkeit der äußern Kennzeichen im Geschlechtsleben des Leibes und der Seele; das war den Griechen völlig fremd; sie sahen nicht blos auf die äußern Kennzeichen des Geschlechtslebens, sie sahen auf das Geschlechtsleben selbst – die äußern thierischen Kennzeichen allein waren ihnen nicht unbedingt das Menschliche; dieses suchten sie tiefer und – fanden die uns gänzlich mangelnde Erlösung von Millionen Menschenmorden, und standen da auf einem ganz andern Punkte der Leitung und Erforschung und der Behandlung des Geschlechtslebens als wir, dieses alles aber nur in dem Fall, wenn die ewig gleichbleibende Natur der Menschheit unsern Glauben an die Zuverläßigkeit der äußern Kennzeichen im Geschlechtsleben des Leibes und der Seele verdammt und dagegen die Unzuverläßigkeit selbst unterschreibt. Darauf kommt hier alles an. Bei uns kennt man rechtlich, sittlich und wissenschaftlich nur die allgemeine Liebe der zwei Gesch[l]echter; was nicht zu ihr gehört, ist uns Willkühr, Selbstbestimmung und Verbrechen; das ist unser Standpunkt; den Griechen aber wäre ein solcher in aller auf Geschlechtsliebe bezüglichen Menschenbehandlung und Menschendarstellung Frevel an der allgemeinen wie an der besondern Menschennatur gewesen.»[34]

Der Fehler der Modernen liegt also, so Hössli, in ihrer epistemologischen Oberflächlichkeit. Während die moderne Kultur an die Zuverlässigkeit äusserer Zeichen für die Sexualität des Körpers und der Seele glaubt, vor allem im Rahmen des binären Systems von «männlich» versus «weiblich», hätten die Griechen ein tieferes, ganzheitlicheres Verständnis von Sexualität gehabt, das sich auf das innere Selbst – und nicht das äusserliche Geschlecht – konzentrierte. Mit anderen Worten (aus unserer zeitgenössischen Terminologie): das biologische Geschlecht («sex») determiniert nicht die Ausrichtung der sexuellen Anziehung nach den Normen des sozialen Geschlechts («gender»). Diese für Hösslis Argumentation zentrale Differenzierung macht seine Schrift zugleich zu einer der ersten Belegstellen für einen Gedankengang (die Problematisierung der Verlässlichkeit der «äusseren Zeichen» des biologischen Geschlechts für das Verständnis des «ganzen Menschen»), der

---

[34] Hössli, Eros I, S. 99 f.

schliesslich zur Entstehung der modernen Gender-Theorien und moderner Theorien sexueller Objektwahl führen wird.

Der grösste Teil seiner Argumentation operiert aber ganz ohne jede Diskussion antiker Perspektiven und Positionen. Stattdessen attackiert Hössli den zeitgenössischen Heterosexismus, indem er das Ideal des Klassizismus subversiv für seine Sache einsetzt: Er nutzt das Paradigma des Klassizismus zu seinem eigenen Vorteil und offenbart dabei zugleich seine inhärenten Diskriminationsmechanismen. Ein Überblick über den Aufbau der stark gekürzten sogenannten zweiten Auflage von 1892 veranschaulicht besonders deutlich, wie dies erreicht wird. Auf Hösslis Kritik der modernen epistemologischen Oberflächlichkeit im Bereich der Sexualität (S. 1–11) folgt hier eine hochtrabende Lobrede auf die Macht der Liebe (S. 12–41), die zu einem anschliessenden Lobpreis Platons hinführt (in Hösslis eigenen Worten und in Form von Zitaten von Schleiermacher, Wieland, Goethe und klassischen Philologen; S. 42–52), das seinerseits ins Lob der überlegenen griechischen Kultur überhaupt mündet (S. 53–68, unterstützt von Zitaten von Herder, Lessing, Klopstock, Winckelmann und anderen). Ohne besondere Einführung oder Kontextualisierung wird dann eine Auswahl antiker homoerotischer Dichtung präsentiert (S. 91–105), bevor das Werk mit der Entkräftung verschiedener Versuche, die faktische Existenz von Homoerotik im alten Griechenland zu leugnen, schliesst (etwa durch Reduktion gleichgeschlechtlicher Liebe auf spirituelle Freundschaft oder ästhetische Bewunderung oder die vollständige Marginalisierung des Phänomens; S. 106–125). Wenngleich die Komposition des Buchs, als Werk eigenen Rechts, damit einigermassen willkürlich und nicht eben kohärent erscheinen mag, so ist die dahinterstehende diskursive Strategie doch effektiv und charakteristisch für die ostentativ-subversive Rezeptionspraxis: Mit seiner eigenen Lobrede auf die Macht der Liebe fügt Hössli sich selbst und seinen Beitrag implizit den Reden im platonischen «Gastmahl» hinzu; sein folgender Lobpreis Platons und der griechischen Kultur, untermauert durch umfangreiches Zitieren der Geistesgrössen deutscher Kultur, bekräftigt das Paradigma des philhellenischen Klassizismus. Zusammengenommen mit der nachfolgenden Präsentation offen homoerotischer antiker Dichtung einerseits und dem Zurückweisen verschiedener Versuche, antike Homoerotik wegzuinterpretieren andererseits, ergibt sich so ein emphatisches Insistieren auf der faktischen Realität gelebter gleichgeschlechtlicher Liebe im klassischen Altertum. Auf dieser Grundlage wird dann ein schlichter Syllogismus entfaltet, der an mehreren Stellen des Textes explizit gemacht wird: Wenn es richtig ist, die Griechen als die ultimative Realisierung all dessen, wozu der Mensch auf der höchsten Stufe der Entwicklung seiner intellektuellen und kulturellen Kräfte fähig ist, in jeder Weise zu verehren und nachzuahmen, und wenn die Griechen offenkundig und unbestreitbar gleichgeschlechtliche Liebe als einen unhinterfragten und sogar gefeierten Teil ihrer Kultur praktizierten, dann muss, solange das Paradigma von Philhellenismus und Klassizismus unterstützt wird, auch homoerotisches Begehren bejaht oder wenigstens akzeptiert werden. Quod erat demonstrandum.

Es ist allerdings wichtig, darauf hinzuweisen, dass die emanzipatorisch bewegten Schriftsteller es in ihrem eigenen Antikerekurs bereits selbst für notwendig erachteten, das Paradigma des Klassizismus erneut zu bekräftigen. So bemerkte Hössli: «Viel beengt mich die traurige Ueberzeugung, wie wenig Zeit dem größern Theil der Menschen, auch den edlen und gutwilligen unter ihnen, für die Prüfung der Griechen, für diese unvergänglichen Schätze des menschlichen Geistes übrig bleibe. […] [Dem treten entgegen] die frevelnden Wortkrämer, Schriften und Reden gegen den Werth und das Studium, gegen die Verehrung und Benutzung der Alten und wie solche ihren Mitmenschen die Mittel zu wahrer Menschenbildung aus den Händen und Taschen spielen – und dabei noch allgemein gefallen […]. Es ist in der That leichter, bequemer und wohlfeiler, solche Studien der Jugend kurz und lästernd zu entfernen – als allmählig, mühsam forschend und begeistert darzustellen […].»[35]

Siebzig Jahre später, als der philhellenische Klassizismus sowohl in den Schulen wie auch in der Kultur insgesamt zunehmend im Rückzug begriffen war, bedarf es für Friedlaender bereits grosser Anstrengungen, diesen für seine Zwecke neu zu entfachen: «Wenn auf irgend einem Gebiete auch jetzt noch die Rückkehr zur Antike fast gleichbedeutend ist mit der Rückkehr zur Natur; wenn in irgend einer Beziehung auch heute noch die Classicitätsromantik volle Berechtigung hat; wenn in irgend einem Punkte die Alten immer unsere Lehrmeister und Vorbilder sein können, so ist es dieser. Hier haben wir in der That auch jetzt noch von den Alten wirkliche und nicht etwa nur philologisch-pedantisch verschimmelte ‹Humaniora› zu lernen. […] Freilich können und wollen wir nicht wieder alte Griechen und Römer werden. Die Götter Griechenlands sind ein für alle Mal tot, sie

---

[35] Ebd., S. 200 f.

wieder zum Leben erwecken zu wollen wäre falsche Classicitätsschwärmerei und eitel Chimäre. Aber in der Ehrlichkeit, das heisst der Abwesenheit der Heuchelei, in der Anerkennung der natürlichen Triebe und in der Unbefangenheit im harmlos heiteren Lebensgenusse können wir uns in der That die Alten zum Exempel nehmen. Das ist auch im letzten Grunde die von so Vielen der Besten empfundene Sehnsucht nach dem schönheitsfrohen, sinnenfreudigen, jugendfrischen, sonnigen Griechenland; und gar oft ist der Kernpunkt der dunklen Sehnsuchtsgefühle der vielleicht nicht einmal immer deutlich erkannte Wunsch, einer Befreiung und Wiederbelebung jener Art des Schönheitscultus, der Freundschaft und der Liebe, die im traurigen Jargon der Gegenwart mit ihrer Kutten- und Unterrocksmoral, ‹Homosexualität› heißt; versteht sich, einer veredelten.»[36]

Homophile Emanzipationsschriftsteller sind in diesem Sinne, selbst als das goldene Zeitalter des Klassizismus in Deutschland schon vorüber war, noch immer auf dessen Argumentationsrahmen angewiesen, um mit ihrer Strategie, diesen zu unterwandern und ihren eigenen Zwecken und Absichten dienstbar zu machen, erfolgreich zu sein. Die ganze Potenz dieser diskursiven Strategie beruht gerade auf dem Graben, der sich dort auftut, wo eine heterosexistische Gesellschaft dem kulturell konstruierten Paradigma des Klassizismus devot Gehorsam leistet, sich dabei aber zugleich im Widerspruch zu zentralen Aspekten gerade der klassischen Kultur finden muss, die sie so sehr verehrt. Dieser Spannung nachzugehen, führt unweigerlich zu einer reductio ad absurdum; in Hösslis eigenen, bereits eingangs zitierten Worten: «Nach unsern Meinungen und Auslegungen wäre das Studium der Antiken ein gefährliches Bestreben […] sie bedrohen unsere Zeit der reinen Moral und Sittlichkeit mit der Pest der naturabtrünnigen Griechen, unsere Tugendhaftigkeit mit dem National-Laster der Hellenen!»[37]

Indem er sein Anliegen dadurch vorbringt, dass er einen Sachverhalt herausstellt, der jedem seiner klassisch gebildeten Zeitgenossen ohnehin bekannt sein musste, legt Hösslis Text zugleich die fundamentale Selektivität des Klassizismus offen, also dessen Wesen als ein kulturelles Konstrukt einschliesslich der in ihm wirkenden heterosexistischen Interessen und Interessengruppen. So leiht sich Hössli Worte Herders, um nachdrücklich alle

---

[36] Friedlaender (wie Anm. 31), S. 59.
[37] Hössli, Eros II, S. 218.

Versuche, die sexuellen Realitäten der altgriechischen Kultur weichzuspülen und auf ein ästhetisches Phänomen zu reduzieren, zurückzuweisen: «Unsern gewöhnlichen Gräculis also, die jetzt nach dem Modegeschmack von nichts so gern, als von Kunst, von Schönheitssinn der Griechen sprechen, ist ein Gedanke hieran so wenig eingefallen, daß sie alles glauben erklärt zu haben, wenn sie von nichts, als von einer gewissen feinen, schönen Empfindung der Griechen für die Kunst und für die Schönheit schwatzen.»[38]

Er kritisiert tendenziöses wissenschaftliches Arbeiten und den Missbrauch philologischer Arbeitsweisen zum Zweck der Verschleierung und Verunklärung historischen Materials: «Es ist eine falsche Apologie des Plato, wenn man das, was in- und an ihm ist, wegspielt, wegkünstelt und entstellt und sagt: er rede von einem nicht im Geschlechtssinne wurzelnden, oder von der zweigeschlechtlichen Liebe, während er auf's bestimmteste ‹Nein› sagt von beidem. Er redet vom Eros der Griechen; der uns ein Gräuel ist oder ein Räthsel, ihm und ihnen aber keines von beiden.»[39] «Zum Geist des Eros gehöret eine uns verborgene Menschennatur, von der wir kurz und gut sagen: sie ist nicht – weil unseren Sitten und Gesetzen, die wir für heilig und unverbesserlich halten, nichts als diese blinde Abläugnung zum Grundstein gelegt ist. Zum Geist und zu der Idee des Eros gehörte den G[riechen] eine ethische Seite, mit Religion, Recht, Sitten, Kunst und Naturwissenschaft im Leben wurzelnd. [Anm. Hösslis:] Und darum heißt es so oft in unseren Erklärungen, Anmerkungen, Auslegungen: Bekk hat so verbessert, Stephan so übersetzt, Schleiermacher so, Ast hat da einen Widerspruch gezeigt. Oreli hält diese Worte für unächt. Wolf hat so geschrieben. Böttinger diese Worte überflüssig gefunden. Meiners hat sie übergangen. Heindorfs glaubt hier die Handschrift mangelhaft. Hayne findet diesen Satz der Kritik noch sehr bedürftig. Bockh vermuthet, daß man so lesen sollte. Schütz schlägt vor – – –. Walckenaer hat sich so zu helfen gesucht. Ohne Zweifel ist aus Mißverstand oder Irrung des Abschreibers u. s. w. Wir können hier nicht einstimmen, weil – – u. dgl. m. […] So bald wir einmal die zu den Klassikern gehörende Natur wieder als Maaßstab und Element an sie legen, fallen uns auch alle diese verwirrenden Dinge wieder von selbst weg.»[40]

---

[38] Ebd., S. 208; zitiert wird hier, ohne Stellenangabe (und in leichter Paraphrase), Johann Gottfried Herder: Kritische Wälder, Erstes Wäldchen 6, Leipzig 1769, S. 54.

[39] Hössli, Eros I, S. 254.

[40] Hössli, Eros II, S. 316 f. Diese umfangreiche Liste bekannter deutschsprachiger Altphilologen aus Vergangenheit und Gegenwart unterstreicht mit ihrem sarkastischen Ton Hösslis

Und er weist auf institutionalisierte Zensurpraktiken im altsprachlichen Unterricht hin: «[…] wenn es noch gut geht, so huschen wir darüber weg, besonders der Lehrer mit den Schülern in den Klassikern; er darf nicht bei ihm weilen; er ängstigt sich verlegen, oder er macht im Ganzen aus ihm alles, was es den Griechen nur theilweise oder gar nicht war […].»[41]

Das grösste Verdienst Hösslis und seines Werks – neben der Courage, als Erster öffentlich für die Gleichberechtigung männerliebender Männer eingetreten zu sein – ist es, diese stillschweigenden und zum Stillschweigen verurteilenden institutionalisierten kulturellen Praktiken explizit gemacht zu haben.[42] Indem er die homoerotischen Aspekte der Antike, die im Klassizismus unterdrückt wurden, ausdrücklich hervorhebt, betreibt Hösslis Text aktiv die Entheteronormativierung des Klassizismus. Dies hat aber unweigerlich auch, wenigstens implizit, die Entnormativierung des Klassizismus überhaupt zur Folge, da dessen Geltungsanspruch gerade durch den Nachweis seines Konstruktcharakters und den aufgezeigten Widerspruch zwischen vorgeblicher Historizität und faktischer interessengeleiteter Formierung massiv untergraben wird.

Wie weit die Zensur ging, die die zeitgenössischen Moralvorstellungen über die antike Literatur ausübten, lässt sich am Beispiel der Konfiszierung einer Anthologie, die von Kupffer 1900 herausgab, zeigen. Neben einer politisierenden kulturhistorischen Einführung aus der Feder von Kupffers bestand sie aus einer Auswahl homoerotischer Texte, vornehmlich griechischen und lateinischen Autoren, aber auch den modernen Literaturen

---

Eindruck eines konzertierten, systemischen Bemühens der Universitätsphilologie, antike Quellen zur gleichgeschlechtlichen Liebe zu verzerren und zu verdunkeln, statt sie zu erschliessen und zu verstehen. Mit Bekk ist wohl gemeint Christian Daniel Beck (1757–1832), mit Stephan eventuell Henrich Steffens (1773–1845), mit Schleiermacher Friedrich Daniel Ernst Schleiermacher (1768 1834), mit Ast Friedrich Ast (1778–1841), mit Oreli Johann Caspar von Orelli (1787–1849), mit Wolf Friedrich August Wolf (1759–1824), mit Böttinger Karl August Böttiger (1760–1835), mit Meiners Christoph Meiners (1747–1810), mit Heindorfs Ludwig Friedrich Heindorf (1774–1816), mit Hayne Christian Gottlob Heyne (1729–1812), mit Bockh August Boeckh (auch Böckh; 1785–1867), mit Schütz Christian Gottfried Schütz (1747–1832), mit Walckenaer Charles Athanase Walckenaer (1771–1852).

[41] Hössli, Eros I, S. 45.

[42] Ein weiteres aussagekräftiges Beispiel für solche Praktiken des Verdunkelns ist der Eintrag «Schwuler» in Grimms Deutschem Wörterbuch (Bd. 15, 1899 veröffentlicht). Ohne Übersetzung oder Kommentar liest man hier nur «παιδεραστής» (also Päderast, Knabenliebhaber) – *sapienti sat*.

entnommen.[43] Sie wurde umgehend von den preussischen Behörden konfisziert und für «unzüchtig» gemäss § 184 des Reichsstrafgesetzbuches erklärt. Die aktive Ausübung kultureller Deutungshoheit zugunsten bestimmter Interessengruppen mittels des wertgeschätzten Paradigmas des Klassizismus wird in dem Versuch der preussischen Autoritäten, gemeinsam mit dem «unzüchtigen» Teil der antiken Literatur auch die blosse Möglichkeit eines «homophilhellenistischen» Gegenklassizismus und eines schwulen Literaturkanons zu unterdrücken, wortwörtlich handgreiflich.

Dieser «Homophilhellenismus» ist aber freilich selbst ein nicht weniger interessegeleitetes kulturelles Konstrukt. Die Studien von Dover (1978), Foucault (1976–1984) und Halperin (1990),[44] wiewohl in einzelnen Aspekten mittlerweile korrigiert und für ihre reduktionistischen Tendenzen kritisiert,[45] haben ein grösseres Bewusstsein für die regulierenden und restriktiven Parameter geschaffen, die gleichgeschlechtliche Beziehungen zwischen Männern im alten Griechenland bestimmten, und uns so ein Verständnis antiker Homoerotik erschlossen, das weit entfernt ist von der Vision völlig freier, sozial akzeptierter und gefeierter Liebe zwischen Männern, welche die schwule Vorstellungswelt und emanzipatorisch bewegten Schriften des 19. und frühen 20. Jahrhunderts prägte.[46] Aldrich (1993) und Fernandez

---

[43] Die Auswahl beinhaltet Ibykos, Anakreon, Pindar, Platon, Theokrit, Solon, Aischylos, Sophokles, Euripides, Catull, Vergil, Horaz, Tibull, Ovid, Martial, Plutarch, Hafis, Michelangelo, Shakespeare, Winckelmann, Goethe, Platen, Byron und andere; siehe Elisarion von Kupffer: Lieblingminne und Freundesliebe in der Weltlitteratur, Berlin 1900.

[44] Kenneth J. Dover: Greek Homosexuality, London 1978; Michel Foucault: Histoire de la sexualité, 3 Bände, Paris 1976–1984; David M. Halperin: One Hundred Years of Homosexuality and Other Essays on Greek Love, London 1990.

[45] Siehe Wolfgang Detel: Foucault und die klassische Antike. Macht, Moral, Wissen, Frankfurt 1998, und, *magno cum grano salis*, James Davidson: The Greeks and Greek Love. A Radical Reappraisal of Homosexuality in Ancient Greece, London 2007.

[46] So auch die drei hier behandelten Schriftsteller: «Die Griechen glaubten, lehrten und ehrten die Männerliebe». Hössli, Eros I, S. 243. «Der edle urnische Trieb hat, wo er zu freier Entfaltung gelangte, wie z. B. im alten Griechenland und Rom, auch sonstige Blüthen getragen.» Ulrichs (wie Anm. 28), S. 29. «Im alten Hellas und Rom wurde die gleichgeschlechtliche Liebe für etwas eben so Selbstverständliches angesehen, wie die anderen.» Friedlaender (wie Anm. 31), S. 5. Selbst wo diese drei ein gewisses Bewusstsein für die Altersasymmetrie und strikten gesellschaftlichen Regeln für sexuellen Verkehr unter Männern an den Tag legen, wird der Spott und die Verachtung gleichgeschlechtlicher Liebe zwischen erwachsenen Männern in griechischen Texten, etwa in den Komödien des Aristophanes, doch nirgends erwähnt.

(1989)[47] haben diesen langlebigen Mythos Griechenlands als eines schwulen Utopia ausführlich studiert und als solchen offengelegt. Was immer noch faszinierend und in weiten Teilen unerforscht ist, ist dagegen nicht so sehr die Frage, wo die deutschsprachigen Emanzipationsschriftsteller die antike Wirklichkeit, nach unserem heutigen Verständnis derselben, verfälschend dargestellt haben, sondern gemäss welchen unterschwelligen Kategorien und Grundannahmen sie ihr Verständnis sowohl der Antike als auch der gleichgeschlechtlichen Liebe konstruierten und inwiefern sie sich bei Letzterem von Theorie und Praxis der Antike unterscheiden. Dieses Feld ist so weit und unerschlossen, dass die folgende Diskussion der Rolle und Funktion antiker Texte in den Werken Karl Heinrich Ulrichs' und Benedict Friedlaenders keinesfalls als umfassend zu verstehen ist, sondern lediglich die Umrisse ihrer Hauptargumente nachzeichnet.[48]

Der Jurist und Lateinkenner Karl Heinrich Ulrichs (1825–1895) wird oft als «der erste Schwule der Weltgeschichte» bezeichnet,[49] der sich als solcher gegenüber einem immer weiteren Kreise «outete».[50] In Briefen an seine Familie teilte er seine Gefühle des Hingezogenseins zum eigenen Geschlecht mit und bemühte sich, im Dialog mit ihnen diese Gefühle zu erklären und zu verstehen. Er veröffentlichte dann seine Gedanken zu diesem Thema

---

[47] Robert Aldrich: The Seduction of the Mediterranean. Writing, Art and Homosexual Fantasy, London, New York 1993; Dominique Fernandez: Le rapt de Ganymède, Paris 1989.

[48] Detaillierte Studien zu Ulrichs' Umgang mit der Antike sind im Erscheinen begriffen: Sebastian Matzner: Literary Criticism and/as Gender Reassignment. Reading the Classics with Karl Heinrich Ulrichs, in: Kate Fisher und Rebecca Langlands (Hg.): Sex, Knowledge and Receptions of the Past, Oxford 2014, und ders.: «Of that I know many examples». On the Relationship of Greek Theory and Roman Practices in Karl Heinrich Ulrichs' Writings on the Third Sex, in: Jennifer Ingleheart (Hg.): Romosexuality. The Reception of Rome and the Construction of Western Homosexual Identities, Oxford 2015 (Reihe Classical Presences).

[49] So etwa Volker Sigusch: Ulrichs. Der erste Schwule der Weltgeschichte, Berlin 2000.

[50] Eine umfangreiche Biografie bietet Hubert Kennedy: Ulrichs. The Life and Works of Karl Heinrich Ulrichs, Pioneer of the Modern Gay Movement, Boston 1988 (auch online zugänglich: http://hubertkennedy.angelfire.com/Ulrichs.pdf). Für weiteres Material zu Ulrichs Leben und Werk siehe Wolfram Setz (Hg.): Karl Heinrich Ulrichs zu Ehren. Materialien zu Leben und Werk, Berlin 2000, und ders.: Neue Funde und Studien zu Karl Heinrich Ulrichs, Hamburg 2004. Das hohe Niveau Ulrichs' klassischer Bildung lässt sich nicht zuletzt daran ablesen, dass er die letzten Jahre seines Lebens in Italien damit verbrachte, die Zeitschrift «Alaudae» herauszugeben, die auf die Wiederherstellung des Lateinischen als internationaler Verkehrssprache hinarbeitete und von Mai 1889 bis Februar 1895 in 33 Ausgaben erschien.

in einer Reihe zwischen 1862 und 1879 verfasster Schriften.[51] Diese gab er zunächst unter dem Pseudonym «Numa Numantius» heraus, legte diesen Decknamen aber 1868 in seinem «Memnon» ab, der Schrift, in der seine ständig überarbeitete Theorie der mannmännlichen Liebe ihre definitive Fassung erhielt. In einem zentralen Moment der frühen Schwulenbewegung wandte sich Ulrichs am 29. August 1867 an den Deutschen Juristentag in München und forderte öffentlich die Entkriminalisierung gleichgeschlechtlicher Liebesakte. Er wurde niedergeschrien und so davon abgehalten, seine Rede zu Ende zu bringen. Insgesamt gesehen blieben seine sozialpolitischen und rechtlichen Bemühungen erfolglos: Der Paragraf 175 verblieb nicht nur im preussischen Strafgesetzbuch, sondern wurde auf das gesamte neugegründete Deutsche Reich ausgeweitet. Dennoch war der Einfluss seiner Schriften auf das moderne Verständnis von gleichgeschlechtlicher Liebe als «Homosexualität» enorm – trotz deren regelmässiger Konfiszierung durch die preussische Polizei. Seine Wirkung auf die mit dem Wissenschaftlich-humanitären Komitee assoziierten deutschen Sexologen zeigt sich schon darin, dass Ulrichs' Terminologie (mehr dazu weiter unten), so vollständig und unkritisch ins technische Vokabular des Komitees übernommen wurde, dass Hirschfeld selbst Kertbenys Neologismen «Homosexualität» und «Homosexueller» zunächst als «hybride Monstrositäten» verwarf.[52]

Ulrichs fasste seine Theorie mannmännlicher Liebe in der Formel *anima muliebris in corpore virili inclusa* (eine in einen männlichen Körper eingeschlossene weibliche Seele) zusammen.[53] Er entwickelte dabei Hösslis Idee

---

[51] Der Verlag rosa Winkel hat diese in Faksimilereproduktion wieder zugänglich gemacht: Hubert Kennedy (Hg.): Forschungen über das Räthsel der mannmännlichen Liebe, 4 Bände, Berlin 1994.

[52] Siehe Derks (wie Anm. 11), S. 102. Bereits Friedlaender kommentierte diese Tatsache kritisch; siehe oben, S. 112.

[53] Ulrichs' Theorie eines Pseudohermaphroditismus als Ursache gleichgeschlechtlichen Empfindens hat eine gewisse Affinität zu den Theorien der Renaissancegelehrten Cocles und Theodor Zwinger, siehe Borris (wie Anm. 4). Letztere basieren aber auf der aristotelischen Naturphilosophie und gehen von einer Entwicklung heterosexueller Männlichkeit nach einer präpubertären Übergangsphase hermaphroditischer Ambiguität in körperlicher wie in allgemeiner Hinsicht aus. Ausschliesslich gleichgeschlechtliche sexuelle Anziehung resultiert hier aus einer Fehlentwicklung über diese pseudohermaphroditische Phase hinaus, wodurch die Entwicklung voller, heteroerotischer Männlichkeit ausbleibt. Ulrichs' Theorie begreift dagegen den unterstellten Pseudohermaphroditismus als eine inhärente, naturgegebene kombinatorische Möglichkeit. Es gibt keine Hinweise auf einen direkten Einfluss dieser älteren Theorien auf Ulrichs.

eines Unterschiedes zwischen biologischem Geschlecht einerseits und den sozialen Geschlechterrollen zugeordneten Formen sexuellen Begehrens andererseits weiter und kombinierte diese mit embryologischen Überlegungen. So postulierte er die Existenz zweier hermaphroditischer Keime im Embryo, einer für die biologischen Geschlechtsteile, der andere für den psychologischen Geschlechtstrieb, welche sich beide üblicherweise gemeinsam entweder in männliche oder weibliche Richtung weiterentwickeln. Da sie dies aber unabhängig voneinander täten, bestehe die Möglichkeit einer Kombination männlicher Geschlechtsteile mit «weiblichem» Geschlechtstrieb (verstanden als geschlechtliches Hingezogensein zu Männern). Ulrichs gesteht zu, das Naturgesetz sehe vor, dass beide Keime sich in dieselbe Richtung entwickeln sollten, argumentiert aber, dass die Ausnahme von dieser Regel zu Personen führe, deren biologisches Geschlecht und psychologischer Geschlechtstrieb nicht miteinander übereinstimmten, die daher weder ganz Mann noch ganz Frau seien und somit ein «drittes Geschlecht» bildeten.

Als ob die Vorstellung eines ursprünglichen Hermaphroditentums, gefolgt von verschiedenen Kombinationen männlicher und weiblicher Teile, noch nicht genug wären, um Ulrichs' Theorie wie eine Nacherzählung der Rede des Aristophanes aus Platons «Gastmahl» (189c–193e) in modernem biologischem Gewand erscheinen zu lassen, verleiht Ulrichs seinem dritten Geschlecht auch noch den Namen «Urninge» mit der Absicht, sein Modell gegen das der «Päderastie» abzugrenzen, deren Name im Laufe des 19. Jahrhunderts zunehmend als Bezeichnung für Pädophilie und/oder Analverkehr gebraucht wurde:[54] «Thatsache ist es, daß es unter den Menschen Individuen gibt, deren Körper männlich gebaut ist, welche gleichwohl aber geschlechtliche Liebe zu Männern, geschlechtlichen Horror vor Weibern empfinden, d. i. Horror vor geschlechtlicher Körperberührung mit Weibern. Diese Individuen nenne ich nachstehend ‹Urninge›: während ich ‹Dioninge› diejenigen Individuen nenne, welche man schlechtweg ‹Männer› zu nennen pflegt, d. i. diejenigen, deren Körper männlich gebaut ist, und welche geschlechtliche Liebe zu Weibern, geschlechtlichen Horror vor Männern empfinden. Die Liebe der Urninge nenne ich nachstehend urnische oder mannmännliche Liebe, die der Dioninge dionische. Zur Schaffung neuer Ausdrücke glaubte ich schreiten zu müssen,

---

[54] Siehe Heinrich Detering: Das offene Geheimnis. Zur literarischen Produktivität eines Tabus von Winckelmann bis zu Thomas Mann, Göttingen 1994, S. 18. Dieses Verständnis von «griechischer Liebe» als Code für Analverkehr geht bis zur Aufklärung zurück und ist zum Teil der Reaktion gegen die «griechische Liebe» Marsilio Ficinos geschuldet.

weil das bisher wohl gebrauchte Wort ‹Knabenliebe› zu der Mißdeutung Anlaß giebt, als liebe der Urning wirklich Knaben, während er doch junge Männer (puberes) liebt. Auch im alten Griechenland liebte der Urning nicht Knaben. παῖς heißt so gut ‹junger Mann›, als ‹Knabe›. Meine Ausdrücke sind entstanden durch Umwandlung der Götternamen Uranus und Dione. Eine poetische Fiction Plato's leitet nämlich den Ursprung der mannmännlichen Liebe ab vom Gotte Uranus, den der Weiberliebe von der Dione. (Plato's Gastmahl, Cap. 8. u. 9.)»[55]

Trotz des direkten Verweises auf die Rede des Pausanias in Platons «Gastmahl» im Kontext dieser terminologischen Definition lehnt sich Ulrichs' Theorie insgesamt inhaltlich weit mehr an den Mythos der Kugelmenschen aus der Rede des Aristophanes an. Diese urtümlichen Kugelmenschen mit zwei Köpfen, vier Armen und vier Beinen, teils aus männlich-weiblichen, teils aus männlich-männlichen, teils aus weiblich-weiblichen Kombinationen bestehend, wurden nach Zeus' Willen in Hälften zerteilt und sehnen sich nunmehr als männliche und weibliche Individuen nach der emotionalen und physischen Wiedervereinigung mit ihrer anderen Hälfte. Doch der erste Eindruck eines direkten Fortschreibens antiker Vorstellungen täuscht. Ulrichs' gesamte Theorie basiert auf dem nie in Zweifel gezogenen Paradigma seiner Zeit, nach dem sexuelle Anziehung nur zwischen Männlichem und Weiblichem existieren kann. Es ist die weibliche Psyche der bloss oberflächlich männlichen Urninge, die sich zu den durch und durch männlichen Dioningen hingezogen fühlt. Dies wirft die Frage auf, ob zwei Urninge, zwei homophile Männer, sich zueinander hingezogen fühlen können. Als logische Konsequenz seines Festhaltens am zeitgenössischen Paradigma geschlechtlicher Komplementarität weist Ulrichs diese Möglichkeit zunächst kategorisch zurück: «‹Uebt auch ein Urning auf einen Urning geschlechtliche Anziehung aus?› Wenig oder gar nicht; wenigstens sobald das weibliche Element sich zu erkennen giebt. Weßhalb? ist klar aus dem vorstehenden. Ihm fehlt die echte Männlichkeit.»[56]

Im Laufe der Entwicklung seiner Überlegungen, von den ersten, in völliger Isolation und allein auf der Grundlage von Selbstreflexion verfassten

---

[55] Karl Heinrich Ulrichs: «Vindex». Social-juristische Studien über mannmännliche Geschlechtsliebe, Leipzig 1864, S. 1 f.

[56] Karl Heinrich Ulrich: «Inclusa». Anthropologische Studien über mannmännliche Geschlechtsliebe, Leipzig 1864, S. 29.

Briefen hin zu seinen veröffentlichten Schriften, die zunehmend durch eingehende Korrespondenz mit anderen gleichgeschlechtlich Liebenden beeinflusst wurden, zeigt sich, wie Ulrichs auf die sich ihm so präsentierende neue Faktenlage eingeht und seine Theorie verändert. Urninge können sich zueinander hingezogen fühlen – weil es zwei Typen von Urningen gibt: «Weiblinge», deren Körperbau und Habitus eher feminin erscheint und deren sexuelles Begehren passive Züge trägt, und «Mannlinge», deren Körperbau und Habitus eher maskulin erscheint und deren sexuelles Begehren aktive Züge trägt. In Ulrichs' Worten:

«Anziehung zwischen U[rning] und U[rning] (z. B. oben § 2. α Socrates und Critobulus) ist nur scheinbar Ausnahme von der Regel, daß nur ungleiche Pole geschlechtlich anziehen. […] Nun scheinen unter den U[rning]en folgende zwei Classen unterschieden werden zu können, zwischen welchen indeß tausend Abstufungen zu constatiren sind.

a) U[rning]e, in denen das männliche Element, welches ihrem männlichen Körperbau entspricht, überhaupt in allen Stücken vorherrscht, indem es insonderheit ihrem weiblichen Liebestriebe eine gewisse männliche Färbung giebt: also U[rning]e mit vorwiegend männlichem Habitus, körperlich wie geistig, und zugleich mit vorwiegend activem Begehren. Diese scheinen vorwiegend ⟨Jünglinge⟩ zu lieben, nicht ⟨Burschen⟩. Ich möchte sie nennen die ⟨Viriliores⟩ oder ⟨Mannlinge⟩, die männlicheren U[rning]e.

b) U[rning]e, in denen das weibliche Element, welches ihrem weiblichen Liebestriebe entspricht, überhaupt in allen Stücken vorherrscht, indem es insonderheit ihrem männlichen Körperbau eine gewisse weibliche Färbung giebt: also U[rning]e mit vorwiegend weiblichem Habitus, körperlich wie geistig, und zugleich mit vorwiegend passivem Begehren. Diese scheinen überwiegend Burschen, nicht Jünglinge, zu lieben. Ich möchte sie die ⟨Muliebriores⟩ nennen oder ⟨Weiblinge⟩, die weiblicheren.»[57]

Während Ulrichs also seine Theorie ausweitet, um so die Möglichkeit von Liebe und erotischer Anziehung zwischen zwei Personen gleichen biologischen Geschlechts einzuräumen, akzeptiert und bewahrt er dennoch das heterosexistische Paradigma notwendiger männlich-weiblicher

---

[57] Ulrichs (wie Anm. 28), S. 59.

120

Komplementarität, indem er körperliches Erscheinungsbild und sexuelles Begehren selbst als entweder «männlich» oder «weiblich» klassifiziert, so dass das gleiche Paradigma wenn nicht auf der Ebene des biologischen Geschlechts so doch auf dieser anderen Ebene zum Tragen kommt. Ulrichs folgt somit dem zentralen Paradigma seiner Zeit (ein Mann kann und darf keinen anderen Mann begehren), wie die Quellen zur Homoerotik in der Antike dem zentralen Paradigma ihrer Zeit folgen (der freigeborene, erwachsene Bürger darf nicht zum passiven Objekt von Begierde und Penetration werden). Die Andersartigkeit der Antike auf dieser paradigmatischen Ebene, nämlich die Irrelevanz von Männlichkeit und Weiblichkeit für die Möglichkeit erotischer Anziehung (wenn auch nicht für konkrete sexuelle Akte) in der Antike, wird von Ulrichs nicht ausgebeutet. Stattdessen wird dort, wo, wie im Fall des Kugelmenschenmythos in Platons «Gastmahl», ein radikal anderes Verständnis mannmännlicher Liebe vorliegt, antikes Gedankengut entsprechend zeitgenössischen Paradigmen umgeformt.

Benedict Friedlaender (1866–1908) hingegen war entsetzt von Ulrichs' Ansatz, mannmännliche Liebe durch eine Form inhärenter Weiblichkeit zu erklären, und bestand nachdrücklich gerade auf der Andersartigkeit der antiken Sicht der Dinge. Friedlaender hatte an der Universität Berlin Mathematik, Physik, Botanik und Physiologie studiert und in Zoologie promoviert, im Rahmen seines gymnasialen Abiturs aber auch eine gründliche Bildung in beiden alten Sprachen und der Literatur der Antike erhalten.[58] Ursprünglich ein Mitglied und Unterstützer des Wissenschaftlich-humanitären Komitees Hirschfelds, überwarf er sich schliesslich mit diesem wegen unüberbrückbarer Differenzen hinsichtlich der Konzeption mannmännlicher Liebe und führte 1906 eine Abspaltung Gleichgesinnter,

---

[58] Es ist weder möglich noch nötig, hier Friedlaenders eigene «physiologische» Erklärung homoerotischen Begehrens detailliert darzulegen. Friedlaender selbst charakterisiert seinen Zugang zu dieser Fragestellung als «ein Zusammenwirken der Socialwissenschaft mit der Biologie, besonders der allgemeinen Physiologie» (wie Anm. 31, S. IX). Seine Erklärung ist materialistisch in dem Sinne, dass er von einer gemeinsamen physiologischen Grundlage der Anziehung zwischen Individuen (in der Form von Freundschaft) und innerhalb von Gesellschaften (in der Form von Nationenbildung) ausgeht und sich dabei auf moderne Stimulustheorien etwa eines Jacques Loeb (siehe S. 109) sowie die Theorie der Chemotaxis (Anziehung durch Pheromone) von Gustav Jäger (siehe S. 117) bezieht. Nach Friedlaenders Ansicht sind erotische Beziehungen zwischen Männern daher nicht mehr als ein spezieller, wenngleich bedeutsamer Teilaspekt seiner «einheitlichen Theorie» gesellschaftlichen Zusammenhalts.

die Sezession des wissenschaftlich-humanitären Komitees, herbei. Bereits 1903 hatte er gemeinsam mit Adolf Brand die Gemeinschaft der Eigenen gegründet, die zur zweitgrössten Vereinigung homophiler Männer in Deutschland wurde und in deutlichem Gegensatz zu Hirschfelds Komitee ein massiv antifeministisches, antimodernes und vornehmlich ästhetisches und elitistisches Ideal homosozialer Beziehungen propagierte.[59] Beide Gruppen, mit teilweise überlappender Mitgliedschaft, wandten sich gegen das vom Wissenschaftlich-humanitären Komitee verbreitete und bald auf das Engste mit dem Begriff der «Homosexualität» verbundene Verständnis von männerliebenden Männern als einem effeminierten «dritten Geschlecht» oder «Zwischengeschlecht». Sie vertraten stattdessen die Auffassung einer universellen Bisexualität des Menschen und befürworteten aussereheliche Beziehungen zwischen Männern.[60] Diese Ideen wurden besonders von Friedlaender, vornehmlich in seinem Hauptwerk zu diesem Thema, «Die Renaissance des Eros Uranios» von 1904, sowie in einer postum erschienenen Aufsatzsammlung entwickelt.[61] Sie spielten eine zentrale Rolle in der Entwicklung des «rechten Flügels» der frühen deutschen Schwulenbewegung, zumal durch ihren Einfluss auf Hans Blüher und die Wandervogelbewegung.[62]

---

[59] Für eine (spätere) Selbstdarstellung der Gemeinschaft der Eigenen siehe Adolf Brand: Die Gemeinschaft der Eigenen. Bund für Freundschaft und Freiheit. 1903–1925. Satzung, Berlin 1925; für eine Auswahl aus der assoziierten Zeitschrift «Der Eigene» siehe Joachim S. Hohmann: Der Eigene. Ein Blatt für männliche Kultur. Ein Querschnitt durch die erste Homosexuellenzeitschrift der Welt, Frankfurt, Berlin 1981. Weiterführende Darstellungen und Literaturhinweise bieten Harry Oosterhuis und Hubert Kennedy (Hg.): Homosexuality and Male Bonding in Pre-Nazi Germany. The Youth Movement, the Gay Movement, and Male Bonding Before Hitler's Rise. Original Transcripts from Der Eigene, the First Gay Journal in the World, New York, London 1991; Marita Keilson-Lauritz und Rolf F. Lang: Emanzipation hinter der Weltstadt. Adolf Brand und die Gemeinschaft der Eigenen, Berlin-Friedrichshagen 2000; Florence Tamagne. A History of Homosexuality in Europe, Berlin, London, Paris 1919–1939, New York 2006, S. 70–73.

[60] Zum wichtigen Gegensatz zwischen der somit von Friedlaender propagierten «universalisierenden» Ansicht gleichgeschlechtlicher Liebe und dem «minorisierenden» Ansatz, dem Ulrichs zuzuordnen wäre, siehe Eve Kosofsky Sedgwick: Epistemology of the Closet, Updated with a New Preface, Berkeley 2008, S. 1–21, 82–90 *et passim*.

[61] Friedlaender (wie Anm. 31) und ders.: Die Liebe Platons im Lichte der modernen Biologie, Berlin 1909.

[62] Der Schlüsseltext ist Blüher (wie Anm. 16). Hilfreiche Darstellungen zum Themenkomplex Homoerotik, Jugendkultur und Männerbund bieten Walter Laqueur: Young Germany. A History of the German Youth Movement, New York 1962; Ulrike Brunotte: Zwischen Eros und Krieg. Männerbund und Ritual in der Moderne, Berlin 2004; Claudia Bruns:

Friedlaender eröffnet seinen «Eros Uranios» damit, dass er explizit auf eine wichtige Funktion historischer Gender- und Sexualitätsstudien hinweist, nämlich dass sie ein Bewusstsein für den Unterschied zwischen biologischen Tatsachen und kulturellen Konstrukten offenlegen: «Die Liebe selbst, und auch die gleichgeschlechtliche Liebe, ist freilich etwas in der menschlichen Natur Begründetes, Ewiges und Unveränderliches, das als solches eine analytische und causale, aber keine historische Behandlung erfordert; die Kenntniss hingegen, die Beurtheilung, die sociale und legale Behandlung, die durch Sitten, Lebensgewohnheiten und Sittenbeschränkungen erzeugte Ordnung und Unordnung der Sache ist nach Zeit und Ort veränderlich. Die gegenwärtig herrschenden Ansichten über die gleichgeschlechtliche Liebe kann daher nur Derjenige von einer höheren Warte betrachten und zureichend beurtheilen, der die Geschichte der maaßgeblichen und un- maaßgeblichen Meinungen über die Aphrodite Urania wenigstens in den Grundzügen kennt und bedenkt.»[63]

Von diesem transhistorischen Blickwinkel aus reklamiert Friedlaender dann für sich und seine Argumentation die generelle antike Indifferenz hinsichtlich des Geschlechts für erotische Anziehung. Eine Schlüsselrolle spielt hierbei erneut das geschlechterdifferenzierte Modell erotischer Anzie- hung aus der Aristophanes-Rede im Platon'schen «Gastmahl». Friedlaender benennt Platon als den singulären Urheber der Annahme einer eingebo- renen exklusiven Anziehung zu nur einem Geschlecht und verwirft diese von ihm und seinen modernen Nachfolgern geteilte Fehleinschätzung: «Im allgemeinen sah man es als eine triviale Wahrheit an, dass der Mann beider Richtungen des Liebestriebes fähig sei. Nur Platon scheint angenommen zu haben, dass Manche nur für die eine und Andere nur für die andere Richtung von Natur veranlagt seien; worüber später ausführlich zu reden ist, da gerade diese Ansicht Platons gegenwärtig eine ganz besondere Be- deutung erlangt hat.»[64]

Vor allem Ulrichs und die medizinisch-psychologischen Theorien, die den Mythos des Aristophanes zum Ausgangspunkt ihrer Theoriebildung von Homo- und Heterosexualität genommen hatten, werden von Friedlaender

---

Politik des Eros. Der Männerbund in Wissenschaft, Politik und Jugendkultur (1880–1934), Köln 2008.
[63] Friedlaender (wie Anm. 31), S. 5.
[64] Ebd., S. 6.

dafür kritisiert, dass sie ein platonisches Missverständnis sexueller Identität fortschreiben: «Die moderne Eintheilung der Menschen in ‹Heterosexuelle› und ‹Homosexuelle› oder in ‹Dioninge› und ‹Urninge› knüpft bekanntlich an die berühmte Stelle im Platonischen Symposion an. Bei aller Würdigung der Alten und besonders Platons darf man nicht verkennen, dass schon in dieser originalen Conception ein Fehler oder doch eine Uebertreibung vorliegt.»[65]

«Die Urningstheorie glaubt eine Erklärung der gleichgeschlechtlichen Liebe in der Annahme gefunden zu haben, dass die gleichgeschlechtlich empfindenden Männer, die ‹Urninge›, eine Beimischung weiblicher Eigenschaften aufweisen und somit theilweise Zwitter seien. Diese Vorstellung war, wie wir gesehen haben, schon von Hössli angedeutet, ist dann von Ulrichs begründet und von den modernen Medicinern mit wenig Aenderungen und Zuthaten in Umlauf gesetzt worden. Die Theorie geht davon aus, dass die Liebe zu Männern im Allgemeinen eine Eigenschaft des weiblichen Geschlechts sei. Schon dieser Ausgangspunkt ist nicht einwandfrei. Dass nämlich die Liebe zum Manne oder zum Jüngling eine ausschließlich weibliche Eigenschaft sei, ist eben keine empirische Thatsache der Natur, sondern in weit höherem Grad eine Annahme der Convention und eine Forderung oder eine Folge der geographisch und historisch beschränkten Sitte.»[66]

Auf der Grundlage dieses Antike-orientierten, aber dezidiert nichtplatonischen Ansatzes argumentiert Friedlaender, dass sexuelle Identität als ein Spektrum von Bisexualität mit wenigen homo- und heterosexuellen Identitäten an den äussersten Rändern dieses Spektrums verstanden werden muss.[67] Noch interessanter ist allerdings, wie es nach seiner Meinung zum Wechsel vom ganzheitlichen Verständnis der Antike zur Dichotomie der modernen Konzeptualisierung gekommen ist. Die Schuldtragenden sind Frauen und Priester. Friedlaenders Haltung zur zeitgenössischen Frauenbewegung ist durch und durch reaktionär. Er weist die Forderung nach Gleichberechtigung mit dem Hinweis auf weitreichende biologische Differenzen zwischen Männern und Frauen zurück: «Die durchschnittliche geistige Inferiorität des Weibes im Vergleich zum Manne ist eben, in der Ausdrucksweise der

---

[65] Ebd., S. 71.
[66] Ebd., S. 73.
[67] Siehe ebd., S. 82–85.

Biologie, ein secundärer Sexualcharakter.»[68] Was in seinen Augen nottut, ist nicht so sehr die Frauenemanzipation, sondern vielmehr die Emanzipation der Männer von den Frauen: «Von allen Ungleichheiten ist die am wenigsten zweifelhafte die sexuelle, und zwar die sexuelle auch auf geistigem Gebiete. Sie ist grösser als alle Rassenunterschiede und mindestens so ausgeprägt wie die körperliche. Sie ist nicht nur eine qualitative, sondern auch eine quantitative. Nirgends ist der Gleichheitsfanatismus so unzweifelhafter Unsinn, und dabei wird er gerade von radicaler Seite auf kaum einem anderen Gebiete mit solcher Inbrunst cultivirt, wie auf dem der sogenannten Frauenfrage. Um hier jedoch von vorn herein Missdeutungen vorzubeugen, sei erklärt, dass wir einen grossen Theil der sogenannten Frauenemancipation gutheissen und insbesondere die höheren Bildungsanstalten und die entsprechenden Berufsstellungen dem weiblichen Theile der Menschheit keineswegs vorenthalten wollen. Nur meinen wir, dass der Emancipation der Frauen eine sociale, besonders gesellige Emancipation von den Frauen zur Seite gehen müsse.»[69]

Nach Friedlaenders Ansicht war es eine Verschwörung von Frauen und Priestern, die sich daran machte, gegen Ende der Antike die ganzheitliche und «natürliche» geschlechterindifferente Sichtweise erotischer Anziehung, wie sie die alten Griechen kannten, zu bekämpfen und gemeinsam die Ideologie exklusiver Heterosexualität und das Ideal des Asketentums zu etablieren, um so zur Herrschaft über die ideologisch unterworfenen Männer zu gelangen:[70] «Wir stossen hier nun sofort auf zwei Classen von Menschen, die immer und überall zusammengehören, die ihren Einfluss wechselseitig stärken und von denen die eine im Mittelalter die Macht völlig an sich gerissen, aber auch die andere, im Vergleich zum Alterthum, social gar sehr emporgekommen war und ist: die Priester und die Weiber.»[71]

«Unter erstaunlicher Missachtung und dreister Läugnung weitverbreiteter Naturthatsachen hat sich geradezu die Fiction herausgebildet, dass eine eigentliche Liebe nur zwischen Menschen verschiedenen Geschlecht bestehen könne.»[72] Um diese unerwünschte historische Entwicklung zu korrigieren,

---

[68] Ebd., S. 146.
[69] Ebd.
[70] Siehe ebd., S. 13–37.
[71] Ebd., S. 19.
[72] Ebd., S. 13.

müssten homoerotische Bindungen zwischen Männern gestärkt werden, um so der Herrschaft der Frauen und Priester ein Ende zu setzen. Dabei weicht Friedlaender dem Problemkomplex legitimer und illegitimer Penetration (sowohl in der Antike wie in der Moderne) aus, indem er klarstellt, da es ihm ausschliesslich um Homoerotik, also mannmännliches Begehren und Anziehung, geht, nicht aber um Homosexualität («der Begriff der sinnlichen Liebe ist weiter, als der der sexuellen!»)[73] und besonders nicht um Analverkehr: «Zwei andere Kunstgriffe zur Verläumdung der Venus Urania bestanden darin, dass man, unter Missbrauch der verschiedenen Uebersetzungsmöglichkeiten des griechischen ‹παις›, von ‹Knabenliebe› redete, und zu verstehen gab, dass das Ziel dieser Knabenliebe im Pygismus [Analverkehr] zu bestehen pflegt.»[74]

Überraschenderweise vertritt Friedlaender die durchaus platonische Haltung, dass mannmännliche Liebe idealerweise eine prinzipientreue Reinheit bewahren solle.[75] Das politische Ziel seiner Schriften war die Wiederherstellung einer männerdominierten Gesellschaft frei von weiblichen Einflüssen. Die Antike wird als Leitbild und Muster für eine solche Gesellschaft angesehen, und der Homoerotik kommt eine Schlüsselrolle im Erreichen dieses Zieles zu. In Friedlaenders Worten: «Uebrigens wussten auch Das schon die Alten, indem Aristoteles die Anerkennung der homoerotischen Liebe als ein Schutzmittel gegen die Gynaekokratie bezeichnet»,[76] und: «Welche Form im Speciellen die Renaissance des Eros auch annehmen mag, so ist es, wie gesagt, klar, dass eine Vorbedingung dazu oder vielmehr der Hauptinhalt dieser Renaissance ein engerer Anschluss der Männer aneinander, das heisst die Herstellung, Ausdehnung und Pflege einer weiberfreien Geselligkeit ist.»[77]

Seine Vorstellung homophiler Emanzipation umfasst daher weder volle emotionale und körperliche Liebe zwischen Männern, noch ist sie ohne Opfer: Friedlaenders Schriften attackieren eine homophobe Gesellschaft – mittels frauenfeindlicher Argumente und patriarchalischer Denkmuster. Die Antike figuriert hier erneut als das Andere: das verlorene homoerotische, antichristliche, antifeministische Paradies.

---

[73] Ebd., S. 36.
[74] Ebd., S. 13.
[75] Siehe zum Beispiel ebd., S. 200 und 303 f.
[76] Ebd., Anhang Aphorismen, Zusätze, Excurse, S. 18 (ähnlich schon im Haupttext S. 20, Fussnote).
[77] Ebd., S. 263.

Aus heutiger Perspektive, in der die Allianz von Feminismus und Schwulenbewegung nicht mehr wegzudenken ist, stellt sich so die Frage: Wie subversiv sind diese Emanzipationsschriften tatsächlich? Wie männerdominiert, wie frauenfeindlich sind alle drei hier relevanten Dimensionen: die klassizistische Konstruktion der Antike, deren Neuerfindung im «Homophilhellenismus» und die Antike selbst? Es scheint, dass Identität und Alterität, Vertrautheit und Andersartigkeit als die zentralen Dynamiken in der Beziehung zwischen Antikerezeptionen und der Antike selbst sich in diesen frühen deutschsprachigen Emanzipationsschriften widerspiegeln im unauflöslichen Zusammenspiel von Konformismus und Subversion der zeitgenössischen Sexualmoral. Die Bandbreite der Positionen in dieser frühen Phase des modernen Diskurses über sexuelle Anziehung zwischen Männern – von Hösslis klassischen Argumenten für einen liberalen, geschlechtsneutralen Liebesbegriff über Ulrichs' Theorie eines pseudohermaphroditischen «dritten Geschlechts», das dem neuen Paradigma der Homosexualität den Weg bereitete, bis hin zu Friedlaenders misogyner Kritik dieser beiden Konzepte als im Widerspruch stehend zu seinem Ideal der Renaissance «klassischer» homoerotischer Männerbünde – zeigt, dass selbst diese oft als Wendepunkt der Sexualitätsgeschichte des Westens betrachtete Zeit von einer grossen Vielfalt von Konzeptualisierungen gleichgeschlechtlicher Liebe und von signifikantem Widerstand gegen das neue Konzept der Homosexualität geprägt war. Trotz der Differenzen in ihren Argumenten und Absichten sind die hier betrachteten drei Schriftsteller-Aktivisten doch exemplarisch und repräsentativ für den enormen Einfluss, den antike Texte, allen voran Platons «Gastmahl», in der Geschichte abendländischen Nachdenkens über gleichgeschlechtliche Liebe ausgeübt haben. Dennoch blieb die Theorie der Liebe zwischen Männern, wie sie im aristophanischen Mythos dargestellt ist, trotz ihres reichen Nachlebens in mannigfaltigen Rezeptionen, Revisionen und Neubetrachtungen, bis in die jüngste Vergangenheit die radikalste Konzeptualisierung gleichgeschlechtlichen Begehrens. Es dauerte beinahe 2500 Jahre, bis moderne schwule Männer sich die kühne und radikale Behauptung des Mythos zu eigen machten: dass zwei «echte» Männer einander die jeweils «andere Hälfte» sein können, dass sie einander als Männer geistig wie körperlich lieben können, weil eben dies einfach ihre Natur ist.[78] Aris-

---

[78] Aristophanes' Mythos und seine Rede, das heisst die intrafiktionale Interpretation dieses Mythos, müssen klar voneinander unterschieden werden. Boswell betonte in seiner Auslegung, die ersten mannmännlich Liebenden müssten gleichaltrig gewesen sein, da sie ursprünglich Hälften desselben Wesens waren, worin er ein Zeichen für eine der modernen

tophanes' Mythos ist in dieser Hinsicht absolut aussergewöhnlich und mit dem fundamentalen Paradigma für sexuelle Beziehungen in seiner eigenen Zeit ebenso inkompatibel wie mit denjenigen späterer Zeiten, in denen er rezipiert wurde. Und so nimmt es vielleicht nicht wunder, dass es eines Philosophen bedurfte, der in der Form eines Mythos, erzählt durch den Mund eines Komödiendichters, als Erster und für lange Zeit als Einziger diese Auffassung gleichgeschlechtlicher Liebe vertrat.

Homosexualität äquivalente antike Auffassung gleichgeschlechtlicher Liebe sah, siehe John Boswell: Revolutions, Universals and Sexual Categories, in: Robert Boyers und George Steiner (Hg.): Homosexuality: Sacrilege, Vision, Politics (Salmagundi, Bde. 58/59), Saratoga Springs, NY 1982/83, S. 89–133. Halperin hat dagegen zu Recht eingewandt, dass in Aristophanes' eigener Diskussion der Konsequenzen seines Mythos, also mann-männlichen Begehrens im Athen seiner Zeit (Platon, Symposion, 191e–192b), «keine gleichaltrigen Paare als deren Nachkommen auftreten [...] in der wirklichen Welt des klassischen Athen – wenigstens wie Aristophanes es darstellt – ist beiderseitiges erotisches Begehren zwischen Männern unbekannt». Halperin (wie Anm. 44), S. 21.

Robert Deam Tobin

Die Quellen der Innovation

Heinrich Hössli und sein Zeitalter

In seiner monumentalen zweibändigen Rechtfertigung der mannmännlichen Liebe, «Eros: Die Männerliebe der Griechen, ihre Beziehung zur Geschichte, Erziehung, Literatur und Gesetzgebung aller Zeiten» (1836–1838), ist Heinrich Hössli einer der ersten Denker überhaupt, die die Sexualität einer Person als einen natürlichen, unfreiwilligen und unveränderlichen Teil der menschlichen Identität betrachten. Seine vorläufigen, fast experimentellen Vergleiche zwischen männerliebenden Männern und Frauen, Juden und Hexen waren am Anfang des 19. Jahrhunderts neu, wurden aber im Laufe des 19. Jahrhunderts in der Darstellung der männlichen Homosexualität zunehmend einflussreich und steuern bis heute das Denken über die gleichgeschlechtliche Liebe. Trotz seiner Modernität war Hössli tief in der romantischen, bürgerlichen, liberalen mitteleuropäischen Kultur seiner Zeit verwurzelt.

Hössli, der von 1784 bis 1864 lebte und ein erfolgreicher Geschäftsmann in der Kleinstadt Glarus in der Schweiz war, behauptet, dass er den «Eros» schrieb, weil er so entsetzt war über die Hinrichtung von Franz Desgouttes (1785–1817). Dieser wurde gerädert, nachdem er seinen Geliebten Daniel Hemmeler (1794–1817) ermordet hatte. Das «Radebrechen» war eine grauenvolle, der Kreuzigung ähnliche Art der Hinrichtung. Der Verurteilte wurde an ein Rad gefesselt und seine Knochen sorgfältig gebrochen; dort hing er, bis er langsam und schmerzhaft vor den Augen des Publikums starb. Lynn Hunt behauptet, dass das Entsetzen über das Radebrechen eine bedeutende Motivation der frühen Menschenrechtsbewegung des 18. Jahrhunderts war.[1] Für Hössli war es besonders schrecklich, dass diese mittel-

---

[1] Lynn Hunt: Inventing Human Rights. A History, New York 2008, S. 70.

alterliche Strafe gegen einen Mann verwendet wurde, der – seiner Meinung nach – nicht aus Boshaftigkeit, sondern aus Leidenschaft gehandelt hatte.

Um diese Leidenschaft besser zu verstehen, bat Hössli den Schriftsteller Heinrich Zschokke, das Verhältnis zwischen Desgouttes und Hemmeler literarisch zu verarbeiten. Der liberale Schriftsteller Zschokke (1771–1848) veröffentlichte 1821 die Novelle «Eros» in der Sammlung «Erheiterungen». Dort versucht ein Richter namens Holger (Hössli), einige bürgerliche Paare davon zu überzeugen, dass das Radebrechen eines gewissen Lukasson (Desgouttes) wegen des Mordes an seinem geliebten Freund Walter (Hemmeler) ungerecht war, weil die Gesellschaft ihre Liebe nicht verstand. Hössli war von Zschokkes Novelle enttäuscht, die seine Argumente ablehnte. Der Erzähler kommt zu dem Schluss: «Lukasson ward nicht durch eine tugendhafte Freundschaft, sondern durch eine wüthende, alle Vernunft, alle Tugend zerstörende Leidenschaft unglücklich, welche er nicht zur rechten Zeit meisterte, und welche ihn zum Wüstling, endlich zum rasenden Mörder machte.»[2] Hösslis Versuch, mit Zschokke zu arbeiten, weist auf seine Verbindungen zur geistigen Kultur seiner Zeit hin. Das Scheitern dieses Versuches war seine Motivation, die Argumente für die gleichgeschlechtliche Liebe neu zu formulieren.

Hössli misst der griechischen Liebe enorme Bedeutung bei: «Es ist für die ganze Lebenseinrichtung des Einzelnen, der Familie, des Staates – ja für die Menschheit in jedem Sinne des Wortes selbst, in tausend Beziehungen, vorzüglich in denen der Künste und Wissenschaften, eben so interessant, als unendlich wichtig und folgenreich; – nicht bloß zu wissen, daß Männer ihr eigenes Geschlecht geschlechtlich lieben, sondern, daß sie, diese Männer, das andere, das weibliche Geschlecht, naturgesetzlich, geschlechtlich absolut nicht lieben – nicht lieben können – nicht lieben sollen.»[3] Der Stil dieser Passage ist typisch für Hössli: Wiederholungen und verschachtelte Nebensätze, die oft langwierig wirken, aber manchmal imposante rhetorische Höhepunkte erreichen. Noch wichtiger aber ist, dass diese Stelle auf die Hauptthemen deutet, auf die Hössli in seiner Untersuchung eingehen möchte: das Verhältnis zwischen Individuum und Gesellschaft und die Bedeutung der sexuellen Liebe vor allem für die Künste und die Wissenschaften.

---

[2] Heinrich Zschokke: Der Eros, in: Erheiterungen, hg. von Heinrich Zschokke und seinen Freunden, Jahrgang 1821, Bd. 2, S. 97–203.
[3] Hössli, Eros I, S. 297.

Die komplizierte Prosa Hösslis offenbart die Schwierigkeiten, die ihm entgegenstanden, als er versuchte, einen neuen Diskurs über die sexuelle Liebe zwischen Männern zu initiieren. Obgleich er sich auf eine Vielfalt von Quellen – vom klassischen Persien sowie dem antiken Griechenland und Rom bis auf moderne europäische Schriftsteller der Aufklärung und der Romantik – stützt, weiss er, dass er auch die Sprache erneuern muss, um adäquat über die sexuelle Liebe zu reden. Dies wird besonders in seiner Analyse der Schriften Charles de Secondats, Baron de Montesquieu, deutlich, der in «De l'esprit des lois» (1748) über die mannmännliche Liebe schreibt. Hössli bemerkt: «Bei uns konnte Montesquieu in seinem Buch vom Geist der Gesetze nicht sagen: ‹bei den Morgenländern ist die Männerliebe weder Sünde noch Verbrechen, noch für unnatürlich gehalten› – das kann er nicht sagen, er kann nur sagen, was er wirklich sagt: ‹Bei den Morgenländern sind Knabenschänderei und Sodomiterei sehr im Schwange.»[4] Trotz seines Zorns und Frusts über die Unfähigkeit seiner Vorgänger, in gerechter Manier über die gleichgeschlechtliche Begierde zu sprechen, erkennt Hössli an, dass die Sprache selbst Montesquieu und andere beschränkt hatte. Daher musste die Sprache neu strukturiert werden, um gerecht über die Sexualität denken und sprechen zu können.

Freundschaft

Diese Umstrukturierung der Sprache beginnt mit dem Begriff der Freundschaft. Freundschaft trug im 18. Jahrhundert viele Merkmale, die heutzutage sexuell verstanden würden: Ausdrücke der unsterblichen Liebe, häufige Küsse und sogar der Wunsch, zu heiraten, tauchen in den Dokumenten oft auf. Selbst im 18. Jahrhundert bemerkten Leser, dass diese Freundschaften ans Unpassende grenzten und als Beispiele der «griechischen Liebe» missverstanden werden konnten. Das Gegenteil war auch möglich: Phänomene, die wie «griechische Liebe» aussahen, waren vielleicht schlicht das Resultat leidenschaftlicher Freundschaft. Weil der Freundschaftskult im deutschsprachigen Raum ausgesprochen stark ausgeprägt war (während umgekehrt in Frankreich die Libertinage besonders auffallend war), überrascht es nicht, dass viele deutschsprachige Denker gleichgeschlechtliche Begierde als

---

[4] Ebd., S. 300.

Freundschaft zu verstehen versuchten. Hössli beharrt jedoch darauf, dass Freundschaft etwas anderes ist als das von ihm beschriebene Phänomen.

Um den Unterschied zwischen Freundschaft und sexueller Liebe zu betonen, zitiert Hössli wiederholt den Ästhetiker Friedrich Wilhelm Basilius von Ramdohr (1757–1822). 1798 veröffentlichte dieser die dreibändige Abhandlung «Venus Urania. Ueber die Natur der Liebe, über ihre Veredlung und Verschönerung», welche die gleichgeschlechtliche Liebe besprach. Während er an diesem Buch arbeitete, besuchte er Friedrich Schiller, der an Goethe schrieb, dass Ramdohr den «Geschlechtstrieb» benutzen wolle, um die Schönheit und griechische Ideale zu erklären.[5] Hössli hatte viele Einwände gegen Ramdohr zu erheben, der die intime Sinnlichkeit der Beziehung zwischen zwei männlichen Liebhabern als den «schwarzeste[n] Fleck ihres Lebens» beschreibt.[6] Neben Ramdohrs Ablehnung der körperlichen gleichgeschlechtlichen Liebe kritisiert Hössli seine inkonsequente Einstellung, die die griechische Liebe bald als eingeboren, bald als Produkt des Klimas erklärt. Nichtsdestoweniger beurteilt Hössli «Venus Urania» als ein «übrigens eben so tiefsinnige[s] als in höherm Grade geist- und sinnreiche[s] Buch».[7] Vielleicht der bedeutendste Beitrag Ramdohrs zur Geschichte der Sexualität war seine sorgfältige Unterscheidung zwischen Freundschaft und sexueller Liebe. Er begreift die zwei Kategorien als hoffnungslos verwirrt: «Wenigstens hat man bis jetzt Freundschaft von Geschlechtszärtlichkeit nicht gehörig unterschieden».[8] Als Ästhetiker glaubt Ramdohr, dass er besonders geeignet sei, eine «Semiotik, Zeichenlehre, zur Unterscheidung der Freundschaft von der Geschlechtszärtlichkeit» zu formulieren.[9]

Hössli nahm Ramdohrs Semiotik begeistert an. Gegen das Ende des zweiten Bandes seiner Abhandlung listet er die Unterschiede zwischen griechischer Liebe und Freundschaft auf. «Die körperlichen, geschlechtlichen, reinsinnlichen Beziehungen» mit ihren «hundertartigen Andeutungen von Reiz, Schönheit, Willfahren, Körperbesitz und Genuß, Leiden und Wonne, Qua-

---

[5] Friedrich Schiller an Goethe, den 12. September 1794; siehe Paul Stapf (Hg.): Der Briefwechsel zwischen Schiller und Goethe, München 1983, S. 21.

[6] Friedrich Wilhelm Basilius von Ramdohr: Venus Urania. Ueber die Natur der Liebe, über ihre Veredlung und Verschönerung, 3 Theile, Leipzig 1798, Zweyter Theil, S. 106.

[7] Hössli, Eros II, S. 38.

[8] Ramdohr, Erster Theil, S. 208.

[9] Ebd., S. 229.

len und Seligkeit der Liebe» haben mit der griechischen Liebe, nicht mit der Freundschaft zu tun.[10] Während Freundschaft prinzipiell allen gelten kann, ist griechische Liebe «an bestimmtes Alter und Geschlecht gebunden».[11] Hössli bemerkt, dass in der Antike die mannmännliche Liebe immer vom Liebhaber (erastes) zum Geliebten (eromenos) floss, während die Freundschaft wechselseitig war. Er fügt süss und eigenartig hinzu: «Eben darum ist die Liebe nicht Freundschaft, weil sie Freundschaft werden kann.»[12] Am Schluss fasst Hössli zusammen: «Liebe und Freundschaft und Geschlechtsliebe, das sind drei Dinge, von denen nur das letzte seine Wurzeln im Leiblichen, in der Absolutheit, und nicht im Zufälligen, Willkührlichen und Bedingten hat. Der Plan der Schöpfung konnte und wollte diese Wurzeln, auf derer Entwickelung sie die höchste Menschlichkeit berechnet hat, nicht einem Ungefähr überlassen, und darum sind sie in's Fleisch gesetzt [...].»[13] Hösslis Zusammensetzung des Körperlichen und des Absoluten weist auf seinen romantischen Glauben an die Einheit von Körper und Seele hin.

Hösslis selbstbewusstes Vertrauen in seine Fähigkeit, zwischen sexueller Liebe und Freundschaft zu unterscheiden, wird besonders in der Besprechung von Sigismund Wieses Theaterstück «Die Freunde» von 1836 deutlich. Dieses handelt von zwei Freunden, dem Preussen Philipp und dem Franzosen Eugen, die auf dem Schlachtfeld gegeneinander kämpfen müssen. Der eine hilft dem anderen, aus dem Gefängnis zu fliehen; der andere verliert aus Liebe zum Freund eine wichtige Schlacht. Manche betrachten ihr Benehmen als Verrat, aber keiner der beiden vernachlässigt seine Pflicht. Hösslis Meinung nach war Wieses Stück eine der besten Darstellungen mannmännlicher Liebe in der modernen Literatur.

Dass Hössli das Werk kannte, beweist, wie nah er die Literatur seiner Zeit verfolgte. Um Auskunft über die zeitgenössische Literatur zu erhalten, las er Wolfgang Menzels «Literatur-Blatt». Am 19. September 1836 veröffentlichte das «Literatur-Blatt» eine Besprechung, die Wieses Stück geradezu denunzierte: «Die Freunde ist ein Drama, das in Holland und England wohl nicht ausgeführt werden dürfte, ohne dass Schauspieler

---

[10] Hössli, Eros II, S. 220.
[11] Ebd.
[12] Ebd., S. 223.
[13] Ebd.

und Dichter ihre gesunden Glieder riskierten. Die beiden Freunde sprechen nämlich vollkommen wie Liebende und wecken auch beim billigsten Leser eine widerliche Empfindung. Freundschaft ist einmal nicht Liebe.»[14] Hössli übernimmt aus dieser negativen Besprechung die These, dass das Stück tatsächlich sexuelle und erotische Liebe – und nicht Freundschaft – behandle: «Aber warum, wenn meine Idee dem Schauspiel nicht zum Grund liegt, sagt das Menzel'sche Literatur-Blatt: ‹Man würde an manchen Orten den Verfasser wie den allfälligen Schaupieler mit Steinen werfen.»[15] Er ahnt, dass seine Leser behaupten werden, das Stück habe mit Freundschaft und nicht mit sexueller Liebe zu tun: «Man wird, ich sehe es voraus, ungerechter Weise sagen: im Wiese'schen Drama walte eine andere Psyche als die griechisch-erotische.»[16] Trotz der gegensätzlichen Bewertung des Rezensenten nützt die Besprechung Hössli, weil sie seine Behauptung bestätigt, dass das Drama sexuelle Liebe behandelt. Während ein früheres Zeitalter die sexuellen und erotischen Beziehungen zwischen Eugen und Phillip vieldeutig gelassen hätte (zum Teil mangels Wortschatz, der es erlaubt hätte, derartige Nuancen zu beschreiben), glauben Hössli und seine Zeitgenossen sicher, dass sie zwischen der Freundschaft und der sexuellen Liebe unterscheiden können und müssen.

Die Sexualität

Der Begriff einer natürlichen, unveränderbaren Sexualität, die an der Grenze zwischen Leib und Seele operiert, ermöglicht es Ramdohr und Hössli, streng zwischen Freundschaft und sexueller Liebe zu unterscheiden. Autoren des 18. Jahrhunderts hatten die mannmännliche Liebe der Griechen auf Faktoren der Umwelt (nackte Sportübungen zum Beispiel oder die Trennung der Geschlechter) zurückgeführt, die vermutlich eine Wirkung auf jeden Einzelnen haben konnten. Im Gegensatz dazu verstanden diese späteren Theoretiker der Sexualität die sexuelle Begierde als das Produkt eingeborener Triebe. Als ein Phänomen, das wenigstens zum Teil körperlich ist, gehört die Sexualität zum Bereich der Natur und des Natürlichen, wo sie von Wissenschaftlern und Medizinern studiert werden

---

[14] Wolfang Menzels Literatur-Blatt, Nr. 95, 19. September 1836, S. 380.
[15] Hössli, Eros II, S. 328.
[16] Ebd.

kann. Gleichzeitig aber wird diese körperliche, wissenschaftlich erkennbare Sexualität zum Kern der persönlichen Identität, zum Fokus und zum Ziel der individuellen Bildung.

David Halperin behauptet, dass die Begriffe Sexualität und Trieb Voraussetzungen für die «Erfindung der Homosexualität» sind.[17] Im deutschsprachigen Raum ist schon am Ende des 18. Jahrhunderts, bei Ramdohr zum Beispiel, vom «Geschlechtstrieb» die Rede. Ramdohr erklärt, dass die Existenz des Triebes die natürliche Unschuld der Sexualität beweise: «Triebe, welche auf der ursprünglichen Anlage und Bildung unsers Wesens beruhen, verdienen keinen Tadel, und ihr Streben nach Vereinigung kann nicht dem Zwecke der Befriedigung einer unreinen Lust zugeschrieben werden.»[18] Obwohl Ramdohr nicht immer die körperliche Befriedigung des Sexualtriebs zwischen Angehörigen desselben Geschlechts verteidigt, nimmt seine Aussage viele der Themen (zum Beispiel der Bedeutung der Natur und der Bildung) vorweg, die Hössli deutlicher ausführt.

Das Wort «Sexualität» kommt noch später als der Trieb. In der Tat schreibt Isabel Hull, dass man wegen des fehlenden Wortschatzes im deutschsprachigen Raum vor dem 19. Jahrhundert nicht über «Sexualität» sprechen darf.[19] Der Begriff der «Sexualität» fehlte nicht nur im deutschsprachigen Raum: Im Englischen, Französischen und Deutschen erscheint das Wort «Sexualität» erst am Ende des 18. Jahrhunderts, und zwar zuerst im Bereich der Pflanzenkunde. Da Carl von Linnés Arbeit intensiv die Geschlechtscharakteristika der Pflanzen behandelte, trugen linnéanische populärwissenschaftliche Abhandlungen Titel wie «A Dissertation on the Sexes of Plants» (London 1780) und «Systeme sexuel de végétaux» (Paris 1798). Diese Untersuchungen führten zur Entwicklung von Theorien der «Sexualität» der Pflanzen, wobei mit «Sexualität» die «Geschlechtlichkeit» im Sinne von Männlichkeit oder Weiblichkeit der Pflanzen gemeint war. 1820 veröffentlichte August Wilhelm Henschel das Werk «Von der Sexualität der Pflanzen», das Goethe im selben Jahr besprach. Dieser lehnte «das Dogma der Sexualität» ab.[20] Während Henschel und Goethe noch über Pflanzen

---

[17] David Halperin: One Hundred Years of Homosexuality, New York 1990, S. 26.
[18] Ramdohr (wie Anm. 6), S. 205.
[19] Isabel Hull: Sexuality, State, and Civil Society in Germany, 1700–1815, Ithaca 1996, S. 6.
[20] Johann Wolfgang von Goethe, Weimarer Ausgabe, Bd. II.6, S. 187.

schrieben, verwendete der Gynäkologe Joseph Hermann Schmidt 1835 das Wort in Bezug auf Menschen: «Der Begriff der Sexualität wird nicht mehr einseitig von den Geschlechtsorganen, sondern vom Gesammtorganismus hergeleitet. Das Weib ist vorherrschend Vegetation, der Mann vorherrschend Animalität.»[21] Auch bei Schmidt blieb «Sexualität» hauptsächlich ein Begriff, der die Zugehörigkeit im Gendersystem beschrieb, wie männlich oder weiblich ein Wesen war. In diesem Sinne verwendete Hössli das Wort auch, der Schmidt in seinem Buch «Eros» zitiert.[22]

Die Natur

Da Triebe und Sexualität beide sowohl mit dem Körper als auch mit dem Geist, sowohl mit dem Leib als auch mit der Seele zu tun haben, gehören sie zum Bereich der Natur. Hössli erklärt: «[…] die Männerliebe ist wahre Natur, Naturgesetz.»[23] Man erinnere sich hier daran, dass die gleichgeschlechtliche Liebe oft als «unnatürlich» oder sogar als «widernatürlich» bezeichnet worden ist.[24] Johann Valentin Müllers «Entwurf der gerichtlichen Arzneywissenschaft» (1796) bezeichnet zum Beispiel Geschlechtsverkehr zwischen Männern als «unnatürlich».[25] Deswegen war es Ramdohr und Hössli so wichtig, die Natürlichkeit der mannmännlichen Liebe zu beweisen. Ramdohr beschreibt eine Liebe zwischen zwei Männern, die sich «auf einer der berühmtesten Academien Deutschlands» trafen: «Der Jüngling liebte zuerst; das war in der Natur: er betete an, er ward gelitten, geführt, geleitet und endlich wieder geliebt: auch das war in der Natur.»[26] Hössli zeigt, wie viel er Jean-Jacques Rousseau schuldet, wenn er behauptet, dass «der eigentliche Sünder wider die Natur» derjenige ist, der kein Mitleid mit anderen hat, «der keine Thränen hat über seiner Brüder Elend und seiner Väter und seines Vaterlandes Unrecht und Missethaten – der nicht einsehen,

---

[21] Joseph Hermann Schmidt: Ueber die relative Stellung des Oertlichen zum Allgemeinen, in: Rusts Magazin für die gesammte Heilkunde 45, 2, 1835, S. 166.

[22] Hössli, Eros I, S. 301 f.

[23] Ebd., S. 251.

[24] Paul Derks: Die Schande der heiligen Päderastie. Homosexualität und Öffentlichkeit in der deutschen Literatur 1750–1850 (Homosexualität und Literatur 3), Berlin 1990, S. 145–147.

[25] Johann Valentin Müller: Entwurf der gerichtlichen Arzneywissenschaft nach juristischen und medizinischen Grundsätzen für Geistliche, Rechtsgelehrte und Aerzte, 3 Bände, Frankfurt am Main 1796, Bd. III, S. 131.

[26] Ramdohr (wie Anm. 6), Zweyter Theil, S. 104 f.

der nicht bereuen, und nicht bejammern kann, was er selbst, und andre mit und vor ihm, aus Unwissenheit und Stumpfsinn, an seinen Mitmenschen, in blindem Wahn verbrochen».[27] Diese Einsicht in die echte Natur sollte die Grundlage aller menschlichen Einrichtungen sein, beteuert er: «Die Natur muß überall ‹ja› sagen, wo wir erziehen, wo wir Gesetze geben oder erheben, wo wir irgend einen heilsamen Zweck der Menschheit erreichen wollen, sie muß ja sagen der Ehe und den Religionen, überall, wo ein Segen, ein Heil unseres Geschlechts sein soll.»[28] Im Hinblick auf die Legalisierung der Ehe zwischen Homosexuellen im 21. Jahrhundert ist es faszinierend, dass Hössli just die Ehe als eine Institution erwähnt, die wegen der Natürlichkeit der mannmännlichen Liebe neu konzipiert werden muss.

Da die griechische Liebe «natürlich» ist, indem sie in der «Natur» erscheint, betrachtet Hössli seine Arbeit als «Naturforschung».[29] Diese wissenschaftliche Einstellung zur Sexualität wird allerdings komplizierter, weil Hössli mit der «Natur» auch die menschliche Natur und sogar die Natur von spezifischen Individuen meint. Hössli behauptet, Leute *seien* ihre sexuelle Natur: «Der das andere Geschlecht liebende große und allgemeine Theil kann nicht die das andere Geschlecht nichtliebende Natur *sein*.»[30] Menschen sind durch ihre Sexualität definiert. (Der spätere Vorkämpfer für homosexuelle Rechte, Karl Maria Kertbeny, verwendet 1869 eine ähnliche Ausdrucksweise: «[…] dass der Homosexuale eine gebundene Natur ist.»)[31] Wenn Hössli schreibt, dass jemand eine sexuelle Natur hat statt ist, rechnet er die Aussage konsequent seinen intellektuellen Gegnern zu. Laut Hössli sind es die Kritiker der mannmännlichen Liebe, die behaupten, «der Männerliebende habe – seiner ursprünglichen, ersten Natur abgesagt».[32] Männer, die Frauen lieben, sagen: «Ich bin mit meiner Geschlechtsnatur (Liebe) geboren.»[33] Hössli impliziert, dass solche Leute ihre Sexualität als etwas Separates betrachten, mit dem sie geboren wurden, statt als eine Essenz, die identisch mit ihnen ist. Er fährt mit der Verschmelzung der universalen Natur mit der individuellen Natur

---

[27] Hössli, Eros I, S. 113.
[28] Ebd., S. 166.
[29] Hössli, Eros II, S. 348.
[30] Ebd., S. 5 (Hervorhebung R. D. T.).
[31] Anonymus, § 143 des Preussischen Strafgesetzbuches …, abgedruckt in: Manfred Herzer (Hg.): Karl Maria Kertbeny, Schriften zur Homosexualitätsforschung, Berlin 2000, S. 115.
[32] Hössli, Eros II, S. 227.
[33] Ebd., S. 200.

einer Person fort, wenn er seinen Gegnern das Argument gegen mannmännliche Liebe zuschreibt: «[…] das ist keine Natur und ist nicht deine
Natur.»[34] Sein Wortspiel deutet darauf hin, dass die Natur (die universelle
Ordnung der Welt) Platz für die einzelnen Naturen (Essenzen), sowohl für
männerliebende als auch für frauenliebende Männer, hat.

Als er am Ende des zweiten Bandes beginnt, seine Argumente zusam-
menzufassen, stellt Hössli selbstbewusst fest, dass die sexuelle Seite der
menschlichen Natur keineswegs das Produkt eines arbiträren Willens ist.
Das Rätsel der Sexualität besteht stattdessen aus «Fragen an die Individualität, an das Grundwesen, an die Urtiefen des Menschengemüths, an
seine innerste unwandelbare Natur und Wesenheit».[35] Hössli scheint hier
Foucault vorwegzunehmen, der annahm, dass die Sexualität in der modernen Gesellschaft eine «Wahrheit» darstelle. Laut Hössli bietet Platon
das perfekte Beispiel eines Menschen dar, dessen Sexualität seine kreative
intellektuelle Arbeit ganz durchdringt: Ohne seinen männlichen Eros «wäre
diese Geistfülle, diese Seelenherrlichkeit, diese Körperharmonie in Nacht
und Lastern versunken und hätte uns geboren von allem dem, was sie gebar,
das Gegentheil».[36] Hössli besteht darauf, dass Platons griechische Liebe
kein Zufall war, sondern ein wichtiger Bestandteil seiner Persönlichkeit,
die Verbindung zwischen seinem Leib und seiner Seele.

Die Unveränderbarkeit

Am Ende des ersten Bandes glaubt Hössli bewiesen zu haben, dass es «eine
männerliebende, rein menschliche, bestimmte, Männermenschennatur»
gibt.[37] Wenn er von einer «bestimmten» Menschennatur schreibt, will er
betonen, dass er von einer spezifischen Gruppe Männer redet, die diese
sexuelle Natur haben (oder «sind»). Er ist nicht der Meinung, dass – wie in
der biblischen Stadt Sodom – alle Männer fähig wären, wollüstige Begierden nach anderen Männern zu haben. Stattdessen meint er, dass nur eine
«bestimmte» Gruppe diesen Trieb besitze. Dieser Trieb ist unverwandelbar,

---

[34] Ebd.
[35] Ebd., S. 230.
[36] Hössli, Eros I, S. 192.
[37] Ebd., S. 267.

behauptet Hössli: «Der das andere Geschlecht liebende große und allgemeine Theil kann nicht die das andere Geschlecht nichtliebende Natur sein, und die ihr eigenes Geschlecht liebende kann nicht die ein anderes liebende sein.»[38] Die Folge seiner These der Unveränderbarkeit der sexuellen Natur wäre, dass es getrennte Kategorien von Menschen gab: Männer, die Männer lieben, sind kategorisch anders als Männer, die Frauen lieben. Hösslis Theorie lässt die Möglichkeit der analogen Kategorie von frauenliebenden Frauen zu, obwohl er selber nur über Männer schreibt.

Parodistisch mokiert sich Hössli über die Idee, dass ein Mann seine sexuelle Begierde ändern könnte, wenn er sarkastisch die Meinung seiner intellektuellen Gegenspieler wiedergibt, die postulieren, «der Männerliebende habe – seiner ursprünglichen, ersten Natur abgesagt, und jetzt glühe in dieser willkührlich angenommenen Liebe, in einer andern Natur als in seiner eigenen sein Antlitz, in dieser andern schmachte nun sein Gemüth nach Ergänzung, flamme sein Herz, schwimmen in Thränen seine Augen, woge sein Busen, strahle seine Seele».[39] Solche Leute meinten irrtümlich, dieser männliche Eros «sei nicht seine Natur, die habe er jetzt abgelegt, willkührlich vertauscht, seine eigentliche Natur schweige jetzt, auch wenn ihn diese andere, diese Nichtnatur in alles Verderben, ja zum Tode selbst führen sollte».[40] Hössli fährt fort, dass die Diskriminierung, die einem Mann bevorsteht, der einen andern Mann liebt, jeden davon abschrecken würde, die Liebe zu einer Frau gegen die Liebe zu einem Mann zu tauschen: «Ist es gedenkbar, daß in diesem Fall je ein Mensch, ein Mann seine ihm angeborene Liebe, in der er in Ehre, unter dem Schutz und der Anerkennung der Gesetze in dem ungestörten Genusse aller äußern und innern Menschenrechte, in der Achtung der Seinigen und der ganzen Menschengesellschaft, unter der Einsegnung einer herrschenden Religion, und einer von Niemand angetasteten öffentlichen Anerkennung sein Leben, sein Dasein, seine ganze allseitige Menschenbestimmung geniessen, sein Lebensglück begründen, und so als Mann, als Mensch, als Gatte, als Bürger handeln, wirken, leben und sein Dasein geniessen könnte, gegen eine verrufene, verbotene, entehrende, geächtete, überall verfolgte, überall verdammte Natur umtauschen

---

[38] Hössli, Eros II, S. 5 f.
[39] Ebd., S. 227.
[40] Ebd.

[könnte]?»[41] Der Satz ist schier endlos, aber das Hauptargument wird noch heute in schwul-lesbischen Bürger- und Menschenrechtsorganisationen verwendet – dass heterosexuelle Beziehungen derart hohe Achtung in der Gesellschaft geniessen, dass es undenkbar ist, dass die Liebe zwischen einem Mann und einem Mann einfach ein willkürlicher Spass sein könnte.

Obwohl kein Rechtsgelehrter, verlässt sich Hössli auf einen liberalen Wortschatz im Kontext von Menschenrechten, Ehre, Gesetz, Respekt, Religion und Öffentlichkeit. Er erwartet «Schutz» und «Anerkennung» vom Gesetz. Seine Forderung, dass ein männerliebender Mann «in der Achtung der Seinigen und der ganzen Menschengesellschaft» leben soll, weist auf seine Hoffnung hin, dass die gleichgeschlechtliche Liebe offen ausgelebt werden könne. Es ist bemerkenswert, dass er annimmt, dass auch die Religion die Rechtsansprüche dieser männerliebenden Männer unterstützen sollte. Besonders interessant ist es, dass Hössli beansprucht, dass solche Männer «als Gatte, als Bürger» leben sollten, als ob er schon meinte, dass das Recht auf die Ehe ein wichtiger Teil der Bürgerrechte sei.

Gewissermassen baut Hössli auf die Verherrlichung der Liebe, die schon in der bürgerlichen Literatur des 18. Jahrhunderts stattgefunden hat. Er wiederholt, dass die Liebe im Allgemeinen – ob von einer Frau oder von einem Mann, ob für einen Mann oder für eine Frau – «nicht der Willkühr der Menschen frei gegeben, sondern vielmehr ein bestimmt gegebener Hauptbestandtheil der reinsten, tiefsten und vollständigsten Individualität, gleich wie des Gesammt-Menschengeschlechts selbst sei».[42] Das romantische Argument von der Bedeutung der sexuellen Liebe für die menschliche Identität beflügelt Hössli, wenn er erklärt, warum er diese Gefühle zwischen Männern «Geschlechtsliebe» nennt: «[…] und zwar darum Geschlechtsliebe (wir reden hier nicht vom bloßen Geschlechtstrieb) weil sie ein männliches Wesen, eben seines Geschlechts wegen, und kein weibliches, gerade wieder dessen Geschlechts wegen – unwillkührlich wünscht, sucht, bedarf – denn was uns im Geschlechtsleben einzig anspricht, ergreift, aufregt, hinreißt, anzieht, in Besitz nimmt, ergänzt, vollendet, das sagt, welche Liebe in uns ist.»[43] Sein Zeitalter hat schon den Vorrang der Liebe und der Gefühle

---

[41] Ebd., S. 228.
[42] Ebd., S. 310.
[43] Ebd., S. 348.

erklärt. Hössli präzisiert die Begriffe, um die Bedeutung der körperlichen Sexualität zu betonen. Wenn er davon schreibt, «welche Liebe in uns ist», beginnt er einen Diskurs von spezifischen sexuellen Identitätskategorien.

Die Bildung

Laut Hössli ist die Begierde «natürlich», weil sie angeboren ist: «Im Saamen, im Keim, im Embrio ist der ganze Mensch.»[44] Er fügt hinzu: «[...] wir können nichts in solchen hineinbringen, nur sich entwickeln lassen das in ihm Verschlossene, und wenn schon viel, das in ihm ist, zur Verkrüpplung nöthigen, ersticken und nicht aufleben lassen, es doch nicht tilgen.»[45] Die sexuelle Natur ist eingeboren, und die Gesellschaft hat nur zu entscheiden, ob sie sie unterdrücken wird oder nicht. Die Idee, dass das Wesen eines Organismus seinem Embryo, Keim oder Kern entspringt, war ein wichtiger Bestandteil des deutschen romantischen Gedankengutes über Bildung. Johann Friedrich Blumenbach schreibt viel von «Keimen» in seinem einflussreichen Aufsatz «Über den Bildungstrieb». Blumenbach behauptet, «daß in allen belebten Geschöpfen vom Menschen bis zur Made und von der Ceder zum Schimmel herab ein besondrer eingebohrner, lebenslang thätiger würksamer Trieb liegt».[46]

Ramdohr verlässt sich explizit auf Blumenbachs Bildungsbegriff, um die Sexualität zu beschreiben: «Der unnennbare Trieb ist die Anlage zum unnennbaren Genusse; – zu jenem Zustande einer überschwenglich wollüstigen Wirksamkeit der Bildungskraft unserer vegetabilischen Organisation.»[47] Die «vegetabilische» Natur der Sexualität ist wohl mit dem Ursprung des Begriffs der Sexualität aus der botanischen Welt zu erklären. Ramdohr betont die Verbindung von Sexualität und Bildung, wenn er behauptet: «[...] so fühlen wir besonders während des unnennbaren Triebes jene Bildungskraft wirkend, die wir mit allen organischen Wesen ohne Unterschied, folglich

---

[44] Ebd., S. 201.

[45] Ebd., S. 201 f.

[46] Johann Friedrich Blumenbach: Über den Bildungstrieb (Nisus formativus) und seinen Einfluss auf die Generation und Reproduktion, in: Göttingisches Magazin der Wissenschaften und Litteratur 1, 5, 1780, S. 249.

[47] Ramdohr (wie Anm. 6), Erster Theil, S. 153. Ramdohr bezieht sich auf Paragraf 37 in Blumenbachs Abhandlung über den Bildungstrieb.

auch mit den Pflanzen, gemein haben.»[48] Ramdohr findet, dass Bildung, Pflanzen und Sexualität alle zusammengehören.

Herder und Goethe haben bekanntlich Blumenbachs Bildung psychologisch und kulturell umgedeutet. Der Bildungstrieb war nicht nur der Trieb, der einen Keim dazu zwingt, eine spezifische Pflanze zu werden, sondern auch der Trieb, der einen Maler oder Dichter steuert, sich künstlerisch zu entfalten. Am Anfang des 19. Jahrhunderts hat Karl von Morgenstern das Prinzip in Goethes Romanen erkannt und deshalb den Begriff des Bildungsromans geprägt. Im Botanischen und Naturhistorischen wurzelnd, wurde Bildung etwas Psychologisches, Kulturelles, Gesellschaftliches und Ästhetisches. Hössli akzeptiert die Ideologie der Bildung von Grund auf. Wie Hans Krah beobachtet, taucht das klassische Bildungsideal wiederholt bei Hössli auf: Ein Individuum wird mit einer bestimmten Identität und mit bestimmten sexuellen Begierden geboren, und seine Aufgabe besteht darin, sich selbst zu entdecken, seine besondere Persönlichkeit zu entfalten und dadurch ein produktives Mitglied der Gesellschaft zu werden.[49] Mit einfacher Eleganz drückt sich Hössli so aus: «Vollkommenheit eines einzelnen Menschen ist, daß er im Continuum seiner Existenz Er selbst sei und werde.»[50]

Weibliche Seele, Juden und Hexen

An verschiedenen Stellen wird die eingeborene natürliche Sexualität, die Hössli bei männerliebenden Männern findet, durch eine Geschlechtsumkehrung erklärt und vorsichtig mit einer jüdischen Identität verglichen. Obwohl diese Erklärungen und Vergleiche keineswegs die Hauptargumente Hösslis sind, verdienen sie Aufmerksamkeit, weil sie später so wichtig für das Verständnis von Homosexualität werden. Die Vergleiche sowohl mit Frauen als auch mit Juden entstammen dem wissenschaftlichen, emanzipatorischen Gedankengut des frühen 19. Jahrhunderts.

---

[48] Ebd.

[49] Hans Krah: Freundschaft oder Männerliebe?, in: Forum Vormärz Forschung, Jahrbuch 5, 1999 («Emancipation des Fleisches». Erotik und Sexualität im Vormärz), S. 185–221, Zitat S. 186.

[50] Hössli, Eros I, S. 79.

Hössli zitiert zweimal eine Passage, die den Vergleich zwischen männerliebenden Männern und Juden und Frauen herstellt: das erste Mal im Frontispiz des ersten Bandes und ein zweites Mal im Text selbst. Die Quelle ist noch einmal Menzels «Literatur-Blatt». Am 4. Juni 1834 schreibt Menzel in einer Besprechung: «Die rabinische Seelenlehre hat einen eigenthümlichen Zug. — — Sie erklärt nämlich die Widersprüche im Charakter der Geschlechter und die oft seltsamen Sympathien und Antipathien derselben aus der Seelenwanderung dergestalt, daß weibliche Seelen in männlichen Körpern mit Weibern, männliche Seelen in weiblichen Körpern mit Männern sich abstossen, als gleichnamige Pole; umgekehrt aber trotz des gleichen körperlichen Geschlechts sich wegen des verschiedenen Geschlechts der Seelen anziehen.»[51] Menzel hat noch mehr Schwierigkeiten als Hössli, diese Themen zu artikulieren, aber seine These wird im 19. Jahrhundert und noch darüber hinaus populär: Eine Frau mit einer männlichen Seele wird von Frauen angezogen, während ein Mann mit einer weiblichen Seele Männer begehren wird.

Hössli selber reagiert halbherzig auf Menzels Argument. Er bemerkt zum Beispiel, dass «der kräftige König Friedrich I. von Württemberg nicht das, was wir unter einer weiblichen Seele zu verstehen pflegen», war, obwohl er anscheinend ein sexuelles Interesse an Männern hatte.[52] In der Tat beschwert sich Karl Heinrich Ulrichs über Hösslis Vernachlässigung der Geschlechtsumkehrung als eine Erklärung für die gleichgeschlechtliche Begierde.[53] Wie Yvonne Ivory beobachtet, wurde vor den dreissiger Jahren des 19. Jahrhunderts die Männlichkeit von Sodomiten in deutschen juristischen und medizinischen Diskursen nur selten in Frage gestellt.[54] Obwohl Hössli selber nie die These vertritt, dass der männliche Eros eine weibliche Charakteristik sei, bleibt sein wiederholtes Zitat von Menzel eine wichtige und frühe Artikulation der Theorie der Gender-Inversion als Erklärung für die gleichgeschlechtliche Liebe.

---

[51] Ebd., S. 295 und Frontispiz.

[52] Hössli, Eros I, S. 296. Mehr zu Friedrich I. findet man bei Bernd-Ulrich Hergemöller: Mann für Mann. Biographisches Lexikon zur Geschichte von Freundesliebe und mannmännlicher Sexualität im deutschen Sprachraum, 2 Bände, Berlin 2010, Bd. I, S. 359 f.

[53] Hubert Kennedy: Ulrichs. The Life and Works of Karl Heinrich Ulrichs. Pioneer of the Modern Gay Movement, Boston 1988, S. 101.

[54] Yvonne Ivory: The Urning and His Own. Individualism and the Fin-de-Siècle Invert, in: German Studies Review 26, 2, May 2003, S. 341.

Geschlechtsumkehrung als Erklärung für die mannmännliche Liebe lässt auf die Realität von weiblicher Begierde schliessen. Wenn ein Mann, der andere Männer sexuell attraktiv findet, wirklich eine weibliche Seele in seinem männlichen Körper hat, dann muss man die Möglichkeit der weiblichen Begierde für Männer zugeben. Wie Robert Richards' Abhandlung über die romantische Naturwissenschaft deutlich macht, glaubten viele der Männer, die eine organische Naturwissenschaft befürworteten, an eine freiere Vorstellung der Liebe, in der es auch Platz für eine starke Äusserung der weiblichen Sexualität gab.[55] Neben romantischen Schriftstellern wie Wilhelm und Friedrich Schlegel, Friedrich Schleiermacher und Friedrich Schelling arbeiteten so brillante und offen sexuell aktive Frauen wie Caroline Böhmer Schlegel Schelling, geborene Michaelis, Dorothea Veit Schlegel, geborene Mendelssohn und Rahel Varnhagen von Ense, geborene Levin.

Menzels «Literatur-Blatt» war voll von Debatten über die sexuelle Freiheit von Männern und Frauen, besonders in den Ausgaben der Jahre 1835 und 1836, die Hössli im «Eros» zitiert. Oft drehten sich diese Debatten um Karl Gutzkow und seine skandalöse Darstellung einer sexuell emanzipierten jüdischen Frau in «Wally, die Zweiflerin». Gutzkows «Wally» bezieht sich auf Friedrich Schlegels «Lucinde», die ebenfalls weibliche Begierde zelebrierte. Er lobte Schlegels Arbeit als ein Manifest der «Emanzipation des Fleisches». Gutzkow und andere Vertreter des Jungen Deutschlands verkündeten die Emanzipation des Fleisches, insbesondere die Entfesselung weiblicher Begierde, zur gleichen Zeit als Hössli für die Rechte der männerliebenden Männer argumentierte, die er manchmal als frauenähnlich darstellt. Es ist wahrscheinlich, dass diese romantischen Debatten Hösslis Weltanschauung färbten.[56]

In Gutzkows «Wally» ist es gerade eine jüdische Frau, die diese neue, freiere Sexualität ausleben kann: Delphine, welche Wally bewundert, denn «sie würde jeden lieben, der sie liebt».[57] Liliane Weissberg schreibt über

---

[55] Robert J. Richards: The Romantic Conception of Life. Science and Philosophy in the Age of Goethe, Chicago 2002.

[56] Mehr zu Schlegel, Gutzkow und Hössli findet man bei Robert Tobin: The Emancipation of the Flesh: The Legacy of Romanticism in the Homosexual Rights Movement, in: Romanticism on the Net 36/37, November 2004.

[57] Karl Gutzkow: Wally, die Zweiflerin, Mannheim 1835, S. 208.

die besonderen Möglichkeiten, die jüdische Frauen in den Salons hatten, christliche Konventionen zu umgehen.

Hössli vergleicht seine männerliebenden Männer nicht nur mit Frauen, sondern auch mit Juden. Er berichtet fokussiert und detailliert über die Verfolgung der Juden. Tief bewegt beschreibt er die Gräueltaten: die Verbrennung zahlloser Juden in Basel, Freiburg, Bern, Zürich, Konstanz, Strassburg und Mainz, die verzweifelte Selbstverbrennung von Juden in Speyer und Esslingen, die Tortur von Juden in Genf. Hössli schliesst: «[…] und solches alles geschah in der Schweiz, in ganz Deutschland, Italien, Spanien, Frankreich, im Jahre des Heils 1349, durch und vor den Augen der europäischen Christenheit.»[58] Die mittelalterliche Judenverfolgung entflammt Hösslis liberale Empörung über religiös motivierte Vorurteile im Gesetz und in der Kultur.

In seiner Abhandlung «Über die bürgerliche Verbesserung der Juden» (1781) behauptete Christian von Dohm, dass jüdische Kultur und Gesellschaft wegen der politischen und juristischen Misshandlung in einem Zustand des Verfalls seien. Hössli argumentiert ähnlich in Bezug auf männerliebende Männer. Er war nicht der Einzige, der ihre Lage beklagte. Schon 1810 schrieb Karl von Woltmann in seiner Biografie von Johannes von Müller: «Geächtet von den Gesetzen unter Androhung der schwersten Strafen, in die Unmöglichkeit versetzt, irgend etwas Gutes hervorzubringen, so verachtet und verdammt, daß es selten die Schönheit annagen kann, sondern sich an dem gemeinen verworfnen Fleisch vergnügen muß, schleicht jenes Laster bei uns scheu umher mit seiner unfruchtbaren Hitze, in engen, abgelegenen Gassen, düstern Schlupfwinkeln, und wo in hellerer Umgebung, doch unter dem Gesindel der bürgerlichen Gesellschaft.»[59] Ähnlich beschreibt Zschokke das erschreckende Los der Männer, die Männer lieben: «Schaudernd muß jetzt der Mann, der Jüngling die Wirkung jenes Seelentriebes in sich empfinden. So sehr ist seine Gedankenwelt durch den Wahn der Welt verschroben, daß er sich selbst für wahnsinnig und unnatürlich halten muß und wirklich dafür hält, wenn ihn eine unwillkührliche, unwiderstehliche, leidenschaftliche Zuneigung für einen Mann ergreift.»[60]

---

[58] Hössli, Eros I, S. 60.
[59] Zitiert nach Derks (wie Anm. 24), S. 352.
[60] Zschokke (wie Anm. 2), S. 164.

Hössli argumentiert ähnlich, wenn er sagt, dass die gesellschaftliche Unterdrückung der mannmännlichen Liebe diese verkommen lasse. Wegen seiner Liebe zu Männern wäre Platon in der modernen Gesellschaft «untergegangen in Unthaten, innerm Streit und Elend und Zerrüttung, und hätte geendet am Karren, im Kerker, am – Galgen vielleicht».[61] Unter den Griechen gedieh die mannmännliche Liebe, aber nun war die Lage anders: «Sie schleicht als Laster unter den Lasten einer allgemeinen Verdammung, zerstöret und zerstörend, segen- und kraft- und thatenlos, voll Schuld und Qualen, außer aller Menschenwürde und Idee, meist in abstoßenden, nicht Griechengestalten, einen ganz eignen Kreis der Verdorbenheit, der Laster, der Sünden, der Verderben, deren Ursprung wir nicht suchen, bildend.»[62] Er fährt melodramatisch fort: «[…] sie durchrinnet als eine eigne vergiftete, reiche Quelle der Entwürdigung und des Elends, als Irridee ein ganzes Reich des Guten und Menschlichen verschlingend, alle Kreise unsers häuslichen und öffentlichen Lebens, nachtet als schreckliches Räthsel, verwahrlost, in sich selbst zerrüttet und versunken über tausend schuldlosen Familien, heulet ausgestoßen in tausend Gefängnissen unseres Welttheils, sich selbst und der Stunde ihrer Geburt fluchend, in Nacht und Finsterniß gehüllet, ein täglich sich erneuendes-, selbstverzehrendes- und unaufhörlich widersprechendes Ungeheuer […].»[63] Sie liefere «Kerkermeistern und Henkern Arbeit und Brod» und verursache «uns unerklärliche Selbstmorde».[64] Also, schliesst Hössli bitter sarkastisch, «wehet uns unsere Siegespalme, unsere Seelenkunde über Griechenlands alter, ärmlicher Menschenkunst und Menschenwissenschaft».[65] Obwohl Hössli glaubt, dass die angeborene Sexualität nicht zu eliminieren ist, kann sie durch Unterdrückung und Verfolgung neue, schreckliche Formen annehmen.

Trotz dieser Sorgen hoffte Hössli auf eine bessere Zukunft, zum Teil weil er das allmähliche Verschwinden der Hexenjagden gesehen hatte. Zu Hösslis Zeiten war eine «Hexenjagd» nicht nur die metaphorische Beschreibung einer ungerechten Verfolgung, sondern eine allzu wirkliche Realität. Die Ungerechtigkeit der Hexenjagden war aufgeklärten Denkern besonders deutlich. «Eros» beginnt nicht mit einer Besprechung von gleichgeschlecht-

---

[61] Hössli, Eros I, S. 192.
[62] Hössli, Eros II, S. 238.
[63] Ebd., S. 238 f.
[64] Ebd., S. 239.
[65] Ebd.

licher Liebe, sondern mit einer von Hexenjagden. Es gibt in Hösslis Schrift so viel Material zu diesem Thema, dass bei der Neugestaltung und Neuveröffentlichung des Werkes 1892 einer der beiden Bände hauptsächlich Hexen gewidmet war. Hexen waren für Hössli wohl deshalb besonders bedeutend, weil zwei Jahre vor seiner Geburt eine Frau, die in seinem Geburtshaus gewohnt hatte, wegen Zauberkraft hingerichtet worden war.[66] Hössli zitiert ihre Todesurkunde vom 21. Juli 1782.[67] Es handelt sich um Anna Göldin, bekannt als die letzte Frau, die in Europa als Hexe hingerichtet wurde.[68]

Hössli erinnert seine Leser aber auch an die Verbrennung hysterischer Nonnen in Würzburg im Jahre 1749 und in Westpreussen im Jahre 1779.[69] Er betont die Widersprüche zwischen der Aufklärung und der Hinrichtung von Leuten, denen der Versuch, das Wetter durch Zauberkraft zu ändern, vorgeworfen wurde: «In Schwaben, im Städtchen Buchloe, ist noch anno 1766 ein Mensch von Menschen, als Wettermacher zum Tod verurtheilet und wirklich hingerichtet worden; in eben diesem Jahrhundert sind noch Hexen verbrannt und enthauptet worden – und eben dieses Jahrhundert hat sich selbst das aufgeklärte, das philosophische Jahrhundert geheißen.»[70] Bitter beklagt Hössli, dass viele seiner Zeitgenossen «noch einmal eine so schöne Zeit der Hexen und der Scheiterhaufen» sehen wollten.[71]

In der Hoffnung, einen positiven Eindruck auf aufgeklärte Leser zu machen, beginnt Hössli seine Besprechung der griechischen Liebe mit einer ausführlichen Beschreibung der Hexenjagden, ohne explizit die Verbindung zwischen Hexerei und griechischer Liebe zu erklären. Er beginnt mit Anspielungen auf die Hexenjagden und Hexenprozesse und macht mit blutigen Geschichten aus dem Mittelalter klar, wie weit der religiöse Extremismus gehen kann. Als er sich später der gleichgeschlechtlichen Liebe

---

[66] Siehe die Auszüge aus Karsch in diesem Buch, S. 11.

[67] Hössli, Eros I, S. 62.

[68] Es gibt viele künstlerische Werke, die ihr gewidmet sind: Kaspar Freulers Roman «Anna Göldi. Die Geschichte der letzten Hexe» (Bern 1947), Eveline Haslers Roman «Anna Göldin, Letzte Hexe» (Zürich 1982), die Oper «Anna Göldi. Stationen eines verpfuschten Lebens» (1991) von Kaspar Freuler und Martin Derungs und Gertrud Pinkus' Film «Anna Göldin – Letzte Hexe» (1991). Eine wissenschaftliche Studie bietet Walter Hauser: Der Justizmord an Anna Göldi. Neue Recherchen zum letzten Hexenprozess in Europa, Zürich 2007.

[69] Hössli, Eros I, S. 54.

[70] Ebd., S. 14.

[71] Ebd.

zuwendet, bezieht er sich immer noch auf die Hexerei, um zu zeigen, dass der Aberglaube den Menschen und der Gesellschaft schaden kann.[72] Hössli spielt auf die sexuelle Untermauerung der Hexenverfolgung an, wenn er die Bulle von Papst Innozenz VIII. vom 15. Dezember 1484 «gegen fleischliche Vermischung mit dem Teufel» erwähnt.[73] Im Allgemeinen versteht Hössli den Vergleich zwischen der Verfolgung von Hexen und der Verfolgung von männerliebenden Männern als hilfreiche Brücke, um seine Polemik gegen Aberglauben und altmodische religiöse Vorurteile zusammenzustellen. Die Hexenverfolgung war für Hössli ein beeindruckendes und noch lebendiges Symbol der religiös inspirierten Verfolgung von unschuldigen Menschen und demnach mit der Verfolgung von männerliebenden Männern vergleichbar. Das allmähliche Verschwinden der Hexenjagden im 18. Jahrhundert liess Hössli hoffen, dass die Gesellschaft auch die griechische Liebe eines Tages mit mehr Achtung behandeln würde.

Weit entfernt davon, eine irrelevante historische Kuriosität zu sein, weil er so eigenartig früh in den 1830er Jahren die mannmännliche Liebe verteidigte, ist Hösslis «Eros» fest in die Kultur seiner Zeit eingebettet. Hössli arbeitete mit führenden zeitgenössischen liberalen Autoren wie Heinrich Zschokke zusammen, studierte neueste wissenschaftliche Arbeiten über die Sexualität und verfolgte Debatten über die Emanzipation des Fleisches in Menzels «Literatur-Blatt». Dank seinen Forschungen standen ihm bestimmte Begriffe zur Verfügung, die er verwenden konnte, um die mannmännliche Liebe neu zu beschreiben. Er musste sich nicht mehr auf die «Freundschaft» verlassen, um die sexuelle Anziehung zwischen Männern zu beschreiben. Stattdessen hat er die Sexualität als treibende Kraft an der Grenze zwischen Leib und Seele, als eingeborenen und unveränderlichen Teil der persönlichen Identität beschrieben. Nach Menzel konnte er vorläufig vorschlagen, dass männerliebende Männer weibliche Seelen hatten, und implizite Vergleiche zwischen solchen Männern und Juden machen. Diese Analogien verbinden ihn mit den liberalen, fortschrittlichen Bewegungen seiner Zeit, die nach der Emanzipation von Frauen und Juden riefen. Das langsame Verschwinden der Hexenverfolgungen bot ihm ein Beispiel der gesellschaftlichen Veränderung an, die er auch im Bereich der griechischen Liebe sehen wollte. Hössli hätte seine Abhandlung nicht schreiben können,

---

[72] Hössli, Eros II, S. 259.
[73] Hössli, Eros I, S. 11.

148

wenn seine Kultur solche Themen nicht ausführlich besprochen hätte, wie die sexuellen Grenzen der Freundschaft, die Einheit von Leib und Seele, die Sexualität und die Emanzipation der Frauen und der Juden. Seine grosse Leistung besteht jedoch darin, dass er die intellektuellen Gegebenheiten seines Zeitalters neu organisierte, um eine der ersten ausführlichen Darstellungen einer Sexualität anzubieten, die eingeboren, natürlich, unveränderlich, universal und zeitlos war und die daher gesellschaftlich und gesetzlich nicht mehr verfolgt werden sollte.

Marita Keilson-Lauritz

Hösslis «Stimmen und Zeugen»
und der Homo-Kanon

Im zweiten Band seines auch sonst in vieler Hinsicht erstaunlichen Buches über die «Männerliebe der Griechen»[1] versammelt Hössli auf den Seiten 53 bis 150 ein Konvolut von Texten, die offenbar als Beispiele jener «Stimmen und Zeugen» gemeint sind, die Hössli schon im ersten Band und im Vorwort des zweiten Bandes ankündigt und auf die er im Laufe seiner Argumentation immer wieder zurückkommt – so oft, dass er dafür auch das Kürzel «St. u. Z.» benutzt.[2] Ich versuche im Folgenden eine Einordnung dieses Textkorpus und der ihm zugrunde liegenden Argumentation in einen Kanon der modernen Schwulenbewegung.

Meine erste Begegnung mit dem Phänomen eines schwulen Kanons verdankt sich den Amsterdamer Seminaren des amerikanischen Literatur- und Übersetzungswissenschaftlers James S. Holmes (1924–1986), in denen die homoerotische literarische Tradition bei einzelnen Autoren, aber auch die Zusammenstellung der Texte in schwulen Anthologien untersucht wurden. Da zeigte sich, dass es eine Reihe regelmässig wiederkehrender Texte gab, die wir heuristisch als Homo-Kanon bezeichneten: Texte von Platon, die Idyllen Theokrits, die zweite Ekloge von Vergil, die Sonette von Shakespeare und Michelangelo. Platen, Whitman, Wilde kommen später dazu, Thomas Manns «Tod in Venedig», Stefan George und eine Reihe neuerer Autoren.

In der Kunstgeschichte wird mit «Kanon» meist eine Auswahl von Werken gemeint, die als Referenzrahmen für die qualitative Beurteilung von Kunst dienen kann. Ein literarischer Kanon auf übernationalem Niveau wäre etwa das, was man, Goethe folgend, mit dem Etikett «Weltliteratur» versehen

---

[1] Inzwischen, um einen Materialienband ergänzt, greifbar als Reprint, Berlin 1996.
[2] Vgl. dazu das Register von Wolfram Setz im Reprint, Bd. II, S. 369.

würde, Standardwerke sozusagen.[3] Ein nationaler literarischer Kanon dient dagegen eher nationaler Selbstvergewisserung. Ein «schwuler Kanon» wäre, in Parallele zu einem solchen nationalen Kanon, ein Korpus von Texten, die der schwulen Identitätsbildung dienlich sind oder doch zu Zeiten dienlich gewesen sind. Die wichtigsten schwulen literarischen Texte auch, auf die man zurückgreifen kann, wenn man sich verständigen will: was man in Magnus Hirschfelds «Jahrbuch» und in Adolf Brands Zeitschrift «Der Eigene» – und möglicherweise auch im «Kreis» (das habe ich nicht hinreichend überprüft) – stolz «unsere Literatur» nannte. Texte also, die geeignet sind/waren, die eigene Identität zu stützen und nach aussen zu verteidigen. Einen Kernbestand schwuler Literatur könnte man es auch nennen.

Dieser Homo-Kanon konstituiert sich in dieser Bedeutung nicht etwa aufgrund einer qualitativen oder sonstigen Entscheidung, sondern aufgrund des Rezeptionsverhaltens der Schwulenbewegung. Nicht ich oder wer auch immer rechnet einen Text dem Homo-Kanon zu, sondern beobachtet wird das Zuordnungsverhalten der schwulen Leser beziehungsweise der diversen Anthologisten. Als schwulen Kanon würde ich in diesem Sinne also das Korpus derjenigen Autoren und Texte bezeichnen, die über die Jahrhunderte – und seit Hössli sind das inzwischen beinahe zwei – immer wieder in solchen Zusammenstellungen auftauchen.

Der schwule literarische Kanon, wie ich ihn in den Zeitschriften und anderen Publikationen der frühen Schwulenbewegung in Deutschland gefunden zu haben glaube, besteht aus denjenigen Autoren beziehungsweise (zumeist) spezifischen Texten dieser Autoren, die besonders häufig als «unsere Literatur» erwähnt oder diskutiert werden.[4] Es fiel mir schon damals auf, dass eine Reihe dieser Autoren bereits unter jenen «Stimmen und Zeugen» zu finden sind, die Hössli im zweiten, 1838 erschienenen Band seines «Eros»

---

[3] Zur Kanonbildung und ihrer Geschichte vgl. Jan Gorak: The Making of the Modern Canon. Genesis and Crisis of a Literary Idea, London, Atlantic Highlands (NJ) 1991.

[4] Marita Keilson-Lauritz: Die Geschichte der eigenen Geschichte. Literatur und Literaturkritik in den Anfängen der Schwulenbewegung am Beispiel des «Jahrbuchs für sexuelle Zwischenstufen» und der Zeitschrift «Der Eigene», Berlin 1997, namentlich das Kapitel III: The Making of the Gay Canon; speziell die Übersicht über die historische Entwicklung des Homo-Kanons (S. 277) sowie über die Häufigkeit der Erwähnungen im «Jahrbuch» und im «Eigenen» (S. 290).

auf ziemlich genau hundert Seiten zusammengetragen und zum Zwecke der Emanzipation der Männerliebe eingesetzt hatte.

Abgesehen von Stratons «Musa Puerilis»,[5] der man wohl keine emanzipativen Motive unterstellen kann, ist Heinrich Hössli, soweit ich sehe, der erste, der literarische Texte zu einem Korpus zusammenfügt, um die Argumente der Emanzipation der Männerliebe zu unterstützen.

Welche Texte, welche Autoren ruft er als «Stimmen und Zeugen» auf? In der Tabelle auf den Seiten 154–157 finden sich der Übersichtlichkeit halber die Zeugnisse, wie sie Hössli, durchnummeriert von 1 bis 42, auf den Seiten 53 bis 150 vorführt.

Sieht man sich diese Zusammenstellung genauer an, so fällt vor allem auf, in welchem Masse dabei auf antike und aussereuropäische Autoren und Texte zurückgegriffen wird. Es fehlen die Sodomiter des Mittelalters und die Stimmen der Renaissance (Michelangelo und Shakespeare, um die nachmals zu Kernstücken des Kanons erhobenen wenigstens zu nennen). Es fehlen hier auch die Stimmen der Neuzeit.

Heute, wo auf dem Feld der Emanzipation sozusagen alles (oder doch eine Menge) erreicht scheint, kann «schwule Geschichte» als eine Geschichte der Emanzipation erzählt werden (und das ist, wie mir scheint, beispielsweise der Ansatz des Textes, der die Grundlage der Website www.schwulengeschichte.ch bildet); als eine Success-Story sozusagen. In den Anfängen der Schwulenbewegung, also in den ersten drei Jahrzehnten des 20. Jahrhunderts, und ganz gewiss bei den Vorläufern wie Hössli galt es zunächst eine Geschichte des Verlustes von Freiheiten und Möglichkeiten zu erzählen, sozusagen im Rückblick auf eine goldene Vergangenheit.

Knapp zwei Drittel von Hösslis Textbeispielen entstammen der griechischen und zu einem kleineren Teil der römischen Antike. Bemerkenswert ist, dass das letzte, reichliche Drittel aus dem Orient kommt, übrigens historisch aus einer viel späteren Zeit, nämlich dem 13. bis 16. Jahrhundert.

---

[5] Vgl. Das Hohelied der Knabenliebe. Erotische Gedichte aus der Griechischen Anthologie. In der Übersetzung von Hermann Beckby hg. von Wolfram Setz, Berlin 1987. Dort auch über den Zusammenhang mit dem oft als «Musa paidika» betitelten zwölften Buch der Griechischen Anthologie.

Hösslis Stimmen und Zeugen in Band II des «Eros»

Nr.	Seite	Titel, Quellenangabe bei Hössli	Verifizierte Quellenangabe	Tendenz, Argumentation, Besonderheiten
1	53–55	Bejli Hassan. Aus des Aschik Hassan Tschelebi Biographie	nach Schmidtke aus Latifi/Schubert, S. 105–109	allgemeines Vorkommen, Totenklage
2	55 f.	Flavius Philostratus der ältere		allgemeines Vorkommen
3	56 f.	Des Persischen Dichter Sadi 5 Blumen	möglicherweise aus Ramdohr (vgl. Nr. 26)	allgemeines Vorkommen, (Toten-?)Klage, Schönheit
4	58	Horaz in seinem Brief an Collius und seine neunte Ode an den Valgius		Gefahr, Klage
5	59–61	Hiero, Simonides und Xenophon		Sex und Liebe
6	61–64	Griechische Anthologie. Aus Tafels Polyhymnia	aus Polyhymnia. Versuch einer Uebersetzung auserlesener Epigramma der griechischen Blumenlese. Von G. L. F. Tafel, Zürich: Orell, Füßli und Comp., 1808	Sehnsucht, Klage, Eifersucht, «man muss sie lieben», Gefahr
7	71–73	Agesilaus und Xenophon		Sieg über Begierden
8	66–71	Zeugniß der männlichen Liebe aus Persien. Sechs Dichtungen, verdeutscht durch Herrn Hofrath v. Hammer	nach Schmidtke aus Hammer: Der Diwan von Mohammed Schemsed-din Hafis, 2 Theile, Stuttgart 1812/13	Eifersucht, Liebe = Schönheit des Geliebten, Lobgesang/Hingabe
9	71–73	Xenophon und Sokrates		Gefahr; S. 71 merkt Hössli an, die Warnung vor Gefahr bestätige gerade das «Vorhandensein in der menschlichen Natur»
10	74	Appollodor	aus Apollodor's Mythologische Bibliothek, übersetzt von Christian Gottlob Moser, Stuttgart: Metzler, 1828, S. 132	allgemeines Vorkommen
11	74 f.	Valerius Maximus und Ephialtes	vermutlich aus Valerius Maximus: Sammlung merkwürdiger Reden und Thaten, 5 Bände, Stuttgart 1828/29	allgemeines Vorkommen

Nr.	Seite	Titel, Quellenangabe bei Hössli	Verifizierte Quellenangabe	Tendenz, Argumentation, Besonderheiten
12	75–78	Mohamed Ferdi. Aus dem Türkischen übersetzt von Thomas Schabert	nach Schmidtke aus Latifi/Schubert, S. 254–261	Gefahr
13	78	Aristoteles. In dessen Politik		allgemeines Vorkommen
14	79	Sokrates und Plato. Aus Xenophon		allgemeines Vorkommen
15	79–82	Monla Abdul Latif (Scheich Elwan Schirasi, Ssubhi von Brussa, Bassiri)	nach Schmidtke aus Latifi/Schubert, S. 40 ff, 224 f., 111 ff.	Lobgesang, Gefahr, Eifersucht
16	82–88	Anakreons Grab. Fünf Oden aus den von Herder übersetzten Blumen der griechischen Anthologie	Prosaeinleitung aus Herder: Briefe zur Beförderung der Humanität; «Anakreons Grab» aus Herders «Zerstreuten Blättern» («Blumen»). Die Übersetzung der Oden folgt der Übertragung von J.N. Götz (Die Gedichte Anakreons und der Sappho Oden, 2. Auflage, 1760)	Preis des Geliebten, an den Geliebten
17	88–93	Scheich Ruscheni, Ssaadi Tschelebi und Ssaji. Aus dem Türkischen des Monla Abdul Latif, übersetzt von Thomas Chabert	nach Schmidtke aus Latifi/Schubert, S. 43 ff, 205 ff, 207 f.	pädagogischer Eros, Gefahr, Verlangen
18	93–95	Der Divan des Mahomed Schemsed-Din Hafis. Die Übersetzung von Herrn v. Hammer (Persisch)	nach Schmidtke aus Diwan, wie Nr. 8, I, 141 f., I, 236, II, 540	Sehnsucht, Lobgesang, Unterwerfung
19	95–99	Tibulls 4. und 9. Elegie	4. Elegie Übersetzung von Johann Friedrich Degen, Ansbach 1781; 9. Elegie Übersetzung von Karl Friedrich Reinhard, Zürich 1783	Gefahr, Lüge, carpe diem, Unterwerfung; den Übersetzer Reinhard zitiert Hössli in Bd. I, S. 233.
20	99–104	Erasistratus und Plutarch. In dessen Biographien im Leben des Demetrius		allgemeines Vorkommen
21	105	Perikles, Sophokles und Valerius Maximus		Gefahr

Nr.	Seite	Titel, Quellenangabe bei Hössli	Verifizierte Quellenangabe	Tendenz, Argumentation, Besonderheiten
[22]	105–109	Hr. v. Hammer's Zueignung des persischen Divans und drei von ihm übersetzte Oden aus demselben	nach Schmidtke aus Hammer, Diwan I, 40 f., II, 376 ff, sowie Zueignung an den Grafen Carl von Harrach	Treue, Lobgesang, Unterwerfung
23	109 f.	Plato und sein Zeitalter		allgemeines Vorkommen; dieselbe Stelle in zwei Übertragungen: Schleiermacher und Gottfried Fähse
24	110–112	Arian, Alexander und Aelian	das zweite Zitat vermutlich aus Aelian, Bunte Geschichten, vgl. S. 132 und Register	Klage; Alexanders Trauer um Hephästion in zwei Versionen
25	112–114	Xenophon. Anabasis 2. Buch 6. Abschnitt	Xenophon, Anabasis, 2. Buch, 6. Abschnitt	Schönheit rettet vor dem Tode
26	114 f.	Sadi. In dessen Rosengarten, aus des Herrn v. Ramdohr Venus Urania, 4. Theil, Seite 25	Ramdohr, 4. Theil, S. 25	pädagogischer Eros
27	116–118	Virgil. Zweite Ekloge	2. Ekloge	(vergebliches) Verlangen
28	118–121	Lucian, im Eingang seines Gespräches: Das Schiff, oder die Wünsche		Verliebtheit Schönheitsideale
29	121–124	Ishak Tschelebi	nach Schmidtke aus Latifi/Schubert, S. 93–101	liebessüchtig, Lobgesang, Unterwerfung
30	125 f.	Ahmed Pascha	nach Schmidtke aus Latifi/Schubert, S. 74, 76	Knabenliebe und sexuelle Denunziation
31	126–129	Theokrits siebente Idille		Liebesleid
32	129	Antinous und Hadrian		Verehrung des toten Geliebten
33	129–131	Morgenländische Stimmen und Zeugen der platonischen Liebe	nach Schmidtke aus Hammer, Diwan 2, 527, 528, 523, 533, 525, 531, 526, 515, 283	Sehnsucht, Liebesleid, liebeskrank
34	132	Die Insel der Liebe. Von Herder aus dem Griechischen	aus Herders «Blumen», Zerstreute Blätter. Erste Sammlung, Gotha 1785, S. 58	Liebe und der tote Knabe?

Nr.	Seite	Titel, Quellenangabe bei Hössli	Verifizierte Quellenangabe	Tendenz, Argumentation, Besonderheiten
35	132 f.	Griechische und römische Geschichte	aus Aelianus, Bunte Geschichten?	Liebe als «göttliche Freundschaft» (zwei Liebende und der Tyrann!)
36	134 f.	F.W.B. von Ramdohr, über die Natur der Liebe, über ihre Veredlung und Verschönerung. 3ten Bandes 1. Abtheilung, 12. Cap.		Lobgesang, die ideale Liebe, von der Ramdohr (?) anmerkt, es sei kein Zweifel, dass körperliche Triebe bei dem Enthusiasmus des Lobredners (Lukian) mitwirkten
37	135 f.	Persische Stimmen und Zeugen	nach Schmidtke aus Hammer, Diwan 2, 199, 161 f., 447–451	Klage, liebeskrank, Lobgesang
38	136–141	Theokrits Idillen		Preis eines Liebespaares, pädagogischer Eros, der fühllose Knabe, «Liebet die Liebenden»
39	141	Ahmed Daji, Dichter aus dem Lande Kermjan in Kleinasien	nach Schmidtke aus Latifi/Schubert, S. 89 f.	Lobgesang
40	141–143	Xenophon im Symposion		liebeskrank, Gefahr, käufliche Liebe
41	143–148	Durch Herrn von Hamer übersetzte kleine orientalische Dichtungen	nach Schmidtke aus Hammer, Diwan 2, 339; 1, 75 f.; 2, 90; 1, 85 f., 181 f., 339–341, 307, 322 f., 407 f., 384 f.	Sehnsucht, Unterwerfung, Liebesleiden, Klage des Abgewiesenen
42	148–150	Plutarch		liebeskrank, Liebe als Stärke im Kampf (heilige Schar?), Ioläus

Quellen: Schmidtke (wie Anm. 9); Latifi/Schubert: Latifi oder Biographische Nachrichten von vorzüglichen türkischen Dichtern, nebst einer Blumenlese aus ihren Werken. Aus dem Türkischen des Monla Abdul Latifi und des Aschik Hassan Tschelebi übersezt von Thomas Chabert, Zürich 1800.

Das entspricht, wenn ich Hösslis nicht immer ganz einfache Argumentation richtig verstehe, seinem Ansatz: Er möchte beweisen, dass zu Zeiten – in der griechischen und römischen Antike und in aussereuropäischen, nicht-christlichen Kulturkreisen – die Männerliebe eine normale, in die Sitten und Gebräuche integrierte Erscheinung darstellte.

Inhaltlich hat er dazu Texte gewählt, in denen einerseits die «Normalität» des Phänomens sichtbar wird, das heisst in denen ganz beiläufig die Liebe von Mann zu Mann beziehungsweise des Mannes zum «Knaben» erwähnt wird, in denen der Preis des Geliebten gesungen wird, aber auch Texte, in denen diese Liebe und Leidenschaft (übrigens grossenteils, wie Hössli betont, durchaus parallel zur Liebe ganz im Allgemeinen) in ihren Gefahren und Schmerzlichkeiten Ausdruck findet – was sich zweifellos aus dem Umstand erklärt, dass ein Verbrechen aus Leidenschaft, nämlich der Mord, den der Jurist Desgouttes an seinem einseitig Geliebten begangen hatte,[6] Hösslis Argumentation den Anstoss geliefert hatte.

Das Textkorpus als solches ist von einer merkwürdigen Unstrukturiertheit und auf den ersten Blick sogar von einer gewissen Beliebigkeit. Es gibt kein erkennbares Ordnungsprinzip, nach dem uns Hössli seine 42 «Stimmen und Zeugen» darbietet, und wohl auch kein benennbares Auswahlprinzip. Jedenfalls kann ich es nicht entdecken. Möglich, dass er seine Exzerpte in zufälliger Anordnung zum Druck gegeben hat.[7] Möglich aber immerhin auch, dass es mir nur an dem Blick für eine verborgene Ordnung gebricht.

Worum es ihm dagegen geht und was die «Stimmen und Zeugen» beweisen und bezeugen sollen, ist freilich mehr als deutlich: An erster Stelle will er zeigen, dass die Männerliebe Teil der einstigen griechisch-römischen und orientalischen Kultur war, und das reicht dann von Zeugnissen der Jahrhunderte vor der Zeitenwende bis in die persischen und osmanischen Zeugnisse aus Jahrhunderten, in denen das europäisch-christliche Mittelalter bereits ganz andere Weichen gestellt hatte. Dazu genügt es Hössli, wenn mehr oder

---

[6] Vgl. den Bericht von Hösslis Biografen Ferdinand Karsch, wiederabgedruckt im Materialienband der Neuausgabe von 1996 (wie Anm. 1) und neuerdings, anschaulicher erzählt und ergänzt, in Pirmin Meier: Mord, Philosophie und die Liebe der Männer. Franz Desgouttes und Heinrich Hössli. Eine Parallelbiographie, Zürich 2001.

[7] Hösslis einigermassen chaotische Arbeitsweise findet sich in den biografischen Berichten geschildert; wie Anm. 6.

weniger beiläufig neben der erotischen Anziehungskraft zwischen den Geschlechtern auch eine solche zwischen Männern und Jünglingen/Knaben sozusagen selbstverständlich vorausgesetzt und beiläufig erwähnt wird.

Wo in den ausgewählten Texten Lob und Preis des Geliebten gesungen wird – und dazu dient dann die von Hössli als «tiefste und reinste» Sprache hoch geschätzte Poesie[8] –, da geht es um individuelle Knaben, um – oft unerwidert, vergeblich – Geliebte. Da geht es aber auch um die Gefahr, die von diesen Knaben für das seelische Gleichgewicht des Liebenden ausgeht, da wird heftige Verliebtheit immer wieder auch als Krankheit gesehen (wohlgemerkt: die Verliebtheit, die Liebe, wegen der Leiden, die sie verursacht, nicht weil das Objekt des Begehrens männlichen Geschlechts ist). Besonders in den Gedichten aus der späten, orientalischen Periode wird die Hingabe des Liebenden an den Geliebten unbegrenzter, da nimmt sie die Form innerlicher und äusserlicher Unterwerfung an. Demgegenüber stellt die griechisch-römische von Hössli zitierte Liebesdichtung eher ab auf die Bewahrung der Autonomie des Liebenden, auf die Auswechselbarkeit des Liebesobjekts, ja auf Bestrafung des sich entziehenden Knaben, unter anderem indem ihm die Vergänglichkeit seiner Schönheit und jugendlichen Anziehungskraft vorgehalten wird.

Typisch für Hösslis Ansatz und festzuhalten bezüglich seiner Auswahl der «Stimmen und Zeugen» ist ferner zweierlei: Es geht ihm nicht um die Identität oder gar Konstitution des Männerliebenden, sondern um den gesellschaftlichen Ort der Leidenschaft und des Begehrens des Mannes, gerichtet auf Personen gleichen Geschlechts, in der Regel jung, schön und begehrenswert. Und, bei allen gelegentlichen Lippenbekenntnissen bezüglich des Christentums: Letztlich ist es für Hössli die jüdisch-christliche Tradition, die die gesellschaftliche Ächtung der Männerliebe verschuldet hat. Weswegen denn auch in Hösslis Zusammenstellung das nachmals immer wieder ins Feld geführte Beispiel von Davids Klage um Jonathan fehlt.

---

[8] Hössli, Eros II, S. 45; vgl. auch S. 46 f., wo Hössli die Liebesdichtung zum Kernstück der Literatur, ja der menschlichen Kultur überhaupt erklärt: «Wenn wir denjenigen Theil unserer Poesie, welcher der Seele der Liebe entquollen ist, auswischten, wir zerschnitten nicht bloß einen Theil an der Leier der Menschheit; wir zertrümmerten gleichsam die Heilige selbst, und die Menschheit – als Menschheit mit ihr – es wäre ihr letzter Tag – der Geburtstag der Hölle.»

Bevor ich mich der Frage zuwende, welche von Hösslis Texten im Homo-Kanon seither noch eine wichtige Rolle spielen, möchte ich doch auch einen Blick auf seine Quellen werfen, wenngleich das natürlich eher eine Aufgabe für Orientalisten und Altphilologen ist und für Spezialisten auf dem Gebiet der frühen und zeitgenössischen deutschen Übersetzungen – denn nur aus solchen scheint mir Hössli zu zitieren. (Dass der Autodidakt Hössli sich selbst ans Übersetzen gemacht hat, erscheint mir, obschon noch längst nicht alle Quellen identifiziert sind, eher unwahrscheinlich.)

Hösslis «orientalische» Quellen hat Sabine Schmidtke inzwischen in dankenswerter Weise zusammengestellt.[9] Da scheint die Lage recht über-sichtlich, weil Hössli hier vor allem auf die Arbeiten zweier österreichischer Orientalisten, beide einst als «Sprachknaben» der Orientalischen Akademie in Wien ausgebildet, zurückgriff: Thomas Schubert/Chabert (1766–1841)[10] und Joseph von Hammer-Purgstall (1774–1856).[11] Im Grunde betrifft es sogar nur je eine Publikation dieser beiden: Schuberts Übersetzung der «Tadhkirat al shu'arâ» des Abd al-Latif Celibi Latîfî («Latîfî oder Biogra-phische Nachrichten von vorzüglichen türkischen Dichtern, nebst einer Blumenlese aus ihren Werken», Zürich 1800) sind demnach die Nummern 1, 12, 15, 17, 29, 30 und 39 entnommen. Die Nummern 8, 18, 22, 33, 37 und 41 – also bei weitem nicht nur die Proben, die Hössli selbst Hafis zuschreibt – entstammen sämtlich Hammer-Purgstalls Übertragung aus dem Persischen: «Diwan von Mohammed Schemsed-din Hafis» (Stuttgart, Tübingen 1812/13). Dann bleiben noch zwei Zeugnisse von/zu dem persischen Dichter Sadi; für die Nummer 26 gibt Hössli selbst Ramdohrs «Venus Urania»[12] als Quelle an (dem er auch sonst viel verdankt); nicht unwahrscheinlich also, dass auch die Nummer 3 von dort übernommen ist.

---

[9] Sabine Schmidtke: Heinrich Hösslis Quellen zum Orient, in: Capri, Nr. 36, Januar 2005, S. 39–46.

[10] Von Hössli zitiert als Schabert beziehungsweise Chabert.

[11] Hammer-Purgstall ist vor allem bekannt, weil Goethe seine Übertragungen als Anregung zum «West-östlichen Divan» nutzte. Sabine Schmidtke (wie Anm. 9, S. 46) weist darauf hin, dass es sehr wahrscheinlich ist, dass Ferdinand Karsch, der Biograf Hösslis, für seine Darstellungen aus dem islamischen Bereich seinerseits ausführlich aus Hammer-Purgstall ge-schöpft hat. Wie das Leben so spielt, wurde Hammer-Purgstalls Urenkelin, Gisèle d'Ailly van Waterschoot van der Gracht, Mäzenin der homoerotischer Dichtung verpflichteten Stiftung Castrum Peregrini in Amsterdam.

[12] Friedrich Wilhelm Basilius von Ramdohr: Venus Urania. Ueber die Natur der Liebe, über ihre Veredlung und Verschönerung, 4 Bände, Leipzig 1798.

Zu den griechischen und römischen Zeugnissen gibt es leider noch keine flächendeckende Entschlüsselung. Ein paar Zufallsfunde während meiner eigenen Arbeit am vorliegenden Artikel brachten jedenfalls zu Tage, dass Hösslis eigene Quellenangaben möglicherweise nicht immer zuverlässig sind, was wir ihm angesichts der Komplexität seines Unternehmens natürlich gerne nachsehen. So sind in der «Anakreons Grab» betitelten Nummer 16, in der Hössli angeblich aus «den von Herder übersetzten Blumen der griechischen Anthologie» schöpft, die einleitenden Worte zwar von Herder, aber den «Briefen zur Beförderung der Humanität» entnommen. Das ungetitelt der Einleitung folgende Gedicht («Der von Smerdias Liebe zum tiefsten Herzen geschmelzt war …») findet sich mit dem Titel «Anakreons Grab» in der Tat unter Herders «Blumen» in den «Zerstreuten Blättern»; die weiteren unter Nr. 16 zitierten Anakreon-Oden jedoch, darunter das in schwulen Zusammenhängen nachmals immer wieder zitierte Gedicht «Male meinen Freund Bathyllen», entsprechen mit einigen Abweichungen indessen eher der Übertragung von Johann Nikolaus Götz (2. Auflage, Karlsruhe 1760). Andrerseits ergaben Stichproben zu Nr. 6 («Griechische Anthologie. Aus Tafels Polyhymnia») eine korrekte Übernahme,[13] und das Apollodorus-Zitat (Nr. 10) folgt quasi fehlerlos der Quelle, der 1828 bei Metzler in Stuttgart erschienenen Übersetzung von Christian Gottlob Moser.

Die von Hössli zitierten Übertragungen der Elegien Tibulls (Nr. 19) konnte Wolfram Setz identifizieren.[14] Die vierte Elegie, gelegentlich als «schwule ars amandi» bezeichnet, ist demnach der Prosaübertragung von Johann Friedrich Degen (Ansbach 1781) entnommen, die neunte der Übertragung von Karl Friedrich Reinhard (Zürich 1783). Die Übertragungen der Gedichte von Horaz (Nr. 4), Vergil (Nr. 27) und Theokrit (Nr. 31 und 38) habe ich nicht identifizieren können.

Alles in allem ist wahrscheinlich zu sagen, dass man Hösslis übrigens nur gelegentlichen und meist unvollständigen Quellenangaben nicht blindlings vertrauen kann. Auch Sabine Schmidtke hat beim Vergleichen der Ausgaben von Hammer-Purgstall und Schubert/Schabert zum Teil erhebliche Abweichungen Hösslis von seinen Quellen konstatiert. Das heisst freilich nicht

---

[13] Polyhymnia. Versuch einer Uebersetzung auserlesener Epigramma der griechischen Blumenlese. Von G. L. F. Tafel, Zürich 1808. Überprüft anhand des im Netz zugänglichen Exemplars der Bayerischen Staatbibliothek München.
[14] Dafür und für sonstige sachkundige Hilfestellung danke ich ihm an dieser Stelle.

unbedingt, dass solche Abweichungen auch gleich Hösslis Sorgfalt generell in Frage stellen müssen, zumal Wolfram Setz mich zu Recht darauf aufmerksam macht, dass Hössli durchaus auch einmal eine andere Ausgabe derselben Übersetzung oder ein Zitat aus zweiter Hand vorgelegen haben kann.[15]

Die noch bei weitem nicht aufgeklärte Weise, wie und woher Hössli all seine Belege zusammengetragen hat, sowohl hinsichtlich der allgemeinen Quellenlage für eine solche Fragestellung als auch bezüglich seiner individuellen Suchstrategien, sagt meines Erachtens viel über die Möglichkeiten einer solchen Debatte und eines solchen Unternehmens zu Hösslis Zeit – vor allem wenn man seinen nur beschränkten Zugang zu akademischem Wissen berücksichtigt. Stoff für Wissenschaftsgeschichte in den Randgebieten der akademischen Welt sozusagen und insofern ähnlich der Randständigkeit der sogenannten Homostudien (zumal der literarischen) bis in unsere Tage.

Wie ich schon in meiner «Geschichte der eigenen Geschichte» dargelegt habe, werden Hösslis «Stimmen und Zeugen» (oder doch einige von ihnen) auch in der Folge im emanzipativen Diskurs eingesetzt und sind im Laufe der Zeit Teil des schwulen Kanons geworden. Das möchte ich hier noch etwas genauer nachzeichnen.

Von den 42 «Stimmen und Zeugen» in Band 2 lassen sich vor allem zehn, also ein knappes Viertel, bis in die schwulen Anthologien des späten 20. Jahrhunderts verfolgen: Anakreon, Hafis, Horaz, Lukian, Platon, Sadi, Theokrit, Tibull, Vergil und die sogenannte Griechische Anthologie. Das sind, mit Ausnahme einiger Autoren aus dem «orientalischen» Bereich, zugleich sämtliche von Hössli hier aufgerufenen Dichter.[16]

Der erste, der sich auch auf diese Dichter beruft, ist Karl Heinrich Ulrichs, bei dem jedoch der Unterschied rein äusserlich darin besteht, dass Ulrichs zumindest in der lateinischen Sprache sattelfest genug war, um sich auf die Originale beziehen zu können. Was die Argumentation betrifft, ist der Unterschied womöglich noch grösser; denn Ulrichs geht es, anders

---

[15] Wieweit hier auch noch an redaktionelle Eingriffe des von Hössli zugezogenen Dr. Gottlieb Strässer (vgl. Pirmin Meier, wie Anm. 6, S. 324 f.) gedacht werden muss, wage ich nicht zu entscheiden.

[16] Dass die mehr historischen Texte und Lebensbeschreibungen im schwulen Kanon keinen Platz haben, ist freilich eher eine Folge der Definition dieses (literarischen) Kanons.

als Hössli, gerade darum, zu beweisen, dass es die Männerliebenden[17] als eine eigene Spezies, mit weiblicher Seele im männlichen Körper, gibt und bereits in der Antike etc. gegeben hat. Texte sind ihm dabei nicht Zeugen einer erotischen Möglichkeit samt gesellschaftlicher Akzeptanz, sondern Zeugen für die urnische Identität der Autoren. Nichtsdestoweniger sind die oben genannten Dichter sämtlich auch bei Ulrichs vertreten. Es kann nicht nachdrücklich genug darauf hingewiesen werden, was für eine entscheidende Verschiebung in der Beweiskraft der Texte hier stattgefunden hat.[18] Dass sich, soweit ich sehe, Ulrichs nirgends auf die Griechische Anthologie beruft, ist aus seinem auf die Identität der Autoren abstellenden Ansatz nur zu begreiflich.

Übrigens hegte auch Ulrichs den Plan einer Anthologie dessen, was er «urnische Liebespoesie» nannte. Sie sollte «sacrum Nemus» oder «Nemus sacrum» heissen,[19] «Heiliger Hain»[20] und unter anderem Gedichte von Sadi und Hafis, Theokrit, Anakreon und Vergil enthalten.[21]

Einen weiteren Schritt, mit wiederum einer anderen Argumentation, bedeutet dann die schwule Kultur- beziehungsweise Literaturgeschichte aus der Feder des pseudonymen Ludwig Frey, «Der Eros und die Kunst» (Leipzig: Spohr, 1896). Der Autor argumentiert quasi statistisch mit der grossen Anzahl der Kunstwerke, die Männerschönheit abbilden oder besingen, und erklärt zugleich dieses Phänomen (etwas kurios) aus dem Umstand, dass psychische Doppelgeschlechtlichkeit (Bisexualität im Sinne von Wilhelm

---

[17] Ulrichs weist bereits, wie später Paul Brandt im «Jahrbuch für sexuelle Zwischenstufen» (siehe unten), besonders darauf hin, dass nicht Knaben, sondern allenfalls Jünglinge (lat. puberes) das Liebesobjekt des «Urnings» sind.

[18] Zu meinem nicht geringen Erstaunen finde ich mich mit meinem aus der Dichtung Georges letztendlich doch abgeleiteten Rückschluss auf Georges Neigungsrichtung aufseiten Ulrichs' wieder, während die Literatur-ist-Archiv-These von Andreas Krass (Literatur als Archiv. Sexualwissenschaftliches Wissen in poetischen Texten über Magnus Hirschfeld, in: Sexuologie 20, 2013, S. 35–40) ihn in die Nähe von Hössli bringt.

[19] Karl Heinrich Ulrichs: «Inclusa». Anthropologische Studien über mannmännliche Geschlechtsliebe, Leipzig 1864, § 29, und ders.: «Ara spei». Moralphilosophische und socialphilosophische Studien über urnische Liebe, Leipzig 1865, S. XXIII f. Vgl. den Faksimileabdruck der beiden Texte in ders.: Forschungen über das Räthsel der mannmännlichen Liebe, hg. von Hubert Kennedy, Berlin 1995.

[20] Schon diese Benennung führt in eine andere Richtung als Hösslis «Zeugen».

[21] Dazu aber auch Dichter, die bei Hössli noch nicht aufgenommen sind: Catull, Pindar und Martial (die letzten beiden werden bei Hössli immerhin auch genannt).

Fliess) die Basis für künstlerische Kreativität sei. Ausser Sadi werden alle oben genannten dichterischen Hössli-Zeugen ins Feld geführt.

Während Freys Darstellung als Kultur- und Literaturgeschichte angelegt ist, stellt Elisar von Kupffer zum Jahrhundertanfang eine Textsammlung und wohl doch die erste selbstständige schwule Anthologie zusammen.[22] Diese ist, auch was die griechische und römische Antike und den Orient betrifft, viel weitgreifender als die Auswahl bei Hössli. Auch Kupffer benutzt vorhandene Übertragungen, aber andere als Hössli; eine ganze Reihe von Texten haben Kupffer und sein Freund Eduard von Mayer selbst übertragen. In der Argumentation liegt der Nachdruck auf dem, was Kupffer «männliche Kultur» nennt, womit er sich vor allem von Hirschfelds Zwischenstufentheorie und allem Ulrichs'schen Urningtum abzusetzen scheint.[23] Sämtliche oben genannten Hössli-Zeugen sind auch bei Kupffer aufgenommen. In einigen Fällen geht es um die gleichen Texte (in anderen Übertragungen), so zum Beispiel Anakreons «Male mir Bathyllus …», Tibulls vierte und neunte Elegie, Vergils zweite Ekloge samt Corydon und Alexis.

Kupffer geht auch insofern über Hösslis Auswahl hinaus, als er den europäischen Raum, den Hössli bewusst ausgespart zu haben scheint, mit Michelangelo, Shakespeare, Marlowe und anderen berücksichtigt, mit Winckelmann, Goethe und Schiller in die deutsche Klassik vorrückt und schliesslich Beispiele bis in die eigene Gegenwart aufnimmt – was für Hössli schon deswegen keinen Sinn gemacht hätte, weil es ja darum ging, mithilfe der «Stimmen und Zeugen» das verlorene Paradies aufzurufen. Und noch einen wesentlichen Neuzugang gilt es zu registrieren: Kupffer eröffnet seine Sammlung mit Davids Klage um Jonathan, einem biblischen Text – mit einem Zeugnis also, das Hösslis Argumentation eher zuwidergelaufen wäre.

Wie ich bereits in meiner «Geschichte der eigenen Geschichte» gezeigt habe, spielen Hösslis Kronzeugen in der ansonsten erstaunlich regen Lite-

---

[22] Lieblingminne und Freundesliebe in der Weltlitteratur. Eine Sammlung mit einer ethisch-politischen Einleitung von Elisarion von Kupffer, Berlin 1900; Nachdruck mit einem Vorwort von Marita Keilson-Lauritz, Berlin 1995.

[23] Dass Kupffers «Männlichkeit» auf ihre Weise Weiblichkeit usurpiert und integriert, ist eine andere Sache, die freilich angesichts des missverständlichen Schlagworts «männliche Kultur» nicht genug betont werden kann. Man muss nur Kupffers malerisches Werk ansehen, um zu begreifen, dass diese «Männlichkeit» nicht mit Maskulinität gleichzusetzen ist.

raturrezeption im «Jahrbuch für sexuelle Zwischenstufen» (1899–1923) und selbst in der Zeitschrift «Der Eigene» (1896–1932), die womöglich noch mehr auf Kunst und Literatur gerichtet war, eher eine untergeordnete Rolle in Zitaten oder in Form von name dropping,[24] auch wenn Hössli selbst in beiden Periodika nachdrücklich gewürdigt wurde: im «Jahrbuch» mit einem umfangreichen Artikel aus der Feder von Ferdinand Karsch,[25] im «Eigenen», indem ihm 1924 das Schweizer Themenheft ausdrücklich gewidmet wurde.[26] Eine bemerkenswerte Ausnahme in dieser Abstinenz bezüglich einer Thematisierung der Antike bildet im «Jahrbuch für sexuelle Zwischenstufen» der zweiteilige Artikel des Spezialisten Paul Brandt alias Hans Licht[27] «Der παίδων ἔρως in der griechischen Dichtung». Der Teil I, «Die lyrische und bukolische Dichtung», erschien 1906 in «Jahrbuch» 8. Von Hösslis Dichterzeugen erscheinen hier Anakreon (übrigens unter anderem in der 1905 im «Eigenen» publizierten Übertragung von Herbert Stegemann) und Theokrit. Teil II erscheint im folgenden «Jahrbuch», 1908, freilich nun unter dem Pseudonym P. Stephanus, und behandelt «Die Gedichte der [Griechischen] Anthologie». Brandt zitiert als Altsprachler ausgiebig die griechischen Originale.

Bis in die neueren internationalen Anthologien der siebziger und achtziger Jahre des 20. Jahrhunderts haben sich von Hösslis «Stimmen und Zeugnissen» vor allem Anakreon, Horaz, Lukian, Theokrit, Tibull und Vergil gehalten, zum Teil mit denselben Texten, die Hössli anführt beziehungs-

---

[24] Einzig Anakreon (oder doch dem Anakreon Zugeschriebenes) findet sich in recht freien Übertragungen 1905 in einem Heft des «Eigenen», das auch einen Artikel über «Die Bedeutung des Griechentums für unsere Kultur» enthält. Andrerseits wird zum Beispiel Sadi im «Jahrbuch» und im «Eigenen» zumindest erwähnt, während er in den neueren schwulen Anthologien keine nennenswerte Rolle mehr spielt. Gleiches gilt für Hafis, der erst in der Anthologie von Joachim Campe (siehe unten) wieder auftauchte.

[25] Ferdinand Karsch: Quellenmaterial zur Beurteilung angeblicher und wirklicher Uranier. Zweite Reihe, in: Jahrbuch für sexuelle Zwischenstufen 5, 1903, S. 449–556: Heinrich Hössli. Dieser umfangreiche, auf inzwischen verlorenen Materialien beruhende Artikel ist wiederabgedruckt im Materialienband zum Reprint des «Eros» (wie Anm. 1).

[26] Die Widmung in Der Eigene 10, Heft 1–2, lautet: «Der freien Schweiz gewidmet / die uns den ersten Vorkämpfer, Heinrich Höszli, und sein geniales Buch über den Eros schenkte, und die uns eine recht stattliche Anzahl hochangesehener Dichter, Künstler und edler Männer gab, die ebenfalls wichtige Blutzeugen und mutige Bekenner der Freundesliebe sind».

[27] Unter diesem Pseudonym erschienen seine auch international erfolgreiche «Sittengeschichte Griechenlands» und verschiedene weitere Publikationen; ebenso seine Gratulation zu Hirschfelds fünfzigstem Geburtstag im «Jahrbuch» und ebendort ein weiterer Artikel.

weise zitiert: Beurdeleys «L'amour bleu»[28] hat ausser Anakreon («Male den Bathyll mir also»), Theokrit und dem allgegenwärtigen Platon auch Lukian (Hössli Nr. 28). Im von Stephen Coote zusammengestellten «Penguin Book of Homosexual Verse» (1983) gibt es Horaz, Theokrit (die 23. Idylle mit der Strafe für den unwilligen Knaben), Tibull (Passagen aus der vierten Elegie) und Vergil (wie immer: die zweite Ekloge), ähnlich in Michel Larivières «Les amours masculines» (1984). Vor allem Coote schöpft zudem reichlich aus der Griechischen Anthologie.

Im deutschen Sprachgebiet lässt sich das Fortleben der Hössli-Auswahl auch an einem kleinen, 1994 im Insel Verlag erschienenen Bändchen zeigen, das auf rund 150 Seiten von der griechischen Antike quer durch die internationale Landschaft bis zu Detlev Meyer und Thomas Böhme reicht. «Homosexuelle Poesie» nennt Joachim Campe das, was er hier unter dem Titel «Matrosen sind der Liebe Schwingen» zusammengestellt hat. Da findet sich Theokrits 23. Idylle über den spröden, grausam sich entziehenden Jüngling, der zur Strafe von einer Erosstatue erschlagen wird (Hössli, Nr. 38), Vergils Corydon-Elegie (Hössli, Nr. 27), Tibulls neunte Elegie über die Gefahren der Käuflichkeit (Hössli, Nr. [1]9) und – wie schon bei Paul Brandt inzwischen als Anakreon nur zugeschrieben geltend – nicht nur «Male den Bathyll mir also …», sondern auch «An eine Schwalbe» (beide Hössli, Nr. 16).

So weit, wenigstens skizziert, die «Nachgeschichte» der von Hössli aufgerufenen «Stimmen und Zeugen», wobei weder sicher ist noch auch behauptet werden soll, dass die Nachfolger Hösslis Auswahl zugrunde legten, sich von ihr anregen liessen oder sie auch nur kannten. Gezeigt werden sollte hier vielmehr, wie Hössli Kerntexte des späteren schwulen Kanons bereits ausgemacht, entdeckt und funktionalisiert hat.[29]

---

[28] Ich beziehe mich hier auf die deutsche Ausgabe von 1977.
[29] Siehe die Tabelle in diesem Buch, S. 172. Dazu ausführlicher mein Kapitel «The Making of the Gay Canon» in Keilson-Lauritz (wie Anm. 4), S. 269–360, zu Hössli dort besonders S. 275–278. Ich habe mich auch dort auf einige exemplarische Anthologien beschränkt; inzwischen erschien unter anderem das Buch von Byrne R. S. Fone (Hg.): The Columbia Anthology of Gay Literatur. Readings from Western Antiquity to the Present Day, New York 1998, die schon von ihrem Ansatz her auf eine Einbeziehung des Orients verzichtet.

Hössli ging es weniger als dem Juristen Ulrichs und dem Arzt Hirschfeld um die Straflosigkeit homosexueller Handlungen,[30] also um den Kampf gegen entsprechende (kantonale) Schweizer Strafbestimmungen, als vielmehr um eine weniger verurteilende, moralisierende Sicht auf Gefühle zwischen Männern, die seiner Meinung nach im alten Griechenland (und zum Beispiel in arabischen und persischen Kulturkreisen) durchaus positiv konnotiert und gesellschaftlich geachtet waren.

Die Argumentation mithilfe der griechischen Antike ist in der Folge ein Argumentationsstrang des emanzipativen Diskurses, dem jedoch verschiedene andere an die Seite gestellt werden und der im Laufe des 20. Jahrhunderts an Aussagekraft verliert, als sich die Akzente mehr und mehr von der generationsüberschreitenden Liebesbeziehung auf Beziehungen «auf Augenhöhe» verschieben.

Was die Zeugnisfähigkeit seiner «Stimmen und Zeugen» betrifft, so hätte Hössli in dem Umstand, dass namentlich die dichterisch-literarisch-poetischen Beispiele aus seiner Auswahl sich als die beständigsten erweisen, wohl eine Bestätigung seiner These gesehen, dass zu solcher Argumentation vorzüglich auf die Kraft der Sprache, der Dichtung zu setzen sei, besonders auf denjenigen «Theil unserer Poesie, welcher der Seele der Liebe entquollen ist».[31] Insofern kann durchaus gesagt werden, dass die (die jüngste emanzipative Generation womöglich irritierende) Vorliebe für literaturbezogene Argumentation namentlich in den ersten Jahrzehnten des 20. Jahrhunderts bei Hössli ihren Ausgang nahm.

Was Hösslis Position meines Erachtens von allen folgenden literaturbezogenen Argumentationen unterscheidet, ist der Nachdruck, den er auf Gefahren und Fallstricke der Leidenschaften legt, die in seinen literarischen Beispielen von Anakreon bis Theokrit und Vergil mit einem gewissen spielerischen Augenzwinkern präsentiert werden. Nicht, dass es ihm nicht ernst gewesen wäre mit seinem Eintreten für die Natürlichkeit und Normalität

---

[30] Joachim Bartholomae danke ich für den fruchtbaren Hinweis darauf, dass Straflosigkeit und Emanzipation natürlich nicht dasselbe sei. Das hat mich entscheidend sensibilisiert für Hösslis besondere Argumentation.

[31] Hössli, Eros II, S. 46. Im Hinblick auf Hösslis Vorliebe für die Dichtung ist vielleicht interessant, dass das geradezu süchtige Konsumieren von Romanen zu den schlechten Angewohnheiten des unglücklichen Desgouttes gehörte. Meier (wie Anm. 6), S. 38 f.

der Männerliebe; angesichts des seiner Leidenschaft zum Opfer gefallenen Franz Desgouttes stand hinter seinem Projekt ein geradezu «tödlicher» Ernst. Umso mehr fällt es auf, wie er in seinen literarischen Beispielen solches Verfallensein gerade zu relativieren scheint.

Die Frage ist natürlich, ob ein solch hohes Mass von Reflexion und Ambivalenz bei seinen Zeitgenossen Widerhall finden konnte – hat doch selbst unser aufgeklärtes Jahrhundert es nicht immer leicht mit Uneindeutigkeiten und dem doppelten Boden emanzipativer Fortschrittlichkeit.

Postskriptum: Nachdem ich diesen Beitrag bereits abgeschlossen hatte, las ich, angeregt durch das Buch von Pirmin Meier,[32] noch einmal aufmerksam Heinrich Zschokkes Novelle «Der Eros» (1821),[33] die auf Anregung von Hössli entstanden war. Dabei wurde mir deutlich, dass es vermutlich nicht nur der Schluss dieses Textes gewesen war, der Hössli so enttäuscht hatte (weil der Protagonist Holmar, der die Männerliebe der Griechen verteidigt hatte, dort seine These etwas unvermittelt wieder zurücknimmt). Was Holmar nämlich in dieser Novelle (eigentlich eine Art dem Platonischen nachgebildeter Dialog) verteidigt, ist eine ziemlich abgehobene «Seelenliebe».

Wie wenig eindeutig nun Hösslis eigene Argumentation sich auch lesen mag:[34] «Seelenliebe» ist es nicht, was seine der Dichtung entlehnten «Stimmen» bezeugen. So könnte man die These vertreten, dass Hössli sich der «Stimmen und Zeugen» und besonders der «Stimmen der Dichter» bedient, weil sie unverstellter von der Kraft und den Stürmen und Gefahren der Leidenschaft zeugen, als umsichtig formulierte Argumentationen – die von Heinrich Zschokke, aber womöglich auch seine, Hösslis, eigenen.

---

[32] Vgl. oben Anm. 6.
[33] Der Eros, in: Erheiterungen. Herausgegeben von Heinrich Zschokke und seinen Freunden. Jahrgang 1828, Zweiter Band, S. 97-203; vgl. auch den Nachdruck aus der Ausgabe von 1821 im Materialienband (wie Anm. 1).
[34] Vgl. dazu den Beitrag von Manfred Herzer in diesem Buch.

Anakreon

Das Bild des Bathyllos

Male den Bathyll mir also,
Meinen Liebling, wie ich sage.

Salbenglanz gib seinen Haaren,
Dunkelschattend nach dem Grunde,
Außen aber Sonnenschimmer.
Kunstlos nur gebunden, laß sie,
Wie sie eben wollen, selber
Sich in freie Locken legen;
Und den zarten Schmelz der Stirne
Schmücken dunkle Augenbrauen,
Dunkler als des Drachen Farbe.
Trotzig sei sein schwarzes Auge,
Doch von fern ein Lächeln zeigend;
Jenes nimm von Ares, dieses
Von der lieblichen Kythere:
Daß man, bange vor dem einen,
Bei dem andern hoffen könne.
Male seine Rosenwange
Mit dem zarten Flaum der Quitte;
Und sieh zu, daß sie das edle
Rot der Scheu erkennen lasse.

Seine Lippen – weil ich denn auch
Selbst, wie au mir diese malest?
Weich, von Überredung schwellend.
Wisse kurz: Das Bild, es müsse
Redsam selber sein im Schweigen!
Unterm Kinn, da schließe zierlich,
Wie ihn nicht Adonis hatte,
Elfenbeinern sich der Hals an.
Gib ihm Brust und beide Hände
Von der Maia schönem Sohne,
Leih ihm Polydeukes Schenkel,
Bauch und Hüften ihm von Bakchos.
Dann, ob jenen weichen Schenkeln,
Jenen feuervollen, gib ihm
Eine glatte Scham, die eben
Aphrodites Freuden ahne.
– Aber deine Kunst, wie neidisch!
Kannst du ihn doch nicht vom Rücken
Zeigen! Herrlich, wenn du's könntest!
– Soll ich erst die Füße schildern?
Nimm den Preis, den du verlangest,
Und gib diesen Phöbus auf, mir
Den Bathyll daraus zu bilden.
Wirst du einst nach Samos kommen,
Male nach Bathyll den Phöbus.

(Aus: Anakreon und die sogenannten Anakreontischen Lieder. Revision und Ergänzung der J. Fr. Degen'schen Übersetzung mit Erklärungen von Eduard Mörike, Stuttgart 1864.)

Theokrit

Der unglücklich Liebende

Giften der Lieb' zugänglich entbrannte ein Mann einem Jüngling.
Hold war der von Gestalt, doch hart, in dem Herzen ihr ungleich;
Haß für Liebe gewährt' er, und nichts an ihm wußte von Milde.
Kund war Eros ihm nicht, welch Gott er sei, welch ein Geschoß er
Führ' in Händen, wie bitter die Knaben er treff' mit den Pfeilen:
Ganz in Reden sowohl wie im Umgang schien er ein Wilder.
Nimmer was Linderndes kam für die Glut je, nimmer ein leuchtend
Zucken der Lippen, ein Strahl aus den Augen, Erröten der Wange,
Nimmer ein Wort, noch ein Kuß zu erleichtern die lastende Liebe.
So wie des Waldes Getier zu den Jägern im Grolle hinaufschaut,
That er dem Trauernden alles; die Lippen zur Herbe verzogen,
Hatt' in den Augen er immer den schrecklichen Blick der Entseelung.
Bitterkeit sprach sein Gesicht; es entfloh ihm die Farbe, umflossen
Stets vom Hohne des Zornes, des bleichenden; aber auch also
Blieb er noch schön, und am Zorn ward stärker entflammt der Verliebte.
Endlich ertrug er nicht länger so mächtige Glut Aphrodite,
Sondern er kam und weint' an dem unmitleidigen Hause,
Küßte die Schwell' und also erhob er die klagende Stimme:
«Grausamer Knabe, du finst'rer, genährt von der grimmigen Löwin,
Steinerner Knab', unwürdig der Lieb', ich komm' mit der letzten
Gabe für dich in den Händen, dem Stricke für mich; denn nicht länger
Will ich, zürnender Jüngling, dich ärgern: ich gehe hinunter
Wo du hin mich verdammst, da wo, wie sie sagen, der Heiltrank
Liegt, der gemeinsame für heiß Liebender Pfade: – Vergessung.»
Doch wenn ganz ich ihn auch ausschlürfe mit durstigen Lippen,
Werd' ich auch so nicht löschen die Sehnsucht. Jetzo den Abschied
Werf' ich der Pforte zu dir noch zu und weiß, was gescheh'n wird.
Schön ist die Rose wie du und nach kurzem Verlaufe verdorrt sie;
Schön ist das Veilchen im Lenz und schnell kommt d'rüber das Alter;
Weiß ist der Lilie Glanz und welkt, wenn vom Stengel sie abfällt;
Weiß ist der Schimmer des Schnees und schmilzt doch, wenn er sich ballet;
Schön ist die Schönheit der Knaben, doch lebt kurzdauernde Zeit sie:
Einst wird kommen der Tag, wo dich auch fasset die Liebe,

Wo, in dem Herzen verbrannt, du bittere Thränen vergießest!
Aber du, Knabe, gewähr' dies Süße, das letzte, gewähr' nur:
Wenn aus der Thür' nun tretend im Vorplatz deiner Behausung
Hängen mich Armen du siehest, so geh' nicht an mir vorüber;
Steh', wein' Eine mir nur, nur Eine der Thränen zum Opfer,
Löse mich dann von dem Strick, und dir vom Leib die Gewänder
Nehmend, verhülle mich d'rein und endlich nun küsse mich Einmal:
Auch dem Entseeleten gönne die Lippen und fürcht' dich nicht vor mir;
Nicht mehr kehr' ich in's Leben, entselb'st du dich auch bis zum Kusse.
Höhl' eine Grube mir dann, die deckend den Liebenden berge,
Ruf' beim Weggang dreimal: Lieber, du ruhest in Frieden!
Und wenn du willst, auch dieses: ein treuer Gefährt' ist dahin mir!
Schreib' mir den Spruch dann aufs Grab, ich schreib' ihn dir auf die Wände:
«Dem ward Liebe zum Tod! geh', Wanderer, nicht ihm vorüber,
Sondern verweil' und sage: ein Grausamer war der Geliebte.»
Sprach's und faßte den Stein, und hin an der Mauer ihn wälzend
Bis inmitten der Schwelle, den schrecklichen, knüpfte von ihm aus
D'rauf er das schmächtige Seil und warf um den Hals sich die Schlinge,
Stieß dann weg mit den Füßen den Tritt und schwebete ob ihm
Tot. Bald öffnete jener die Thür' und gewahrend den Toten,
Der im eigenen Hof ihm dahing, brach er der Seele
Trotz nicht, weinte nicht über den Mord, den frisch er begangen,
Sondern, die Kleider der Jugend befleckend am Leichnam, zur Ringschul'
Ging er, und fern von Freunden begehrte für sich er der Bäder.
Aber er kam zu dem Gott, dem verachteten: rasch von dem Steinrand
Sprang er hinab in das Wasser und über dem Haupt ihm hinunter
Stürzte das Bild auch des Eros, erschlagend den frevelnden Jüngling.
Purpurn wurde die Flut und der Ruf schwamm auf ihr des Knaben:
«Freut ihr Liebenden euch, denn der Hassende wurde getötet!
Zärtlicher seid, o Geliebte, der Gott weiß Strafe zu finden.»

(Aus: Theokritus, Bion und Moschus. Deutsch im Versmasse der Urschrift von
Eduard Mörike und F. Notter, Stuttgart [2] 1883)

Hösslis «Stimmen und Zeugen» und der Homo-Kanon

Autor	Hössli	Ulrichs	Frey	Jahrbuch	Eigene	Kupffer	Beurdeley	Larivière	Coote	Campe
Anakreon	x	x	x	x	x	x	x	x	–	x
Hafis	x	x	x	x	x	x	–	–	–	x
Horaz	x	x	x	x	x	x	–	x	x	x
Lukian	x	x	x	x	x	x	x	x	–	–
Plato	x	x	x	x	x	x	x	x	x	–
Sadi	x	x	–	x	x	x	–	–	–	–
Theokrit	x	x	x	x	x	x	x	x	x	x
Tibull	x	x	x	x	x	x	–	x	x	x
Vergil	x	x	x	x	x	x	–	x	x	x
Griechische Anthologie	x	–	–	x	x	–	(Straton)	(Straton)	x	x

x   erwähnt

–   nicht erwähnt

Heinrich Hössli: Eros, Bd. II, S. 53–150; Karl Heinrich Ulrichs in seinen Schriften (wie Anm. 19); Ludwig Frey: Der Eros und die Kunst. Ethische Studien, Leipzig 1896; Jahrbuch für sexuelle Zwischenstufen (1899–1923); Der Eigene (1896–1932) und Die Gemeinschaft der Eigenen (1904–1925); Elisarion von Kupffer: Lieblingminne und Freundesliebe in der Weltliteratur, Neurahnsdorf 1900; Cécile Beurdeley: L'Amour bleu. Die homosexuelle Liebe in Kunst und Literatur des Abendlandes, Fribourg, Köln 1977; Michel Larivière: Les amours masculines. Anthologie de l'homosexualité dans la littérature, Paris 1984; Stephen Coote: The Penguin Book of Homosexual Verse, Harmondsworth 1983; Joachim Campe: Andere Lieben. Homosexualität in der deutschen Literatur, Frankfurt am Main 1988.

172

Manfred Herzer

Drei Hössli-Studien

Knabenschändung – Johann Gottfried Herder – Platonismus

Ich bin wie Weib dem Manne
Heinrich Heines Motto zu «Die Bäder von Lukka» (1829)

Die komplexe Struktur des «Eros»-Werkes von Heinrich Hössli sowie die Mannigfaltigkeit der Beziehungen zu anderen Texten wurden bisher nicht einmal annäherungsweise wahrgenommen. Als hoffnungsvoller Anfang in dieser Hinsicht kann Sabine Schmidtkes bibliografische Erfassung der orientalischen Quellen Hösslis begrüsst werden. Ohne Not und ohne Begründung tadelt sie aber an Hösslis Darstellung «erste Ansätze von Biologismus», die erfreulicherweise «bei ihm unterentwickelt bleiben».[1] Immerhin verweist sie damit auf die klärungswürdige Frage nach dem Begriff einer ewig unabänderlichen Menschennatur, den Hössli aus seiner fragmentarischen Lektüre der letztlich missverstandenen deutschen Aufklärungsphilosophie und deren Platon-Rezeption übernommen und seinem «Eros» zugrunde gelegt hat. Paul Derks, dem nur die Hössli-Auszüge zur Verfügung standen, die in Karschs Studie von 1903 enthalten sind, schliesst sich dem überschwänglichen Urteil des Letztgenannten an und lobt darüber hinaus zu Recht Hösslis «prägnante, plastisch-klare Sprache von gelegentlich dialektischem, ja aphoristischem Witz».[2]

---

[1] Sabine Schmidtke: Heinrich Hösslis Quellen zum Orient, in: Capri, Nr. 36, Januar 2005, S. 39–46, Zitat S. 39.

[2] Paul Derks: Die Schande der heiligen Päderastie. Homosexualität und Öffentlichkeit in der deutschen Literatur 1750–1850 (Homosexualität und Literatur 3), Berlin 1990, S. 474. In Anspielung auf den sehr komischen Dialog von Matthias Claudius in seinem «Wandsbecker Boten» «Nachricht von meiner Audienz beim Kaiser von Japan» bemerkt Hössli, er habe die Wahrheit über die Männerliebe derart hinlänglich bewiesen, dass er anders als im «Wandsbecker Boten», wo «der gute Asmus das Ohr des Albiboghoi», das diesem abgeschnitten worden war, abbildete, keine lithografierte Abbildung seinem Buch beifügen müsse. Hössli, Eros II, S. 337.

Ferdinand Karsch hat am Beginn des 20. Jahrhunderts die Grundlagen zu einer Hössli-Forschung geschaffen, indem er im Herbst 1902 auf einer Schweizer Reise Hösslis Wirkungsstätten besuchte und mit noch lebenden Zeitgenossen des «Eros»-Autors sprach; darüber hinaus gelang es ihm, einen Teil des handschriftlichen Nachlasses zu erwerben und nach Berlin zu bringen.[3] Bis heute wichtigstes Resultat der Forschungen Karschs ist sein langer Aufsatz im fünften Jahrgang von Magnus Hirschfelds «Jahrbuch für sexuelle Zwischenstufen». Er wurde 1996, weil es nichts Besseres gab, zusammen mit Hösslis «Eros» als Reprint neu aufgelegt und muss auch heute, mehr als hundert Jahre nach der Erstausgabe, als Stand der Hössli-Forschung angesehen werden.[4]

Karsch schrieb in den folgenden Jahren mehrere kleine Hössli betreffende Aufsätze, die aber dem grossen Aufsatz von 1903 nichts Wesentliches hinzufügen. In der Berliner Schwulenzeitschrift «Die Freundschaft» würdigte Karsch 1922 «die Tiefe und Genialität, mit der Hössli seine überaus schwierige Aufgabe erfaßte».[5] Diesem Urteil ist vorbehaltlos beizustimmen.

Die folgenden Studien nähern sich dem «Eros» aus drei, zugegeben etwas willkürlich gewählten Perspektiven. Allerdings zielen die Gedanken im dritten Teil, die Hösslis Platon-Rezeption betreffen, gewissermassen ins Zentrum seines Werks; der «göttliche Plato» ist sein Kronzeuge für die ewige Wahrheit und Schönheit der Männerliebe und für die Verurteilung der christlich-abendländischen Sodomiterverfolgung.

---

[3] Seit Karschs Tod 1936 in Berlin gilt sein Nachlass inklusive der Hössliana-Sammlung als verschollen. Sabine Schmidtke: Ferdinand Karsch-Haack. Ein biobibliografischer Abriss, in: Capri, Nr. 38, Januar 2006, S. 24–36.

[4] Ferdinand Karsch, Heinrich Hössli (1784–1864), in: Jahrbuch für sexuelle Zwischenstufen, fünfter Jahrgang 1903, S. 449–556; Nachdruck in: Heinrich Hössli: Eros. Materialien, Berlin 1996, S. 35–142.

[5] Ferdinand Karsch: Heinrich Hössli, in: Die Freundschaft, Nr. 32, 1922, [S. 2].

Der zweite «Eros»-Band enthält eine «Gallerie unserer Irrlehren» von der Männerliebe der Griechen. Hössli sieht acht Irrlehren, die er auf den Seiten 214 ff. erörtert und richtigstellt. Zuletzt wird die Ansicht widerlegt, der Eros der Griechen habe «das Verbrechen der Knabenschändung hervorgerufen, geschützt und begründet».[6] Der besonders von Dienern der christlichen Religion verbreiteten «Lüge» hält er entgegen, dass die Griechen «dieses abscheulichste aller Verbrechen […] mit dem Tode bestraft haben; mit dem Tode!»[7] Worum geht es Hössli hier? Was ist für ihn Knabenschändung? Weil ihm schwant, dass er an Stellen, wo er dem handfesten Sex gefährlich nahe kommt, etwas präziser argumentieren müsste, als das sonst in seinem mal hymnischen, mal strafpredigthaften Diskurs der Fall ist, fügt er dem «abscheulichsten aller Verbrechen» eine sehr lange Fussnote an, die «unsern Sprachgebrauch für den hier zu besprechenden Punkt»[8] klären soll. Das tut sie aber nicht und vertröstet schliesslich auf später, offensichtlich auf den nie fertiggestellten dritten Band: «Aber erst nachdem die hier zu erweisende Natur noch mehr, als solche, bezeichnet sein wird, kann auch über diesen Punkt das noch nothwendigste erörtert werden.»[9]

Anders als Autoren des 18. Jahrhunderts oder Hösslis Zeitgenossen, die sich zum Geschlechtsleben der Griechen äussern, vermeidet er die Ausdrücke «Knabenliebe» und «Päderastie», die von den andern synonym mit «Männerliebe» verwendet werden.[10] Eine Begründung dieser Sprachregelung fehlt. Indes erörtert Hössli in der langen Fussnote «Lebensstufen», die bei den Griechen gegolten haben sollen. Die «Kinder» gingen durch «einen öffentlichen Akt feierlich in das Knabenalter» über; «im zwanzigsten Jahr» war der Knabe «zum Jüngling erwachsen» und «nach Ablauf des gesetzlichen Jünglingsalters» zum «Mann». Was Hössli mit dieser Vierteilung der

---

[6] Hössli, Eros II, S. 264.
[7] Ebd., S. 265 f.
[8] Ebd., S. 265.
[9] Ebd., S. 267.
[10] Christoph Meiners: Betrachtungen über die Männerliebe der Griechen, nebst einem Auszug aus dem Gastmahle des Plato, in: ders.: Vermischte philosophische Schriften, Theil 1, Leipzig 1775, S. 61–119; Carl August Böttiger: Griechische Vasengemälde, Bd. 1, Heft 3, Magdeburg 1800; Moritz Hermann Eduard Meier: Päderastie, in: Allgemeine Encyklopädie der Wissenschaften und Künste in alphabetischer Folge, Section 3, Bd. 9, Leipzig 1837, S. 149–189.

Lebens- und Altersstufen männlicher Griechen zur Rechtfertigung der Todesstrafe bei Knabenschändung beitragen will, bleibt unklar. Und was es mit der Schändung auf sich haben könnte, überlässt er der Fantasie der Leser. Er kann schlecht sagen wollen, dass er seine Männerliebe buchstäblich nur unter Männern der Stufe vier billigt und die Geschlechtsliebe zu Männern der Lebensstufen Knabe und Jüngling für todeswürdig erklärt.

Das Wort «Schändung» wird in der damaligen Literatur für ausserehelichen Heterosex und für Männersex, namentlich für den Analverkehr verwendet. Meiners sprach von Missbrauch und Todesstrafe: «Unauslöschliche Schmach oder Todesstrafe verfolgte den Unwürdigen, der statt der Seele eines schönen Jünglings seinen Körper lieben und misbrauchen würde (Aelian. III.12).»[11] Andere Zeitgenossen sind beim Thema Knabenschändung und Todesstrafe etwas genauer: Meier erwähnt Älians Mitteilung, die sich allein auf Sparta bezieht: «Exil und Tod nennt Älian […] als lakonische Strafe des Stuprum», und weiter: «Schändung aber wurde […] mit […] Tod bestraft.»[12] «Stuprum» war in der damals noch jungen Kriminalrechtswissenschaft das lateinische Synonym für «Schändung», wobei zwischen Stuprum violentum (Vergewaltigung) und Stuprum voluntarium (einverständiger ausserehelicher Beischlaf) unterschieden wurde. Es war aber keine Quelle zu finden, die für Athen, die Stadt des «göttlichen Plato», die Todesstrafe für wie auch immer definierte Knabenschändung nennt. In seinem letzten und umfangreichsten Werk, «Die Gesetze», entwirft Platon jedoch ein ideales Rechtssystem für einen idealen Staat und sieht darin für jedwede Vergewaltigung (Stuprum violentum) die Tötung des Täters vor: «Ferner wer einer freien Frau oder einem freien Knaben Gewalt antut zur Befriedigung seiner Wollust, soll sowohl von der geschändeten Person selber als auch von deren Vater, Brüdern oder Söhnen ungestraft ums Leben gebracht werden dürfen, und ebenso soll ein Ehegatte, welcher denjenigen erschlägt, den er über der Tat seinem Weibe Gewalt anzutun ertappt, rein vor dem Gesetze dastehen.»[13]

Am Schluss seiner Todesstrafen-Fussnote weist Hössli doch noch auf zwei Texte hin, die etwas mit der griechischen Todesstrafe für Knabenschändung zu tun haben sollen: die Bibel und «des Aeschines Rede gegen

---

[11] Meiners (wie Anm. 10), S. 178.

[12] Meier (wie Anm. 10), S. 162.

[13] Platons sämtliche Werke in zwei Bänden. Deutsch von Friedrich Schleiermacher, Franz Susemihl, Hieronimus Müller et al., Wien 1925, Bd. 1, S. 830.

den Timarchus».[14] In Letzterer, einer zentralen Quelle für die altgriechische Geschichte der Päderastie, geht es aber keineswegs um Todesstrafe für irgendwelche Knabenschändung. Der Athener Bürger Aischines plädiert dort für die gerichtliche Verurteilung seines Mitbürgers Timarchos zum lebenslänglichen Verlust seiner politischen Bürgerrechte, «weil er in seiner Jugend seinen Leib zur Befriedigung unnatürlicher Wollust feil gegeben hätte».[15] «Feil geben» bedeutet hier sich prostituieren, sexuelle Dienstleistungen gegen Geld verkaufen, was offensichtlich nicht mit dem Tod bestraft wurde.

Will man nicht annehmen, dass Hössli bei der Knabenschändung sich in einen Widerspruch verstrickt, dann wäre die wahrscheinlichste Deutung, dass er sich für eine Art Schutzaltersgrenze für schwulen Sex nach dem kommenden Sieg der Humanität und der Wiederherstellung griechischer Verhältnisse aussprechen möchte. Platon bezieht in seinem «Symposion», auf das Hössli sich bei der Verteidigung der Männerliebe unentwegt beruft, gerade zur Frage einer Schutzaltersgrenze eine völlig strafrechtsferne Position. Dort heisst es von den guten «reinen» Knabenliebhabern, die von der uranischen Aphrodite und ihrem Eros angeweht sind: «Denn sie lieben nicht Kinder, sondern solche, die schon anfangen, Vernunft zu zeigen. Dies trifft aber nahe zusammen mit dem ersten Bartwuchs.»[16]

Schliesslich gibt es doch noch einen Vorschlag zur Gesetzgebung, der aber allein mit der Überlegung begründet wird, dass es bei den sehr Jungen zu einer sinnlosen Vergeudung wertvoller Erziehungsarbeit kommen könnte, weil zu diesem Zeitpunkt noch nicht zu erkennen ist, ob die Kleinen überhaupt zur Tugend erziehbar sind: «Es sollte aber auch ein Gesetz sein, nicht Kinder zu lieben, damit nicht aufs Ungewisse hin so viele Bemühungen verwendet würden. Denn bei den Kindern ist der Ausgang ungewiß, wo es hinaus will, ob zur Schlechtigkeit oder Tugend der Seele und des Leibes. Die Besseren nun setzen sich dieses Gesetz selbst freiwillig, man soll aber auch jene gemeinen Liebhaber hiezu nötigen, wie wir sie auch von edeln Frauen, soviel wir nur vermögen, abhalten, daß sie sie nicht lieben dürfen.»[17]

---

[14] Hössli, Eros II, S. 267.
[15] Meier (wie Anm. 10), S. 166.
[16] Platon (wie Anm. 13), Bd. 1, S. 593.
[17] Ebd.

Hössli empört sich darüber, dass im Strafrecht seiner Gegenwart mit dem Ausdruck zweierlei bezeichnet wird, «neben der wirklichen Knabenschändung auch eine ohne Knab und ohne Schändung».[18] Die «wirkliche» könnte demnach Sex mit einem nicht näher bezeichneten Minderjährigen meinen, die andere wäre dann Hösslis «Männerliebe», die hier aber ohne «Schändung» auskommen müsste. Hössli beharrt aber stets darauf, seine «Männerliebe» sei gerade keine blosse «geschlechtslose Seelenliebe»,[19] sondern genauso «Geschlechtsliebe» wie die «zweigeschlechtliche Liebe» zu den Frauen. Hier liegt anscheinend sein Grundwiderspruch, den er manchmal spürt, dessen Auflösung er aber immer wieder auf den dritten Band verschiebt.

Ganz zum Schluss, als er genauer auf die Rede des Aischines gegen Timarchos eingeht und daraus die Stellen vom ärgerlichen, unflätigen Sündenleben sowie von den Hurern zitiert, die sich im Schlamm der Schlechtigkeit unter den Strafen der Verachtung und dem Fluch des Gesetzes wie der Sitten winden,[20] ist plötzlich vom «Schlüssel zu dem psychologischen Hauptpunkt»[21] die Rede. Was damit gemeint ist, wird wie üblich nicht erklärt. Erraten könnte man vielleicht, dass dieser Schlüssel in einer Gleichsetzung der «blos fleischlichen und thierischen Handlungen» in der zweigeschlechtlichen Liebe mit denen in der Männerliebe zu finden ist. Hier wie dort ist es «buchstäblich und in gar allen Richtungen gerade so»: alles einerlei unzüchtige Geschlechtsliebe.[22] Aber auch – und darauf will Hössli mit dem Adjektiv «thierisch» hinaus – alles einerlei ewige Natur. Was aber der Männerliebe seit des «göttlichen Plato» Zeiten abhanden gekommen ist, «ihre Erhebung in den Aether der Urschönheit, der geistigen Kraft und Verklärung, des endlichen Sieges über das Niedersinnliche», findet Hössli als «Hauptidee» sowohl im «Christenthum» wie im «platonischen System».[23] Wo aber bleibt dann, nach dem Sieg über jenes Niedersinnliche, der Unterschied zwischen Hösslis Männerliebe und der ganz anderen «geschlechtslosen Seelenliebe»? Hössli beantwortet diese Frage nicht, deutet aber immerhin an, dass des Rätsels Lösung womöglich irgendwo im «Geist» und im titelgebenden «Eros» liegt, der den Menschen über das «Thier» stellt: «Innert den Schranken des menschlichen Geistes, in

---

[18] Hössli, Eros II, S. 265.
[19] Ebd., S. 220.
[20] Ebd., S. 332 f.
[21] Ebd., S. 334.
[22] Ebd., S. 335.
[23] Ebd.

denen der Mensch eben über dem Thier steht, hat er auch zur Beurkundigung seines unsterblichen Wesens und Wirkens die von der Natur nur ihm vorgelegten Aufgaben zu lösen. Platons Geist sah und zeigte mit seiner ganzen Macht des Eros Natur in allen den Tiefen und Höhen, nach denen auch hier wieder gedeutet wird, deren Grund und Element im Wesen des Menschen vorhanden, gegeben und erschaffen ist – und durch welche das griechische Verfahren einzig natürlich, möglich und gerechtfertigt, wie das unsrige verdammlich ist.»[24] Zu diesem «Eros» gehören zwar «des Sokrates und Platons Glauben auch an den sinnlichen Theil, Trieb und Macht dieser Liebe»;[25] Päderastie und Knabenschändung gehören aber nicht dazu, sondern zu den «Verbrechen», neben denen es für die Griechen noch nicht näher bezeichnete «Sünden» gab, die in die Zuständigkeit von «Anteros und Nemesis» fielen.[26]

Hössli bleibt bis zum Schluss unentschieden, ob er für die Restitution der altgriechischen Männerliebe in ihrem ganzen Umfang, «in allen Lebenssphären, vom Thier bis zum Engel»,[27] plädieren oder zunächst «im nächsten Band»[28] in «sittlicher und rechtlicher Weise die Prüfung des körperlichen Punkts»[29] vornehmen soll, um dann doch wieder «Knabenschändung» aus der «Natur» der «eingeschlechtliche[n] Geschlechtsliebe» in eine Sphäre des todeswürdigen Verbrechens zu verweisen.

Er sagt immer und immer wieder, dass die Männerliebe von Anfang an zur «Urnatur» der Menschheit gehört, dass aber allein die Griechen und speziell der «göttliche Plato» sie «in der Wissenschaft und Idee hatten, regierten, menschlich entwickelten, geistig beherrschten und ihrem inwohnenden Leben nach sittlich verlaufen ließen».[30] Offensichtlich erfährt der Leser aber erst nach der Prüfung des körperlichen Punkts – also nie –, was er sich unter menschlicher Entwicklung, geistiger Beherrschung und sittlichem Verlauf vorstellen darf. Befragt man Hösslis quasi heilige Texte, «Symposion» und «Phaidros», zur menschlich-geistig-sittlichen Verbesserung der Männerliebe, dann läuft das recht eindeutig auf eine Entkörperlichung hinaus. Erlaubt

---

[24] Ebd., S. 338.
[25] Ebd., S. 340.
[26] Ebd., S. 338.
[27] Ebd., S. 344.
[28] Ebd., S. 347.
[29] Ebd., S. 346.
[30] Ebd., S. 236.

bleibt für Platon/Sokrates eigentlich nur noch interesseloses Wohlgefallen an schönen Männerkörpern ohne «Erektion und Ejakulation»,[31] wie vielen Stellen der von Hössli favorisierten platonischen Dialoge zu entnehmen ist. Hösslis Zeitgenosse Meier fasst diesen eigentlich unstrittigen Eindruck so zusammen: Sokrates bemühte sich, «weil er die Knabenliebe einmal in seinem Vaterlande vorfand, […] sie von unedlen Schlacken frei zu machen und sie zu einer sittlich wohlgefälligen auszubilden […] Denn daß er allerdings gegen die sinnlich-gemeine Erotik angekämpft hat, werden wir wol dem Xenophon und Platon glauben».[32] Hössli hat gegen diesen sinnenfeindlichen christlich-reformierten Zug in seiner eigenen Platon-Deutung immer wieder tapfer angekämpft. Das Scheitern an diesem «körperlichen Punkt» hat er aber meist vor sich selbst verschleiert, indem er eine deutliche Stellungnahme auf den nie erschienenen dritten Band verschob.

---

[31] «Wie steht es eigentlich mit der Erektion und Ejakulation bei Ihnen?» Die Frage stellte der Sexologe Albert Moll Männern, die sich in den Anfängen der Schwulenbewegung unter Berufung auf einen platonischen Eros als «Eduranier» bezeichneten; sie behaupteten, den Anblick nackter junger Männer allein aus ästhetisch-erotischem Wohlgefallen zu suchen. Weil Moll meist zur Antwort bekam: «Ja, die sind da», sah er keinen Grund, nicht auch in den platonischen Eduraniern gewöhnliche homosexuelle Männer zu sehen. Vgl. Albert Moll: Homosexualität und sogenannter Eros, in: Verhandlungen des I. Internationalen Kongresses für Sexualforschung, Bd. 3, Berlin, Köln 1928, S. 136–147, Zitat S. 144.
[32] Meier (wie Anm. 10), S. 179.

Johann Gottfried Herder

Aus den Schriften des deutschen Dichters, Philosophen und Übersetzers Johann Gottfried Herder (1744–1803) hat Hössli in seinem «Eros»-Werk am häufigsten zitiert; neben Platon bekommt nur noch Herder den Ehrentitel eines «Weltweisen»[33] von ihm verliehen, und es ist schwierig zu klären, was in Hösslis Sicht diesen Weltweisen vor allen anderen auszeichnete. Es geht wohl wiederum um das Verhältnis des Christentums zum Griechentum. Herder war für Hössli «ein Christ in dieses Wortes tiefstem und feierlichstem Sinne», weil er die Überzeugung vermittelt, Christentum und Griechentum seien für unser Geschlecht gleichermassen bedeutsam, die Griechen aber seien «das höchste Vorbild der Menschlichkeit».[34] Anscheinend lernt Hössli von Herder, einem führenden Vertreter der Aufklärungsphilosophie in Deutschland, die deistische Auslegung der christlichen Religion: «Das ist ein gottloses Bestreben, das im Moses Gott mehr als im Homer und Plato oder im Pytagoras oder Aristoteles oder Tacitus oder – in Jerusalem mehr als in Athen zu finden trachtet. […] Die Griechen muß man lesen, wie die Bibel, und die Bibel wie die Griechen.»[35]

Im dritten Abschnitt des ersten Bandes versucht Hössli eine «Deutung des Charakters der Menschheit zu allen Theilen und Bestimmungen ihrer geistigen und leiblichen Natur» zu geben und eine eigene Geschichtsphilosophie zu skizzieren, die von der Herder'schen ein wenig abweicht. Hössli teilt zwar Herders Ansicht von der Menschheitsgeschichte als einer nichtlinearen Progression mit den Zielen Erkenntnis der «Wahrheit» und Verwirklichung der «Humanität»,[36] sieht aber «Jahrhunderte des Verfalls, der Verwilderung, der Rohheit, der Pfaffenherrschaft, des Aberglaubens und der Völkerverworfenheit».[37] Hösslis Zeiten des Verfalls wären womöglich mit Herders Vorstellung einer progressiven Tendenz in der Geschichte

---

[33] Hössli, Eros I, S. 196.

[34] Ebd., S. 196 f.

[35] Ebd., S. 197 f.

[36] «Nur stelle man sich die Linie dieses Fortganges nicht gerade, noch einförmig; sondern nach allen Richtungen, – in allen möglichen Wendungen und Winkeln vor […].» Hössli, Eros I, S. 82, ebenfalls ohne Quellenangabe aus Herders «Briefen zur Beförderung der Humanität» mit Kürzungen zitiert.

[37] «Es ist nur Ein Bau, der fortgeführt werden soll, der simpelste, größeste; er erstreckt sich über alle Jahrhunderte und Nationen; wie physisch, so ist auch moralisch und politisch die Menschheit im ewigen Fortgange und Streben.» Hössli, Eros I, S. 85. Hössli zitiert hier aus

vereinbar,[38] wenn man diese Jahrhunderte der Irrideen über die Männerliebe als eine der Wendungen und Winkel der Menschheitsgeschichte auffasst, die durch «Humanität» zu überwinden sind. Hössli glaubt, dass er mit seinem «Eros»-Werk zur Wahrheit und Humanität sowie zur Überwindung der Pfaffenherrschaft und der Irrideen beitragen kann. Insofern teilt er Herders Geschichtsoptimismus, den dieser wiederum von seinem verehrten Vorgänger Lessing übernahm.[39] Schliesslich scheint nur noch Hösslis Naturbegriff ihn von Herders Entwicklungskonzept in Natur und Geschichte zu unterscheiden: Hössli will nur die «Entwürdigung» beenden, die die ewig gleiche Menschennatur, von der die Männerliebe ein ebenso ewiger Bestandteil ist, erleidet. Für Herder ist die Menschennatur wie die Natur schlechthin gerade dadurch ausgezeichnet, dass «alle ihre Kräfte» in nichtgerader und nichteinförmiger Linie «entwickelt werden».[40] Während Herder weitgehend von der Aufklärungsphilosophie Frankreichs und der 1789er Revolution geprägt war, hat Hössli die revolutionären französischen Ereignisse speziell in Sachen Männerliebe, die in Napoleons «Code pénal» und der epochalen Legalisierung der Männerliebe in Frankreich ihren Höhepunkt fanden, überhaupt nicht zur Kenntnis genommen.

Hösslis Herder-Zitate haben meist nichts mit der Männerliebe zu tun. Sie dienen quasi propädeutisch dazu, den Rahmen der Aufklärung über allgemeine Menschenrechte und Humanität vorzugeben, in dem er die Renaissance der Männerliebe rechtfertigen und begründen will. Aus Herders Hauptwerk, den «Ideen zur Philosophie der Geschichte der Menschheit», zitiert er aber doch die berühmte, auch von Herders Freund Goethe gelobte Glosse über «die männliche Liebe der Griechen»; indes ist auch Herder nur ein Kind seiner Zeit, das, indem es nur Sittenverderbnis, Missbrauch und Unordnungen sieht, «neben den andern stehen»[41] bleibt und nicht über die andern hinausgelangt: «Nie hat ein Zweig schönere Früchte getragen,

---

Herders «Briefen zur Beförderung der Humanität» (Zweite Sammlung, 1793, Brief Nr. 25), ohne das Zitat als solches zu kennzeichnen.

[38] Hössli, Eros I, S. 75.

[39] Aus Herders «Gallerie großer und weiser Männer. 7. Gotthold Ephraim Lessing» von 1791 zitiert Hössli gleich zweimal jene Stelle, wo Herder von der anfangs fürchterlich und hässlich erscheinenden Wahrheit spricht, die am Ende aber doch gut, erquickend und schön wird. Hössli, Eros I, S. 75 und 78.

[40] Hössli, Eros I, S. 83. Auch hier wird ohne Quellenangabe aus Herders «Briefen» zitiert.

[41] Ebd., S. 280.

als der kleine Oel-, Epheu- und Fichtenzweig, der die griechischen Sieger kränzte. Er machte die Jünglinge schön, gesund, munter; den Gliedern gab er Gelenkigkeit, Ebenmaaß und Wohlstand; in ihrer Seele fachte er die ersten Funken der Liebe für den Ruhm, selbst für den Nachruhm an und prägte ihnen die unzerstörbare Form ein, für ihre Stadt und für ihr Land öffentlich zu leben; was endlich das Schätzbarste ist, er gründete in ihrem Gemüthe jenen Geschmak für Männerumgang und Männerfreundschaft, der die Griechen ausnehmend unterscheidet. Nicht war das Weib in Griechenland der ganze Kampfpreis des Lebens, auf den es der Jüngling anlegte; die schönste Helena könnte immer doch nur einen Paris bilden, wenn ihr Genuß oder Besitz das Ziel der ganzen Mannestugend wäre. Das Geschlecht der Weiber, so schöne Muster jeder Tugend es auch in Griechenland hervorgebracht hat, blieb nur ein untergeordneter Zweck des männlichen Lebens; die Gedanken edler Jünglinge gingen auf etwas höheres hinaus; das Band der Freundschaft, das sie unter sich oder mit erfahrnen Männern knüpften, zog sie in eine Schule, die ihnen eine Aspasia schwerlich gewähren konnte, daher in mehreren Staaten die männliche Liebe der Griechen, mit jener Nachweisung, jenem Unterrichte, jener Dauer und Aufopferung begleitet, deren Empfindungen und Folgen wir im Plato beinahe wie bei dem Roman aus einem fremden Planeten lesen. Männliche Herzen banden sich an einander in Liebe und Freundschaft, oft bis in den Tod; der Liebhaber verfolgte den Geliebten mit einer Art Eifersucht, die auch den kleinsten Flecken an ihm aufspähte, und der Geliebte scheuete das Auge seines Liebhabers als eine läuternde Flamme der geheimsten Neigungen seiner Seele. Wie uns nun die Freundschaft der Jugend die süßeste, und keine Empfindung dauernder ist, als die Liebe derer, mit denen wir uns in den schönsten Jahren unsrer erwachenden Kräfte auf einer Laufbahn der Vollkommenheit übten: so war den Griechen diese Laufbahn in ihren Gymnasien, bei ihren Geschäften des Krieges und der Staatsverwaltung öffentlich bestimmt, und jene heilige Schaar der Liebenden, davon die natürliche Folge. Ich bin weit entfernt, die Sittenverderbniß zu verhehlen, die aus dem Mißbrauche dieser Anstalten, insonderheit, wo sich unbekleidete Jünglinge übten, mit der Zeit erwuchsen; allein auch dieser Mißbrauch lag leider im Charakter der Nation, deren warme Einbildungskraft, deren fast wahnsinnige Liebe für alles Schöne, in welches sie den höchsten Genuß der Götter setzten, Unordnungen solcher Art unumgänglich machte. Im Geheimen geübt, würden diese nur desto verderblicher geworden sein, wie die Geschichte fast aller Völker des warmen Erdstriches oder einer üppigen Cultur beweisen. Daher ward der Flamme, die sich im Innern nährte, durch öffentliche, rühmliche Zwecke und Anstalten zwar freiere Luft geschafft; sie kam damit aber auch unter die einschränkende Aufsicht der Gesetze, die sie als eine wirksame Triebfeder für den Staat brauchten.› (Herder)»[42]

Diese Ausführungen über griechische Sitten finden sich im Kapitel «Entwicklungsstufen der Humanität» von Herders «Ideen zur Philosophie der Geschichte der Menschheit». Als ob Herder Hösslis Auffassung von der ewig unveränderlichen Menschennatur parodieren wollte, legt er in diesem Kapitel einem antihumanistischen Skeptiker folgende Sätze in den Mund: «Die Natur des Menschen bleibt immer dieselbe; im zehntausendsten Jahr der Welt wird er mit Leidenschaften geboren, wie er im zweiten derselben mit Leidenschaften geboren ward, und durchläuft den Gang seiner Torheiten zu einer späten, unvollkommenen, nutzlosen Weisheit. Wir gehen in einem Labyrinth umher, in welchem unser Leben nur eine Spanne abschneidet; daher es uns fast gleichgültig sein kann, ob der Irrweg Entwurf und Ausgang habe.»[43] Gegen solchen Geschichtsfatalismus setzt Herder nun seine Theorie der Entwicklungsstufen der Humanität, die, noch weit entfernt von einem historischen Materialismus und weiter entfernt von der in der Epoche des Imperialismus hegemonial werdenden Lehre von der ewigen Wiederkehr des Gleichen (Schopenhauer, Nietzsche, Foucault), ein Prinzip Hoffnung in die Philosophie einführt.

Merkwürdigerweise lässt Hössli dem enttäuschenden Herder-Zitat über die männlichen Herzen der Griechen ein kürzeres von «G. Schultheß, Sohn» folgen, von dem er behauptet, «seine scharfsinnige, humane, lichtvolle Ahnung ist Wahrheit».[44] Gemeint ist der Zürcher reformierte Theologe Johann Georg Schulthess, der 1782 als Erster Platons «Symposion» komplett ins Deutsche übersetzt hatte. Hössli zitiert aus Schulthess' Vorrede zum «Gastmahl» ähnliche Gedanken über die Männerliebe, wie er sie bei Herder fand; war es bei Herder Missbrauch und Sittenverderbnis, so liegen für Schulthess Unmoral, Übel und Ausartung vor,[45] was nichts an Hösslis positivem Urteil zu ändern vermag.

---

[42] Ebd., S. 280–282.

[43] Johann Gottfried Herder: Ideen zur Philosophie der Geschichte der Menschheit, 4 Bände, Riga, Leipzig 1784–1791, Fünfzehntes Buch, zitiert nach der Ausgabe München 2002.

[44] Hössli, Eros I, S. 283.

[45] «Ob nun aber schon sie, die Gesetzgeber, die Rechte dieser Liebe so unmoralisch ausgedehnt, ob sie vielleicht aus einem vorhandenen Uebel, da es nicht auszureuten war, we-

«Freundschaft hat kein Geschlecht», schreibt Hössli in einer polemischen Attacke gegen Xenophon, den sokratischen Mitschüler Platons, der «Wollüstlinge, die blos den Körper lieben», tadelt und die Freundschaft lobt, weil sie «ohne Uebersättigung» ist.[46] Wie die Begeisterung für Schulthess letztlich unverständlich bleibt, so auch die leidenschaftlichen Vorwürfe gegen Xenophon. Dessen Bemerkungen über die homerischen Kriegshelden Achilles und Patroklos «und viele Andere» scheinen Hössli zur Kritik gereizt zu haben: «[…] und nach Homer rächte Achilles den Patroklus nicht blos darum, weil er sein Liebhaber, sondern vielmehr weil er dabei auch sein Freund war; also wurden auch Orestes und Pylades, Theseus und Pirithous und viele Andere nicht ihres Beisammenschlafens wegen, sondern weil sie sich edel liebten, und dabei (und dadurch) große Thaten vollbracht haben, Halbgötter.»»[47]

Xenophon konstruiert hier offensichtlich einen Zusammenhang zwischen Grosstaten jener Männerpaare und ihrer Freundschaft, die zum Beisammenschlafen, also zur Geschlechtsliebe, hinzukam. Hössli stellt hierzu fest, dass dies auch bei den Heteros, bei der zweigeschlechtlichen Verbindung, so ist: die leere physische Geschlechtslust ohne geistiges Interesse ist «gemein». Gleichwohl gehört sie zur ewig unveränderlichen Menschennatur und Platons beide Grosstaten – erstens diese Naturkonformität zu «erweisen» und zweitens die Männerliebe irgendwie sittlich zu verbessern – zielten allein auf diese gemeine und «anerborne […] Leib- oder Thierseite des Geschlechtstriebes».[48]

Hössli liebt den Superlativ und verwendet ihn nahezu auf jeder Seite seines «Eros». Wenn er aber von Platon spricht und von «Phaidros» und «Symposion», den beiden unvergleichlichen Kunstwerken, dann bleibt nur

---

nigstens etwas Gutes zu ziehen gesucht haben; oder ob es nachherige Ausartung gewesen sei? wage ich nicht zu entscheiden. Soviel sehe ich wohl ein, daß pöbelhafte Liebhaber als schlechte, gefährliche Leute taxirt sind.» Johann Georg Schulthess: Etwas zur Vorrede, in: Das Gastmahl, oder; von der Liebe. Ein Gespräch. Aus dem Griechischen des Plato übersetzt von G. Schulthess, Sohn, Zürich 1782, [S. 1–5], zitiert nach Hössli, Eros I, S. 283.

[46] Hössli, Eros II, S. 142 f.

[47] Ebd., S. 143.

[48] Ebd., S. 348.

das unüberbietbare Beiwort: göttlich, der Göttliche.[49] An Heiligkeit und göttlicher Offenbarung, was für Hössli Synonyme für «Humanität» sind, übertreffen sie das erste Buch Mose mit seinem Todesurteil über Männerliebende und «dem Mährchen von Sodom und der Salzsäule».[50] Seltsam ist jedoch, dass im gesamten «Eros» die unsterblichen und unvergleichlichen Texte niemals zitiert oder gar interpretiert werden. Im zweiten Band gibt es lediglich eine sehr knappe Nacherzählung der berühmten Stelle im «Symposion», wo Aristophanes über die ursprünglichen drei Geschlechter des Menschen spricht;[51] aus dem «Phaidros» wird das schöne Bild von den drei Bestandteilen der menschlichen Seele paraphrasiert, wo der Wagenlenker Besonnenheit die beiden gegensätzlichen Pferde, das weisse brave und das schwarze wilde mit den blutunterlaufenen Augen, in Richtung Tugend lenken muss/soll.[52] Gelingt dies, dann obsiegt in der Seele des Liebenden «die göttliche Begeisterung der Liebe. Dann sieht er [der Geliebte, M. H.] im verklärten Antlitz und der Wonne des Liebenden was er Einem, wenn nicht Allen sein kann, und liebt endlich selbst die Seele, die er beseligt, und freut sich seines Werths, denn wie in einem Spiegel erblickt er sich selbst im Auge des Liebhabers mit Wohlgefallen.»[53] Bei Platon wie bei Hössli kommt es in einem derart perfekt homophilen Liebespaar, das aber immer noch vom Kampf zwischen «Scham und Sinnlichkeit, Geist und Fleisch» gezeichnet ist, von Zeit zu Zeit zu «Sinnengenuß»,[54] zur orgiastischen Sexualität – oder in der Sprache Schleiermachers: «So finden wohl leicht einmal beim Trunk oder in einem anderen unbesorgten Augenblick die beiden unbändigen Rosse die Seelen unbewacht und führen sie zusammen, daß sie das, was die Menge für das seligste hält, wählen und vollbringen, und haben sie es einmal vollbracht, so werden sie es nun auch in der Folge genießen, aber selten, weil nicht des ganzen Gemütes Zustimmung hat, was sie tun.»[55]

---

[49] Auch hier folgt Hössli der Tradition. Uwe Neumann weist darauf hin, dass bereits in Ciceros «Tusculanae disputationes» dem Platon die Ehrentitel «der Göttliche» und «der Homer der Philosophie» verliehen werden. Uwe Neumann: Platon, 2. Auflage, Reinbek bei Hamburg 2006, S. 133.

[50] Hössli, Eros I, S. 90 f.

[51] Hössli, Eros II, S. 317–319.

[52] Ebd., S. 322 f.

[53] Ebd., S. 323.

[54] Ebd., S. 324.

[55] Platon (wie Anm. 13), Bd. 1, S. 674.

186

Das, was die Menge für das Seligste hält, der Sex, wird bei Platon durchgängig abgewertet und moralisch verurteilt, so dass die einschlägigen Textstellen normalerweise wie die Vorwegnahme christlicher Moraltheologie aussehen und Hössli ohne weiteres seinen grossen schwulen Landsmann, den Historiker Johannes von Müller, mit dem schönen Satz zitieren kann: «Selbst die erhebendsten Kirchenväter priesen den göttlichen, dichterischen, erhebenden Plato.»»[56] Das, was die Menge für das Seligste hält, ist auch einer der bedeutsamsten Querverweise zwischen «Phaidros» und «Symposion»: hier wie dort eine Abwertung der Sexualität als schlecht, frevelhaft, gemein. Im «Symposion» erzählt Pausanias seine Geschichte vom Doppeleros und von den beiden Aphroditen: der einen, Tochter des Zeus und der Dione, «welche wir auch die gemeine nennen», steht ein gemeiner Eros als «Gehilfe» zur Seite; er «ist auch in Wahrheit gemein und bewirkt, was sich eben trifft, und dieser ist es, nach welchem die schlechten unter den Menschen lieben. Es lieben aber solche zuerst nicht minder Frauen als Knaben.»[57] Die andere aber, die mutterlose Tochter des Uranos mit dem Beinamen die Himmlische, ist, weil sie nur von Männlichem abstammt, zuständig für «die Liebe der Knaben». Die vom Eros der Himmlischen «angewehten» lieben «das von Natur stärkere und mehr Vernunft in sich habende», weshalb Frauen und Kinder für sie als Objekte des Begehrens nicht infrage kommen.[58]

Einmal nennt Hössli Platon und Sokrates «strenge Moralisten», weil sie die Männerliebe der Griechen mittels «Schönheitssinn erheben» wollten, um sie «so viel wie möglich von dem von uns unbegriffenen Körperlichen unabhängig zu machen».[59] «Uns» ist das Körperliche an der Männerliebe nur allzu gut begreiflich. Und auch Hösslis Schwierigkeit besteht nicht darin, dass er wie vermeintlich die beiden strengen Moralisten das Körperliche nicht begreift, vielmehr begreift er es als eine Art notwendiges Übel, mit dem «uns» die Natur wie mit einer Erbsünde ausgestattet hat. An der eben erwähnten Stelle führt Hössli aus, dass die beiden Moralisten sozusagen volkspädagogisch die Männerliebe «durch den Schönheitssinn erheben» und

---

[56] Hössli, Eros I, S. 191.
[57] Ebd., S. 592.
[58] Ebd., S. 593. Dieser Stelle des «Symposions» hat Karl Heinrich Ulrichs 1864 die Anregung für seine terminologischen Neuschöpfungen entnommen: Schwule nennt er Urninge, Heteros Dioninge.
[59] Hössli, Eros II, S. 215.

vom handfesten Sex, vom «Körperlichen», möglichst vollständig abkoppeln wollten.[60] Anschliessend nennt er wieder einmal eines der beiden Hauptverdienste Platons, den irgendwie geführten Nachweis, dass die Männerliebe «ihre Wurzeln in der Fleisch- und Sinnennatur» habe. Diese ungezählte Male wiederholte Behauptung ist es aber gerade, die auch von den Autoren der biblischen Genesis geglaubt wird: denn wenn es dort in Martin Luthers Verdeutschung heisst: «Wenn jemand beim Knaben schlefft / wie beim Weibe / die haben einen Grewel gethan / Vnd sollen beide des tods sterben»,[61] dann wird hier wie bei den Athenern zwingend vorausgesetzt, dass die Fähigkeit zum Schlafen bei Knaben oder Weibern irgendwie in der physischen Natur der Männer ihre «Wurzeln» haben müsse.

Hier zeigt sich auch eine Schwäche in Hösslis Vergleichung der christlichen Hexen- mit der nicht minder christlichen Sodomiterverfolgung: wurde eine Hexe verbrannt, so war das nicht die Strafe für eine konkrete Tat, sondern für eine von den Verfolgern fantasierte Teufelsbuhlschaft, die der Frau böse Zauberkraft verliehen haben soll («Die Zeuberinnen soltu nicht leben lassen»).[62] Einen Sodomiter verbrannten die Verfolger, weil er mit einem Mann Sex wie mit einer Frau gehabt (oder dies wenigstens unter der Folter zugegeben) und so, wie schon in der Heiligen Schrift vorgesehen, durch eine konkrete Tathandlung sein Leben verwirkt hatte. Natürlich ist Hösslis Vergleich insofern sinnvoll, als in beiden Fällen der Strafe eine biblische «Irridee» zugrunde liegt, die jeder aufgeklärten Vernunft spottet; den «körperlichen Punkt» als Unterschied zwischen Sodomitern und Hexen scheint er für sein Argument nicht gebraucht zu haben.

Im Anschluss an die Nacherzählung der Mythe von den ursprünglichen drei Geschlechtern[63] erklärt sie Hössli als «deutlichsten» bildlichen Ausdruck für die Unzuverlässigkeit der äusseren Geschlechtskennzeichen bei der Zuordnung einer sexuellen Orientierung. «Unsere im Uebrigen nicht weniger schöne und tiefbedeutsame Mythe von den Rippen Adams» hat im Gegensatz dazu wegen ihrer nur die allgemeine Liebe umfassenden Einseitigkeit gerade unseren Glauben an die Zuverlässigkeit der äusseren

---

[60] Ebd.
[61] 3. Mose 20, 13.
[62] 2. Mose 22, 18.
[63] Hössli, Eros II, S. 317 ff., «Symposion», Rede des Aristophanes.

Kennzeichen bestärkt, aber auch «als Mordfackel» gedient: «Die Griechische Mythe, die die in der Natur zu allen Zeiten vorhandene Unzuverlässigkeit so klar in sich fasset, hat ihrer Zeit und Menschheit all den Segen einer vollständigen Wahrheit begründet, der für die Menschheit aller Zeiten in ihnen erblühte, und an dessen Statt uns alles Unheil und Unrecht unserer Irridee drückt.»[64] Aber hat nicht auch die Bibel jene Hössli'sche Unzuverlässigkeit berücksichtigt, wenn sie die mögliche Penetration der äusseren Geschlechtskennzeichen der Männer in ganz andere Körperöffnungen als die Vagina der Frau bedenkt, wie etwa den Anus eines «Knaben» oder eine Körperöffnung beim «Vieh»?[65] Der Unterschied zwischen der griechischen und der biblischen Mythe liegt wohl nicht in der Kenntnisnahme der Vielfalt der Arten des Geschlechtsverkehrs, auch nicht in der grundsätzlich negativen Bewertung des körperlichen Vollzuges, sondern bloss in der Sanktionierung mit dem Tod.

Es ist auffällig, dass Hössli sich bei seiner Platon-Begeisterung so gut wie ausschliesslich[66] auf «Phaidros» und «Symposion» beruft. Ob er den ganzen Platon gekannt hat, wissen wir nicht. Hätte er aber Platons letztes und umfangreichstes Werk, «Die Gesetze», gelesen, dann wären seine oben erwähnten Ausführungen zur Knabenschändung und seine gesamte Platon-Apologie womöglich etwas anders ausgefallen. «Die Gesetze» bestehen aus einem sehr langen belehrenden Vortrag eines namenlosen als Gast in Kreta weilenden «Atheners» vor zwei Nichtathenern, dem Kreter Kleinias und dem Lakedämonier Megillos. Vortragsthema ist die Frage, wie gute Gesetze aussehen sollten, damit der Staat gut funktioniert. Die beiden Zuhörer dürfen Zustimmung äussern und Verständnisfragen stellen, die der Athener beantwortet.

Im achten Buch kommt der Vortragsredner auf «die unerlaubten Liebesverhältnisse» zu sprechen, die für die Einzelnen und für ganze Staaten «Tausende von Übeln» erzeugen und gegen die er ein «Heilmittel» zur

---

[64] Hössli, Eros II, S. 320.

[65] «Wenn jemand beim Vieh ligt / der sol des Tods sterben». 3. Mose 20, 15.

[66] Einmal zitiert er als Nummer 23 seiner «Stimmen und Zeugen» aus Platons «Staat» eine Stelle, wo von aktiven Kriegern die Rede ist, denen Mädchen, Jünglinge und Knaben keinen Kuss verweigern dürfen. Die Stelle wird kommentarlos doppelt aus verschiedenen Übersetzungen zitiert; bei Schleiermacher dürfen «Knaben» den Kuss nicht verweigern, bei Fähse sind es «Jünglinge». Hössli, Eros II, S. 109 f.

«Errettung aus solcher Gefahr» zeigen möchte. Er erzählt, dass in Athen vor langer Zeit Gesetze galten, die «der Natur folgend» den Männern und Jünglingen verboten, «der gleichen sinnlichen Vermischung und des gleichen gemeinsamen Liebesgenusses wie mit Weibern zu pflegen». Diese Gesetze sollten endlich wieder gelten, weil sie naturgemäss sind, denn unter den Tieren kommt es nie vor, dass «ein Männchen das andere berührt», um sich sinnlich mit ihm zum gemeinsamen Liebesgenuss zu vermischen; mit anderen Worten: dieses Verhalten ist «unnatürlich».[67] Der Athener steigert sich in seinem Sexualreformeifer tatsächlich in einen protochristlichen Rigorismus und will in seiner Heimatstadt am liebsten ein Gesetz einführen, «welches gebietet, daß man den Beischlaf eben nur in naturgemäßer Weise oder mit anderen Worten zum Zwecke der Kindererzeugung vollziehen solle, daß man mithin Männern nicht beiwohnen und so die Fortpflanzung vorsätzlich vereiteln und auf Fels und Stein säen dürfe, wo kein Zeugungskeim Wurzeln schlagen und so seine natürliche Kraft äußern kann»;[68] kurz gesagt wäre es das Beste, wenn man alle «widernatürlichen Lüste» und speziell «die Knabenschänderei gänzlich ausrotten» würde.[69] Liest man die Ausführungen des greisen Platon im achten Buch der «Gesetze» im Zusammenhang, dann stellt man bald fest, dass es sich hier um geringfügig radikalisierte Neuformulierungen von sexualfeindlichen Ideen der Jugendwerke «Symposion» und «Phaidros» handelt. Auch ohne die «Gesetze» gekannt zu haben, konnte sich Hössli demnach mit seiner Ambiguität hinsichtlich des «körperlichen Punkts» der Männerliebe in perfekter Harmonie mit den Lehren des «göttlichen Plato» fühlen.

Ein anderer Aspekt des «körperlichen Punkts» neben der Sexualität gehört ebenfalls hierher: die Weiblichkeit der Männer. Sie kommt bei Hössli und bei Platon nicht gut weg, was bei beiden marginal bleibt, dennoch als gewöhnlicher Tuntenhass identifizierbar ist. Platon nennt Männer «weichlich», wenn sie sich «eine zärtliche, unmännliche Lebensart» angewöhnt haben, männliche Arbeiten und anstrengende Leibesübungen meiden und vor allem kriegsuntauglich sind;[70] am Beispiel des Orpheus zeigt er, dass

---

[67] Platon (wie Anm. 13), Bd. 2, S. 779. Verwendet wird die Übersetzung Franz Susemihls aus dem Jahr 1862.

[68] Ebd., S. 783.

[69] Ebd., S. 783 und 786. «Widernatürliche Lust» gibt es auch schon im «Phaidros». Dort ist es der Sexualmodus der Verdorbenen respektive der Frevler. Platon, Bd. 1, S. 668.

[70] Platon (wie Anm. 13), Bd. 1, S. 655.

auch die Götter weichliche Männer nicht mögen, denn diese neigen zu Feigheit und Hinterlist. Weil Orpheus nicht den Mut fand, für seine Liebe zu sterben, und stattdessen hoffte, mit einer List lebend in den Hades zu seiner Eurydike zu kommen, verweigerten sie ihm die Wiedervereinigung mit ihr. Schlimmer noch: er starb durch Weiberhand! «Deshalb haben sie ihm Strafe aufgelegt und veranstaltet, daß sein Tod durch Weiber erfolgte.»[71] Weichliche, unmännliche Männer von heute erinnern auch an das dritte, «mannweibliche» Geschlecht, das neben den beiden anderen, dem komplett weiblichen und dem ebenso komplett männlichen, anfangs existierte. Heute aber, nach dem strafenden Entzweischneiden der Kugelmenschen ist der Name des dritten Geschlechts nur noch einer, «der zum Schimpf gebraucht wird».[72] In den «Gesetzen» ist schliesslich von unerlaubten Liebesverhältnissen die Rede, in denen Männer auftreten, als wären sie Weiber, und rhetorisch wird gefragt: «Findet nicht jeder an dem, welcher sich einem Weibe gleichstellt, ebendiesen weibischen Sinn zu tadeln?»[73]

Hössli erwähnt wenigstens einmal abfällig die «weibische Mannheit», die er einer allein von Winckelmann «und Seinesgleichen» richtig aufgefassten jungfräulichen Männlichkeit gegenüberstellt; weibische Mannheit ist für ihn ausserhalb der Sphäre der Kunst und Wissenschaft ein «seltsames Unding».[74] Hössli könnte hier auf die vielen antiken Hermaphroditenskulpturen (Sphäre der Kunst) und die umfangreiche medizinische Hermaphroditenliteratur seiner Zeit (Sphäre der Wissenschaft) anspielen. Platonische Klarheit vermisst man jedoch in diesem Hössli'schen Gegensatz von weibischen und jungfräulichen Männern. Nicht viel eindeutiger ist Hösslis Umgang mit jener Stelle aus dem «Morgenblatt für gebildete Stände» vom 4. Juni 1834, wo der Herausgeber Wolfgang Menzel «Männer mit Weiberseelen» und «männliche Seelen in weiblichen Körpern» erwähnt.[75] Von Wert ist für Hössli an dem «Morgenblatt»-Zitat allein, dass es auf die Männerliebe als «in der Menschennatur vorhandene, uns unerklärte Erscheinung» hinweist. Dass er diesen Hinweis für überflüssig und für eine zeittypische Missachtung der griechischen Wissenschaft hält, bekundet er mit folgendem sehr dunklem Satz: «Die Griechen fanden ihre Erklärung in der Erscheinung selbst, wir

---

[71] Ebd., S. 591.
[72] Ebd., S. 602.
[73] Ebd., S. 797 f.
[74] Hössli, Eros II, S. 325.
[75] Hössli, Eros I, S. 295.

aber wollen erst in der Erklärung die Erscheinung finden.»[76] Den Gedanken, dass Männer, die Männer lieben, mit einer Weiberseele ausgestattet sein könnten, verwirft er mit dem Hinweis auf den schwulen württembergischen König Friedrich I. Der soll so kräftig gewesen sein, dass Hössli sich «diese reiche Individualität» keinesfalls mit «einer weiblichen Seele» ausgestattet vorstellen will; er erklärt König Friedrich «zum psychologischen Räthsel».[77]

In der Schwulenbewegung, die sich um das Jahr 1970 in Europa und Nordamerika entwickelte, bestand unter denen, die nach den Ursprüngen der Schwulenunterdrückung fragten, Einigkeit: Verfolgung und Unter-drückung wurden von Anfang an mit Elementen der jüdisch-christlichen Ideologie gerechtfertigt, wie sie zuerst in den heiligen Schriften beider Welt-religionen, speziell in der Sodommythe (1. Mose 19, 5–11) und im Römer-brief des Apostels Paulus nachgelesen werden konnten. Texte der antiken Heiden galten, ganz im Sinne der damals noch kaum wahrgenommenen Schriften von Hössli und Ulrichs, als Funken und Vorboten der kommenden Schwulenemanzipation. Liest man aber Platons Texte unter den Gesichts-punkten, die Hössli bei seiner Platon-Lektüre leiteten, muss man – anders als Hössli – konstatieren, dass Platon mitnichten die Männerliebe vertei-digte oder rechtfertigte, dass er sie vielmehr als notwendiges Übel in den Kauf nahm und ihre Ausrottung für das Beste hielt, was für die Erziehung junger Leute getan werden könne. In der negativen Bewertung jeglicher Homosexualität unterschied er sich nicht von jenen christlich-jüdischen Autoren, die an allem allein schuld gewesen sein sollen. Hössli gab seiner Überzeugung Ausdruck, dass sein «Gott» keinesfalls «in Jerusalem mehr als in Athen zu finden» sei.[78] Sieht man genauer hin, als Hössli dies getan hat, dann findet man die Ursprünge von Unterdrückung und Verfolgung der abendländischen Schwulen sowohl im christlich-jüdischen Jerusalem[79] als auch im pagan-platonischen Athen.

---

[76] Ebd. Im «Phaidros» sagt Platon, die Seelen seien «unsterblich» und mit Flügeln versehen, woraus für ihn folgt, dass sie sich vor der Geburt und nach dem Tod des Menschen auf eine tausendjährige Wanderschaft im «Himmel» begeben und anschliessend wieder in einem Menschen oder in einem Tier wohnen. Platon (wie Anm. 13), Bd. 1, S. 662 und 666. Bei Platon haben Seelen kein Geschlecht, was Hösslis Skepsis gegenüber der von Menzel angedeuteten rabbinischen Seelenlehre, die an Männer- und an Weiberseelen glaubt, erklären könnte.

[77] Platon (wie Anm. 13), Bd. 1, S. 296.

[78] Hössli, Eros I, S. 198.

[79] Mit Alain Badiou kann man sagen, dass nicht die Frauen-, Schwulen- und Sexualfeindschaft das zukunftsträchtige Neue am paulinischen Christentum ist; vielmehr ist es der erstmals

Anders als in der frühen deutschen Schwulenbewegung, die siebzig Jahre zuvor in Berlin entstanden war,[80] träumte aber keiner der Schwulenbewegten anno 1970 von der Restitution antiker heidnischer Zustände – dafür war das Bewusstsein von der archaischen Frauenunterdrückung und dem grausamen Sklavenhaltersystem im Athen Platons zu fest in die Köpfe der Aktivisten eingepflanzt. Abgesehen von der Albernheit der Vorstellung vom Rückgängigmachen des historischen Prozesses war auch klar, dass das eine ohne das andere, die griechische Männerliebe ohne die griechische Frauen- und Sklavenunterdrückung, nicht zu haben war. Beim Blick auf manche Texte der Schwulenbewegung in der wilhelminischen Epoche von Autoren wie Benedict Friedlaender, Hans Blüher, Elisar von Kupffer und anderen konnte man durchaus den Eindruck der Schwärmerei von einer Renaissance eines «Eros Uranios», so der Titel eines ideologischen Grundlagenwerks aus jener Zeit,[81] gewinnen, und zwar ohne Sklaven, ohne Christentum, ohne Sozialdemokratie und ohne Frauenbefreiung. So ist es nur natürlich, wenn die Führer dieser schwulenpolitischen Strömung ziemlich uniform eine rechtskonservative, mit völkisch-anarchistischen Ideologemen vermischte Gesinnung an den Tag legten; und ganz im Sinne platonischer Eros-Vorstellungen wurde das sexuelle Moment in der Männerliebe in den Texten heruntergespielt und als nebensächlich bis unerheblich dargestellt.[82] Kompliziert wurde dann die Begründung für die Forderung nach Abschaffung des Paragrafen 175 Reichsstrafgesetzbuch, der

---

formulierte Gedanke des Universalismus, der grundsätzlichen Gleichheit aller Menschen, ob Sklave, Frau, Päderast, Jude oder Heide. Erst einmal getauft, sind alle gleiche Kinder des himmlischen Vaters. Alain Badiou: Paulus. Die Begründung des Universalismus, Zürich-Berlin 2009, Originalausgabe 1997.

[80] Vgl. dazu die Publikation Goodbye to Berlin? 100 Jahre Schwulenbewegung. Eine Ausstellung, Berlin 1997.

[81] Benedict Friedlaender: Renaissance des Eros Uranios. Die physiologische Freundschaft, ein normaler Grundtrieb des Menschen und eine Frage der männlichen Gesellungsfreiheit, Schmargendorf-Berlin 1904.

[82] Manfred Herzer: Asexuality as an element in the selfpresentation of the right wing of the German gay movement before 1933, in: Among Men, Among Women. Sociological and Historical Recognition of Homosocial Arrangements, Amsterdam 1983, S. 315–321 und 581. «Wer gröbere Paederastie treibt, zumal im Uebermaasse, der discreditirt die Freundschaft, die ja zwar von Natur einer Beimischung sinnlicher, besonders aesthetischer Empfindungen wohl bedarf, die aber durch die Ausbrüche der roheren Sinnlichkeit unzweifelhaft geschädigt wird. Der erste Grund für die Verwerflichkeit der Paederastie ist somit der, dass sie Freundschaft und edle Lieblingminne zu schädigen geeignet ist. Wer der gröberen Sinnlichkeit nachgeht, der setzt sich und die Sache dem Verdachte aus, dass ihm und der

ja allein den Sex unter Männern strafte, nicht aber keusche Freundesliebe oder Lieblingsminne. Das Schwulenstrafrecht sollte beseitigt werden, weil es ein Symbol für die christlich-feministische Verfemung der platonischen Liebe war. Fiel das Symbol § 175, dann war die Renaissance der Liebe des Platon nahe herbeigekommen.

Friedlaender distanziert sich, wenn auch respektvoll, von Hössli, weil er im Untertitel seines «Eros» die äusseren körperlichen Kennzeichen für unzuverlässig für die Frage «Ein- oder zweigeschlechtliche Liebe?» hält. Dass Hössli selbst diese Frage bei Erörterung der rabbinischen Seelenwanderungslehre negativ beantwortet, hat Friedlaender nicht zur Kenntnis genommen. Er meint, Hössli habe den Gedanken an Weiberseelen in männlichen Körpern, in dem allerdings «Richtiges wie Falsches verborgen liegt, wenig entwickelt».[83] Wasser auf seine Mühlen war jedoch Hösslis Grundthese, nach der Männerliebe nicht seltene Ausnahme, «sondern eine allgemein menschliche Angelegenheit» sei.[84] Das entsprach Friedlaenders Theorie eines ubiquitären «Eros Uranios» bei allen Männern; die wenigen, denen dieser Geschmack abgehe, hielt er für in der Entwicklung gestörte «Kümmerlinge».[85]

Was auch immer sich Männer bei ihren homosexuellen Handlungen denken mögen, an welche Identitäten oder Nichtidentitäten sie dabei glauben, ob sie sich in Harmonie mit Hösslis ewig gleichbleibender Natur wähnen oder in Judith Butlers ewig sich veränderndem heraklitischem Fluss zu treiben glauben – stets erweist sich der tiefere Sinn der Ballade von der sexuellen Hörigkeit aufs Neue: «Und vor es Nacht wird, liegt man wieder droben» (Dreigroschenoper).

Sache die höheren Antriebe fehlen.» Friedlaender (wie Anm. 81), S. 196 f. Friedlaenders «Paederastie» dürfte mit Hösslis «Knabenschändung» identisch sein.

[83] Friedlaender (wie Anm. 81), S. 50.

[84] Ebd.

[85] Ebd., S. 86 und öfter.

Streiflichter auf Hösslis Nachleben
in der Schweiz

zusammengestellt von Rolf Thalmann

Neben den geschilderten Ausschreitungen im Gebiete der sinnlichen Liebe zwischen den beiden von der Natur aufgestellten Geschlechtern war es unserer Zeit seltsamer Weise vorbehalten, auch jener sonderbaren und dem nach gewöhnlicher Art organisirten Menschen unbegreiflichen Gattung von sinnlicher Liebe, nicht nur zu huldigen, sondern auch das Wort zu reden, welche man die griechische zu nennen pflegt, weil sie bei diesem Volke in seiner Blütezeit in ausgedehnter Weise geherrscht hatte (s. Bd. II S. 99). Seitdem der «göttliche Plato» in seinem «Phaidros» und in seinem «Symposion» dieselbe an der Hand einer drolligen Mythe zu erklären versucht und seine berühmte Parallele zwischen den beiden «Wagenrossen» der reinen und der unreinen Männerliebe gezogen, was in neuerer Zeit die komische Wirkung gehabt hat, von einer «platonischen» Weiberliebe (!) zu träumen, die niemals existirt hat, ausser etwa im Gehirn einiger romantischer Dichter, – seitdem hatte man vom hellenischen «Eros» nichts mehr vernommen, ausgenommen von seinen scheusslichsten Verirrungen, welche das Mittelalter und die ihm zunächst folgende Zeit als ein des grossen Feuers würdiges Verbrechen der Ketzerei und Hexerei an die Seite setzte. Da erschien im Jahre 1836 zu Glarus in der Schweiz ein von einem fast unbekannten Manne, dem zum literarischen Autodidakten gewordenen Geschäftsmanne Heinrich Hössli, verfasstes Buch unter dem wunderlichen Doppeltitel «Eros. Die Männerliebe der Griechen; ihre Beziehungen zur Geschichte, Erziehung, Literatur und Gesetzgebung aller Zeiten» und «Die Unzuverlässigkeit der äusseren Kennzeichen im Geschlechtsleben des Leibes und der Seele. Oder Forschungen über platonische Liebe, ihre Würdigung und Entwürdigung, für Sitten-, Natur- und Völkerkunde.» Im Jahre 1838 folgte zu St. Gallen der zweite Band nach. Als Veranlassung seiner Schrift gibt der Verfasser die Hinrichtung des Advokaten Desgouttes an, welcher am 30. September 1817 zu Aarwangen im Kanton Bern wegen Ermordung eines jungen Mannes, seines Schreibers, den man für seinen «Liebling» hielt, gerädert wurde. Die gedruckte Darstellung des Kriminalfalles lässt zwischen den Beiden nichts als innige Freundschaft stattfinden, hüllt jedoch die Motive zu der Schauerthat in undurchdringliches Dunkel. Hössli's Buch aber wurde im Kanton Bern verboten und verfolgt. – Dasselbe ist breit, schwülstig und verworren geschrieben, und der kurze Sinn seiner langen Rede ist der, dass die Bestrafung der Liebe zwischen Männern ein ebenso fluchwürdiger Missbrauch sei als die Hexenprocesse, und gleich diesen ein Ende nehmen müsse, was mit zahlreichen, von seltener Belesenheit zeugenden Citaten nachzuweisen versucht wird. Aus dem Buche spricht hohe Begeisterung für alles Schöne und Gute, namentlich für die Griechenwelt, über deren Zurücksetzung gegenüber der Judenwelt im christlichen Kirchensysteme sich der Verfasser mit Recht empört. Kein unanständiges Wort kommt im Buche vor, das die existirenden scheusslichen Entartungen der von ihm vertretenen Sache selbst mit Entschiedenheit verurtheilt.

Das Werk Hössli's wurde wieder vergessen, und es erschien keines von ähnlichem Inhalt, bis vom Jahre 1864 an eine Reihe von Broschüren unter dem gemeinsamen Titel «Forschungen über das Räthsel der mann-männlichen Liebe» und jede wieder unter einer besonderen Nennung, auftauchten. Der Verfasser nannte sich zuerst «Numa Numantius», trat aber später aus dem Schleier der Pseudonymität hervor, als «Karl Heinrich Ulrichs, hannoverscher Amtsassessor a.D.». Seine Schriften, in denen er sich, ohne anfangs von Hössli etwas gewusst zu haben, zum Anwalte einer mehr nach ihren Ausschreitungen als nach ihrem eigentlichen Wesen bekannten und daher unter dem Publikum tief verabscheuten und grimmig gehassten Sache zu machen den Mut hat, haben bis 1871 die Zahl von elf erreicht und stellen folgende Theorien auf.

Otto Henne-am Rhyn: Kulturgeschichte der neuesten Zeit. Von der französischen Revolution auf die Gegenwart, Leipzig 1872 (Kulturgeschichte der neuern Zeit. Vom Wiederaufleben der Wissenschaften bis auf die Gegenwart, Dritter Band), S. 148–150.

Otto Henne-am Rhyn (1828–1914) war Gymnasiallehrer, Redaktor und während vier Jahrzehnten Staatsarchivar des Kantons St. Gallen. Seine dreibändige «Kulturgeschichte der neuern Zeit» war das erste von vielen kulturgeschichtlichen Werken («Allgemeine Kulturgeschichte», «Kulturgeschichte des deutschen Volkes», «Handbuch der Kulturgeschichte» und so weiter), die meist mehrere Auflagen erlebten.

Der sehr lehrreiche Vortrag von Herrn Rudolf über Heinrich Hössli im Hotel Limmathaus war von 34 Personen besucht. Es ist bedauerlich, dass der grössere Teil der Artgenossen den Weg zu solch interessanten Veranstaltungen nicht finden, Heinrich Hössli war der Grundstein unserer heutigen sehr bekannten Kämpfern im Ausland sowie der Schweiz, er brachte entlich Licht in unsere Sache + an die Oeffentlichkeit. Wir möchten an Herrn Rudolf nochmals unseren herzlichsten Dank aussprechen.

Schwulenarchiv Schweiz, Ar 36.29, Protokollbuch «Amicitia», Protokoll der ausserordentlichen Mitgliederversammlung des Schweizerischen Freundschafts-Verbandes, 30. Januar 1934.

1933/34 hielt der Aargauer August Rudolf (1906–1974), seinerzeit Zentralsekretär/Aktuar des Schweizerischen Freundschafts-Verbandes, dreimal einen Vortrag über Heinrich Hössli: zuerst im Vereinslokal (5. Dezember 1933), dann im neu erbauten Hotel Limmathaus in Zürich (23. Januar 1934, 34 Zuhörer) und schliesslich vor der Sektion Basel (Hotel zum Spalenhof, 2. Februar 1934). August Rudolf heiratete später, hatte Kinder und arbeitete zuletzt als Korrektor. Von seinem Vortrag hat sich offenbar nichts erhalten (freundliche Mitteilung der Tochter).

Der neueren und neuesten Zeit und Forschung war es vorbehalten, an Hand eines reichen Tatsachen-Materials nachzuweisen, dass die Veranlagung zur Homosexualität angeboren und in den Naturgesetzen verankert ist, demzufolge eine Aechtung oder gar Verfolgung dieser Menschen eine brutale Ungerechtigkeit ist und Menschenrecht und Christenpflicht direkt ins Gesicht schlägt. –

Unsere schweiz. Bewegung braucht sich nicht einmal auf ausländische Kapazitäten und Führer zu berufen, schon vor 100 Jahren erstand uns in Heinrich Hösli in Glarus der grosse Vorkämpfer und Verteidiger unserer Art. Sein Werk «Eros» existiert zwar nur noch in einem einzigen Exemplar und wird in der Zentralbibliothek Zürich wie ein Zerberus gehütet.

Anna Vock: Zweck u. Ziel des «Schweiz. Freundschafts-Verbandes», in: Schweizerisches Freundschafts-Banner 9, 1. Mai 1934, S. 1 f., Zitat S. 2.

Anna Vock, genannt Mammina (1885–1962), war eine der Pionierinnen im Kampf für die Rechte der homosexuellen Frauen und Männer. Sie leitete zeitweise den Schweizerischen Freundschafts-Verband und gab die Zeitschrift «Schweizerisches Freundschafts-Banner» heraus.

In den Jahren 1784–1864 lebte zu Glarus ein einfacher, biederer, durch und durch schweizerischer Mann in allen seinen Charakterzügen: Heinrich Hössli, genannt der Putzmacher von Glarus. Man wird, auch von fanatischen Gegnern unserer Art, durchaus zugeben müssen, dass die kleine Stadt am Fusse des Glärnisch damals ebensowenig ein Weltstadtsumpf gewesen ist wie heute, weder mit degenerierten Dandys bevölkert, noch am Weibe übersättigten Lüstlingen, noch mit Knabenschändern. Und trotzdem brach eines Tages in diesem Schweizer, der eine achtbare Ehe einging und zwei Söhne zeugte, die Erkenntnis von der Naturgesetzlichkeit mann-männlicher Liebe so elementar durch, dass er in 17 Jahren verantwortungsvollster, geistiger Arbeit ein Werk vollendete, auf das wir schweizerische Homoeroten ohne jede nationalistische Ueberheblichkeit gerade am Gedenktage unserer politischen Unabhängigkeit mit freudigem Stolz hinweisen. In diesem Mann unserer Heimat, dem die Zeitgenossen «rührende Züge grosser Gutmütigkeit und reichen Gemütslebens, ein wenig Rechthaberei, eine nicht geringe satirische Anlage, göttliche Grobheit, aber auch ein starkes Gerechtigkeitsgefühl» nachsagen, haben wir die frohe Bestätigung, dass wir weder fremden, ausländischen Einflüssen «unterliegen» noch eine Gefühlsrichtung einführen wollen, die mit unserem Volkstum nicht das Geringste zu tun hat. Werk und Leben dieses prachtvollen Glarners sind der schlagendste Beweis für das Ueberzeitliche und Allgegenwärtige unserer Liebe. […]

Das war der Kampf eines Schweizers vor hundert Jahren für unsere Liebe. Wir gedenken seiner heute mit tiefer Dankbarkeit, als eines Kämpfers für unsere Freiheit und unser Recht. Wir können ihn nicht besser ehren, als dass wir sein Lebenswerk der drohenden Vergessenheit zu entreissen suchen und namentlich auch die Vertreter der verschiedenen Wissenschaften immer wieder darauf hinweisen. Der wache Geist bleibt stets die beste Waffe gegen alle Verdunklungsmanöver jeder Zeit.

Rudolf Rheiner {Karl Meier}: Unsere Heimat und wir. Einige Gedanken zum 1. August, in: Schweizerisches Freundschafts-Banner 15, 5. August 1935, S. 1 f.

Karl Meier, genannt Rolf (1897–1974), war Schauspieler und arbeitete von 1934 an in der Redaktion des «Schweizerischen Freundschaftsbanners» mit. 1939 übernahm er von Anna Vock die Leitung der Zeitschrift, die mittlerweile «Menschenrecht» hiess (ab 1943 «Der Kreis») und gruppierte um diese einen Kreis von Abonnenten.

Die Männerliebe der Griechen

Wir entnehmen die nachstehenden Ausführungen dem ausgezeichneten Werk «Eros», das der Glarner Heinrich Hösli um die Mitte des vorigen Jahrhunderts schrieb. Sie erscheinen uns so ausgezeichnet formuliert und dokumentieren die vorurteilslose Beurteilung der Homoerotik aus schweizerischem Denken heraus so treffend, dass wir glauben, sie gerade heute unseren Lesern nicht vorenthalten zu dürfen. Rolf Rheiner

Es folgen Zitate aus der Ausgabe des «Eros» von 1924.

Menschenrecht 13, 7. September 1938, S. 1–3, und 14, 24. September 1938, S. 1–3.

Der Redner erinnerte an Heinrich Hössli, der als erster eine Verteidigung der Homosexualität geschrieben habe, an Karl Heinrich Ulrichs, […] an Sigmund Freud und Alfred Adler.

Der Kreis, Februar 1953, S. 31.

Im Januar 1953 hielt ein nicht genannter Arzt und Psychologe an einem Kreis-Klubabend einen Vortrag über Homosexualität.

Der «Putzmacher von Glarus», Heinrich Hösli, machte weit über die Landesgrenzen hinaus durch sein 1836–1838 erschienenes Werk «Eros» von sich reden und gab damit zugleich den Behörden zu schaffen. Der Evangelische Rat verbot ihm im Kanton den Verkauf des ersten bei Freuler erstellten und den Fortdruck des zweiten Bandes. Sein Biograph bezeichnet die von einer erstaunlichen Belesenheit zeugende Abhandlung dieses seltsamen, aus einfachsten Kreisen stammenden Mannes als «das seit des grossen griechischen Philosophen Plato ‹Gastmahl› und ‹Phädrus› bedeutendste Werk über die Männerliebe».

Jakob Winteler: Geschichte des Landes Glarus. Zur 600-Jahr-Feier des Glarnerbundes 1352–1952, Bd. II, Glarus 1954, S. 469 f.

Jakob Winteler (1897–1966), Historiker, war während Jahrzehnten Landesarchivar und Landesbibliothekar des Kantons Glarus. Seine Glarner Geschichte ist heute noch massgebend. Winteler ist meines Wissens bis zum Aufsatz von Rolf Kamm in diesem Buch der bisher einzige Glarner, der je über Heinrich Hössli geschrieben hat.

Am 24. Dezember 1864 starb in den Morgenstunden zwischen 9 und 10 Uhr im Spital in Winterthur ein mehr als 80jähriger einfacher Mann aus Glarus, der es verdient, nach 100 Jahren der Vergessenheit entrissen zu werden. Mehr noch: Es ist unsere schöne Pflicht, ihm gerade heute für sein Werk und seine geistige und menschliche Haltung die Anerkennung zuteil werden zu lassen, die ihm Zeit seines Lebens versagt geblieben ist. […]

Hössli's Werk in den Händen zu halten, bereitet dem Leser eine ganz seltsame Freude, vor allem eine Genugtuung darüber, dass ein einfacher Schweizer schon vor mehr als hundert Jahren von dem heute noch so gern und sinnlos verfochtenen Begriff des Lasters mit aller Entschiedenheit abrückte und mit einer nie ermüdenden Begeisterung dieser Liebe Lob gesungen hat, das aus einer Erkenntnis kam, die – das fühlt jeder unvoreingenommene Leser – nur in durchdachten und durchwachten Nächten errungen werden konnte. […]

In diesen Tagen aber wollen wir schweizerischen Kameraden ganz besonders des Mannes gedenken, der «unter Drangsalen und Rutenstreichen», jedoch mit unentwegter Begeisterung während 17 Jahren an seinem EROS arbeitete, mit beispielhaftem Mut und mit dem Einsatz seiner ganzen Persönlichkeit. Es bleibt eine Tat, die auch heute noch in jeder Beziehung ihresgleichen sucht.

Rolf {Karl Meier}: Der Putzmacher von Glarus. Ein Vorkämpfer der Männerliebe in der Schweiz. Zum 100. Todestag: 24. Dezember 1964, in: Der Kreis, Dezember 1964, S. 12–15.

Dass Sie so gute Worte für den alten Glarner finden, ist prächtig; hier hat er sie nicht gefunden! Die hübsche Broschüre mit der Biografie [von Ferdinand Karsch] habe ich also dem Bibliothekar zur Verfügung gestellt; er machte ein etwas säuerliches Gesicht, was angesichts der Tatsache, dass er Basler ist und Vischer mit V heisst, wohl begriffen werden kann.

Schwulenarchiv Schweiz, Ar 36.7, Korrespondenz 1958–1965, Kaspar Freuler in einem Brief an Karl Meier, den Redaktor der Zeitschrift «Der Kreis», 2. Februar 1965.

Der Glarner Schriftsteller, der unter anderem einen Roman über Anna Göldin verfasst hatte, stellte dem Redaktor des «Kreis» im Hinblick auf eine Würdigung zum hundertsten Todestag den «Eros» aus dem Besitz der Glarner Landesbibliothek zur Verfügung. Im zitierten Brief dankt Freuler Karl Meier für die Rücksendung der Bücher und die Broschüre von Karsch (1903).

Wirklich, auch heute, 140 Jahre nach seinem Tod, bleibt der mutige Glarner Heinrich Hössli der Wilhelm Tell unserer Befreiungsbewegung.

Ernst Ostertag, Röbi Rapp: Heinrich Hössli, www.schwulengeschichte.ch, Teil 2: «Wege zur Selbstbestimmung», Kapitel «Vorkämpfer und Opfer» (verfasst Juni 2004).

Rolf Thalmann

Die Ausgaben von Heinrich Hösslis «Eros»

Die Erstausgabe

Heinrich Hössli: Eros. Die Männerliebe der Griechen; ihre Beziehungen zur Geschichte, Erziehung, Literatur und Gesetzgebung aller Zeiten, Glarus 1836; Zweiter Band, St. Gallen 1838.

[Innentitel:] Die Unzuverläßigkeit der äußern Kennzeichen im Geschlechtsleben des Leibes und der Seele. Oder Forschungen über platonische Liebe, ihre Würdigung und Entwürdigung für Sitten-, Natur- und Völkerkunde. Von Heinrich Hössli. Erster Band. Glarus, 1836. bei dem Verfasser. bzw. Zweiter Band. St. Gallen, 1838. In Kommission bei C.P. Scheitlin.

Einzelne Exemplare

Staatsarchiv des Kantons Bern
Signatur: A 2384 (nur Bd. 1)

Lila Umschlag oder Vorsatzpapier. Im Deckel eingeklebt eine (aus einem Brief ausgeschnittene oder separat geschriebene?) Notiz mit Angabe der Stellen, wo Desgouttes vorkommt. Darunter steht:

«Inzwischen war ich bemüht, auch ein Exemplar des II. Bandes für das Staatsarchiv in Bern zu erlangen, doch leider bis jetzt vergeblich.

Berlin, den 15. Januar 1903

Dr. F. Karsch, Privatdozent»

Kantons- und Universitätsbibliothek Freiburg
Signatur: A 1259

«Die Signatur weist darauf hin, dass sich die beiden Bände in den alten Fonds der Bibliothek (Gründung 1848) befanden. Gemäss Bibliothekskata-

Eros.

Die
Männerliebe der Griechen;

ihre Beziehungen
zur Geschichte, Erziehung, Literatur und
Gesetzgebung aller Zeiten.

Von
Heinrich Hössli.

„Haben Sie neulich in der Gesetzgebung
Ihres Vaterlandes einen Mangel bemerkt,
um deßwillen es rathsam wäre, die gesetz-
gebende Macht um Verbesserung anzusprechen?"
B. Franklin.

Glarus, 1836.
bei dem Verfasser.

Die
Unzuverläßigkeit

der äußern
Kennzeichen im Geschlechtsleben
des Leibes und der Seele.

Oder
Forschungen über platonische Liebe,
ihre Würdigung und Entwürdigung
für
Sitten-, Natur- und Völkerkunde.

Von
Heinrich Hössli.

Erster Band.

Glarus, 1836.
bei dem Verfasser.

Die
Unzuverläßigkeit

der
äußern Kennzeichen
im
Geschlechtsleben des Leibes und der Seele.

Oder:
Forschungen über platonische Liebe,
ihre
Würdigung und Entwürdigung
für
Sitten-, Natur- und Völkerkunde.

Von
Heinrich Hössli. – gefährlicher meschugner

„Je wissentschaftlicher, je vernünftiger ein
Denkensist, desto strenger wird es in seinem
ganzen Verlaufe von der Nothwendigkeit be-
herrscht. Jedes menschliche Erkennen ist, bis
ins Einzelnste herab, bedingt durch die Natur
der Gegenstände."
Romang.

Zweiter Band.

St. Gallen, 1838.
In Kommission bei C. P. Scheitlin.

– gefährlicher meschugner
je vernünftiger ein

log von 1852 umfasst die Signatur A die Philosophie, die Nummern gehen aber nur bis 1128. Das Autorenregister von Bd. 3 des Bibliothekskatalogs (1859) enthält keinen Eintrag zu Hössli. Im Supplementband von 1886 reicht die Kategorie A bis Nr. 2356. Es hat aber leider einen Sprung von Nr. 1199 zu Nr. 2000 […]. Man kann also mit ziemlicher Sicherheit behaupten, dass das Buch nach 1886 in die Kantons- und Universitätsbibliothek Freiburg kam. […] Ob es sich um einen Kauf oder ein Geschenk handelte, kann ich nicht bestimmt sagen, gehe aber doch von einem Geschenk aus, da das Thema mir für eine katholische Hochburg wie Freiburg etwas progressiv vorkommt.»[1]

Im Band 2 steht auf der zweiten Titelseite neben dem Namen Hössli eine handschriftliche Bemerkung, die wohl als «gefährlicher Meschianer» oder «gefährlicher Meschigner» zu lesen ist. Verschiedene Personen haben sich dankenswerterweise darum bemüht, diesen Begriff zu erhellen, leider ohne durchschlagenden Erfolg. Frau Dr. Hildegard Gantner-Schlee erwog, der

---

[1] Freundliche Auskunft von Frau Silvia Zehnder-Jörg, Bibliothekarin, 11. Mai 2012.

Schreiber könnte «Messianer» gemeint haben, das heisst jemanden, der andere missionieren möchte. Herr Adalbert Saurma glaubte zunächst, die Bemerkung beziehe sich vielleicht auf das Zwillingspaar Meschia und Meschiane in einem altpersischen Schöpfungsmythos oder auf die Freunde Gilgamesch und Enkidu aus dem sumerischen Epos, das Guido Bachmann 1966 zu seinem Roman inspirierte. Da das zu entziffernde Wort aber auch den Buchstaben g enthält, ergäbe sich eine andere Lesart, die dann «gefährlicher Meschugner» lauten würde. «Meschugge» ist eine ursprünglich jiddische Bezeichnung für «verrückt», was die einleuchtendere Bedeutung «gefährlicher Irrer» ergäbe.

Landesbibliothek Glarus
Signatur: M 556

In beiden Bänden befindet sich über dem Stempel ein Stern aus vier sich kreuzenden Strichen. Über dessen Bedeutung war nichts zu erfahren; er könnte bedeuten, dass es sich um ein Buch für Erwachsene oder nur für einen beschränkten Benutzerkreis handelt. In beiden Bänden befinden sich auf dem (neueren) hinteren Vorsatzblatt (gemäss Stempel vielleicht von 1953) Zahlenreihen, wohl besonders interessante Stellen für den betreffenden Benutzer.

Zentral- und Hochschulbibliothek Luzern
Signatur: 12697 a

Die Bände stammen aus dem Besitz der Bürgerbibliothek Luzern; der Zeitpunkt der Übernahme ist nicht mehr eruierbar.

Kantonsbibliothek Vadiana St. Gallen
Signatur: VL 3640 (nur Bd. 1)

«Im Buch von 1836 finden sich keine Hinweise auf Vorbesitzer, alte Signaturen, Eingangsjahr oder Marginalien. Im gedruckten Katalog von 1863 findet sich in der Abteilung «Medizin» kein Hinweis auf das Buch. Es dürfte (dafür spricht auch der neuere ovale Stempel) in der ersten Hälfte des 20. Jahrhunderts in die Stadtbibliothek gelangt sein. Es lässt sich leider nicht mehr feststellen, ob als Kauf oder (was ich für wahrscheinlicher halte) als Geschenk.

Dass der Band 2 fehlt, erstaunt mich nicht. Erst seit etwa 1980 wurde eine Sangallensien-Sammlung aufgebaut und wird seitdem gepflegt. Bücher mit Druckort St. Gallen galten früher nicht als Sangallensien. Die damalige Stadtbibliothek verfügte nur über wenige finanzielle Mittel, um den Bestand zu äufnen. Zudem dürfte im orthodoxen und prüden St. Gallen der Titel auf Zurückhaltung gestossen sein.»[2]

Zentralbibliothek Zürich
Signatur: WU 1232 (nur Bd. 1)

Im Deckel eingeklebt eine Etikette mit Vordruck und handschriftlichem Eintrag: «Stadtbibliothek Zürich / Geschenk von Stadtrath Zürich 1894». «Die Signatursequenz WA, WB, WC usw. wurde in der zweiten Hälfte des 19. Jahrhunderts formiert, WU enthält Werke im Bereich der Philosophie. Bei den Donatoren handelt es sich häufiger um Privatpersonen, doch haben auch Behörden der Stadtbibliothek Bücher zugeeignet. Über die Umstände im Fall von WU 1232 (zusammen mit anderen Bänden ein Legat an den Stadtrat?) ist mir nichts bekannt.»[3]

Privatbesitz, Zürich

Das Exemplar des zweiten Bandes enthält (als einziges?) die lose eingelegten Seiten 43 f., welche laut Karsch «als unbrauchbar verworfen werden» musste.[4] Gekauft im Antiquariatshandel in Graz (kam von einer Auktion im Dorotheum Wien).

Weitere Exemplare

Staatsbibliothek zu Berlin (nur noch Bd. 1 wegen Kriegsverlust); Universitäts- und Landesbibliothek, Darmstadt (nur Bd. 2); Niedersächsische Staats- und Universitätsbibliothek Göttingen; Universitätsbibliothek, Greifswald;

---

[2] Freundliche Auskunft von Wolfgang Göldi, Leiter Sammlungen, 4. Mai 2012.
[3] Freundliche Auskunft von Christian Scheidegger, Stellvertretender Leiter der Abteilung Alte Drucke und Rara, 14. Mai 2012.
[4] Karsch S. 506, siehe in diesem Buch S. 31, Abb. 206.

die Erde, um die Ewigkeit und Zeiten wallenden Stromes, der durch uns ist und durch den wir sind, und er heißt Menschheit und entquillet den Eingeweihten dieses Erdballs, daß er fortströme in alle Ewigkeit, wieder zu dem, dessen Händen und Odem er entquillet. Wer ein Jevorhandenes, beweiset, der beweiset ein Immervorhandenes; wer von Etwas beweiset, daß es in der Natur, in ihren Tiefen und Gesetzen, und wie Plato hinreißend schön zeigt, sogar in ihren feierlichen und heiligen Endzwecken, je gewesen sei, der beweiset zugleich, daß es noch, daß es zu jeder Zeit ist; aber eben dadurch sind wir jetzt noch wie unsere Vorfahren genöthigt, diesen Gegenstand, die Männerliebe der Griechen, (wir reden von nichts anderm) als Liebe aus dem Leben der Griechen und aus der Natur der Griechen, gleich wie aus dem Unfrigen, bestmöglichst wegzukünsteln und kurz weg zu sagen — sie ist dort nicht Natur gewesen und ist euch hier nicht; das heißt denn doch wenigstens, was wir auch behaupten, wenn sie dort Natur gewesen wäre, so wäre sie es hier noch.

Nun ist aber das als Leben Zuerweisende aus unserm Leben und aus unserer Wirklichkeit: die für meine Ansicht das erste, entscheidende Zeugniß geben sollten und geben könnten, aber — in ihrem jetzigen Zustand und Schicksal, als Verbrechen, aus der Idee gestoßen, unter dem Verderben unsers Wahns erwürgt, kein eigentliches Leben, und keine naturgemäß entwickelte Wirklichkeit sein oder darstellen können, also aus

ihren jetzigen Verhältnissen des Todes nicht als eigentliches Leben, wie es bei den Griechen war, und in der Natur liegt, sein oder an den Tag geführt werden können, und andererseits aber auch eben so wenig ohne schwarzen, verdammlichen Menschen- und Brüderverrath an jetzt um uns her lebenden Menschenexemplaren und Lebensverhältnissen zu zeigen sind; (und ich bin kein Judas) darum will ich diese Natur, dieses ewig vorhandene, innere Geschlechtsleben vorerst als ein einmal Vorhandenes in reinen ungestörten Lebensoffenbarungen aufführen, und zeigen wie es war und daß es war, dann aber auch nichts desto weniger später das, was diese Natur — gerade als solche, ihrem ernsten Gang und aller Menschenvernunft gemäß, in ihren jetzigen Verhältnissen und bei unsern jetzigen Urtheilen, Kenntnissen und Ansichten uns nothwendig und einzig sein kann und sein muß, denn eben das ist ein Hauptzweck und der Werth meiner Arbeit und meines Opfers.

Jener Staub des Außenlebens aber ist verweht, jene Menschenblumen sind verwelket, jene lebendigen Gestalten und Träger reiner Seelen- und Sinnenoffenbarungen sind alle weggegangen über die Schaubühne der Zeiten, und verloren die Idee, die sie trug! Aber die geistigen innern Stimmen und Zeugen, die Zubel und Seufzer des ewigen Innenlebens, der wandellosen Urmenschheit, ihre Aussprüche und Dichtungen will ich fragend hier in einer Idee und für eine Idee vereinbaren als redende Beweise und Geister vereint

Thüringer Universitäts- und Landesbibliothek Jena; Bayerische Staatsbibliothek, München; Österreichische Nationalbibliothek, Wien (beide Bände auch digitalisiert); Biomedicinska biblioteket, Göteborg.

Die angebliche zweite Ausgabe von 1859

Im Anhang seines Buches «Argonauticus» behauptet Karl Heinrich Ulrichs, dass von den beiden Bänden des «Eros» eine «2te Ausgabe (nur Titelerneuerung) 1859» erhältlich sei.[5] Dieser Nachweis ist nirgendwo sonst zu finden, und es sind auch keine Bücher dieses Jahrgangs bekannt. So muss offenbleiben, ob die Ausgabe tatsächlich erschienen ist oder ob Ulrichs einem Irrtum erlegen ist. Im «Memnon» hatte Ulrichs geschrieben, das Werk von Hössli sei nur noch antiquarisch hie und da in der Schweiz greifbar, und «wir» hätten in Bern für die gemeinsame Bibliothek die letzten acht

---

[5] Karl Heinrich Ulrichs: «Argonauticus», Leipzig 1869, S. 157.

Exemplare aufgekauft.[6] Es ist denkbar, dass Ulrichs beziehungsweise sein Verleger-Buchhändler A. Serbe einige davon mit einem neuen Titel versehen und in den Verkauf gebracht hat.

Pirmin Meier nimmt in seinem Buch «Mord, Philosophie und die Liebe der Männer» irrtümlich an, die nachstehend beschriebene zweite Auflage sei 1859 erschienen, wohl infolge einer Verwechslung mit dieser angeblichen «zweiten Ausgabe».

Die zweite Auflage von 1892

H. Hössli: Eros. Die Männerliebe der Griechen, ihre Beziehungen zur Geschichte, Literatur und Gesetzgebung aller Zeiten. Oder Forschungen über platonische Liebe, ihre Würdigung und Entwürdigung für Sitten-, Natur- und Völkerkunde, Zweite Auflage, Münster i.d. Schweiz. Beim

---

6 Karl Heinrich Ulrichs: «Memnon», Leipzig 1868, S. 129.

Herausgeber, 125 Seiten. [Umschlag: Der Eros der Griechen oder Forschungen über Platonische Liebe, Zweite Auflage, Leipzig: Verlag von H. Barsdorf, 1892.]

Der Ausdruck «Zweite Auflage» ist irreführend; es handelt sich um eine Broschüre mit stark gekürztem Text (etwa einem Siebtel des ursprünglichen Umfangs), von unbekannter Hand hergestellt. Die «Bibliographie zur Homosexualität» im «Jahrbuch für sexuelle Zwischenstufen» von 1899 nennt sie «Neue verkleinerte Auflage».[7] Folgende Passagen aus dem «Eros» von 1836/38 (Seitenzahlen in Klammern) sind in dieser Ausgabe aufgenommen worden:

S. 1–5: Unsere Meinungen und Begriffe vom Eros der Griechen, und unser Glaube an eine Zuverlässigkeit der äusseren Kennzeichen im Geschlechtsleben des Leibes und der Seele (I, S. 45 f., 69–71, 87 f.)

S. 5–7: Deutungen des Characters der Menschheit zu allen Theilen und Bestimmungen ihrer geistigen und leiblichen Natur (S. 88–92)

---

[7] Jahrbuch für sexuelle Zwischenstufen 1, 1899, S. 225.

Zwei Stellen sind nicht dem «Eros» entnommen, sondern vom Kompilator neu geschrieben worden: eine Überleitung auf S. 67 f. und ein Satz auf S. 55. Dieser enthält als Kuriosum einen Begriff, der bei Hössli überhaupt nicht vorkommt, wenn es heisst, das Studium der alten Sprachen sei für die geistige Schulung dasselbe «wie das Turnen für den Körper!».

Die Texte über Hexenverfolgung und Aberglauben (Eros I, S. 1–72) wurden, mit einem fremden Text ergänzt, unter dem Titel «Hexenprocess- und Glauben, Pfaffen und Teufel» im selben Verlag und im selben Jahr ebenfalls als Broschüre herausgegeben. Diese ist in der Schweizerischen Nationalbibliothek, Bern, in der Universitätsbibliothek Bern, in der Zentral- und Hochschulbibliothek Luzern und im Staatsarchiv St. Gallen vorhanden sowie in Privatbesitz in Zürich.

Zur Datierung: Bei zwei Exemplaren (St. Gallen und Privatbesitz Zürich) ist die Jahreszahl 1892 auf dem Umschlag noch sichtbar, bei den Exemplaren in Basel und Luzern ist der Umschlag nicht mehr vorhanden. Das Exemplar der Nationalbibliothek hat noch den ursprünglichen Einband, jedoch ohne Jahreszahl darauf. Vielleicht gab es eine Anzahl ohne und dann, als man den Fehler bemerkte, eine Anzahl mit Jahresangabe?

Zum Autor: Obschon sich Ferdinand Karsch später intensiv mit Hössli beschäftigt hat, ist kaum anzunehmen, dass er die Kompilation von 1892 verfertigt hat. Er schreibt zwar, Hösslis Lebenswerk habe «denn auch tatsächlich das Schicksal erlebt, daß es […] von einer Seite, welche Hößli's Wesen und Bedeutung mit Verständnis zu erfassen vermochte, in zwei völlig getrennte Bücher zerlegt worden ist».[8] Sein Urteil über die Editionsarbeit fällt allerdings ungünstig aus: «Diese Schrift ist ein etwas dürftiger, stark vernüchterter Auszug aus dem Originalwerke […]; die Wortstellung Hößli's ist zum Teil modernisiert, die Reihenfolge der Sätze willkürlich gewechselt.»[9] Aus Sabine Schmidtkes Biografie ist zu erfahren, dass Karsch-Haack Texte zum Thema Homosexualität «seit Mitte der sechziger Jahre des vorigen Jahrhunderts aus persönlichem Interesse sporadisch und seit 1878 zweckbewusst als Material zu einer künftigen ‹Geschichte der Päderastie und Tribadie› gesammelt» habe.[10] So ist es denkbar, dass er von Hössli Kenntnis bekam[11] und eine Kurzfassung anregte oder gar daran mitarbeitete, aber mit dem Ergebnis nicht zufrieden war.

Zum Verlagsort: Es steht wohl ausser Zweifel, dass mit «Münster i. d. Schweiz» weder Münster (VS) noch Müstair (GR), noch Moutier (BE) gemeint ist, sondern, wenn überhaupt an einen konkreten Ort gedacht war, das heutige Beromünster, das bis 1934 Münster hiess. Wenn Karsch irgendwie an dem Werk beteiligt war (siehe oben), könnte der wirkliche Kompilator,

---

[8] Ferdinand Karsch: Heinrich Hössli (1784-1864), in: Jahrbuch für sexuelle Zwischenstufen, V. Jahrgang, 1903, S. 449–556, hier S. 505.

[9] Ebd., S. 506, Anmerkung.

[10] Sabine Schmidtke: Ferdinand Karsch-Haack. Ein biobibliographischer Abriss, in: Capri, Nr. 38, Januar 2006, S. 24–36, hier S. 29. Das Zitat von Karsch stammt aus dem Jahr 1922.

[11] Hössli ist bei Karl Heinrich Ulrichs prominent erwähnt in «Gladius furens». Das Naturräthsel der Urningsliebe und der Irrthum als Gesetzgeber, Kassel 1868, S. 1 f., und in «Memnon». Die Geschlechtsnatur des mannliebenden Urnings, Schleiz 1868, S. 128–130.

in Anspielung auf Karschs Geburtsort Münster/Westfalen, «Münster in der Schweiz» geschrieben haben, um diskret darauf zu verweisen, dass Karsch die Anregung gegeben und vielleicht die ersten Arbeiten dazu geleistet hat.

Sowohl das Exemplar der Schweizerischen Nationalbibliothek als auch dasjenige der Universität Oxford weisen auf einer der hintersten Seiten den Eindruck «Druck von E. Wälti, ZOLLIKOFEN» auf. Ein E. Wälti ist aber weder im Archiv der Einwohnerdaten noch im Geschäftsregister der Gemeinde Zollikofen aufzufinden.[12] Es scheint sich also auch hier um eine fiktive Angabe zu handeln.

Einzelne Exemplare

Universitätsbibliothek Basel
Signatur: Duem 388

Das Buch war im Besitz des klassischen Philologen und Archäologen Ferdinand Dümmler (1859–1896). Seine Bibliothek wurde der Universitätsbibliothek Basel 1897 als Geschenk übereignet. Die 1594 Bände abzüglich Doubletten, die an andere Institute abgegeben wurden, sind gesondert aufgestellt.[13]

Schweizerische Nationalbibliothek, Bern
Signatur: L 6444

Zentral- und Hochschulbibliothek Luzern
Signatur: 12697.8

Kantonsbibliothek Vadiana St. Gallen
Signatur: VSCHWERZ 1162

1958 erfolgte eine der grössten Schenkungen an die Vadiana: Der in Zürich wohnhafte Anthropologe Franz Schwerz (1883–1959) übergab ihr

---

[12] Freundliche Auskunft von Nadine Hiltbrunner, Einwohnerkontrolle Zollikofen (Kanton Bern), 16. März 2012.

[13] Freundliche Auskunft von Felix Winter, Vizedirektor der Universitätsbibliothek Basel, 30. März 2012.

seine Gelehrtenbibliothek mit rund 5000 Werken, davon rund 1150 Titel mit Erscheinungsjahr vor 1900. Sie umfasst Helvetica, Medizingeschichte, Volkskunde, Kultur- und Sittengeschichte, Memoiren und Biografien, Anthropologie und Freimaurerliteratur.

Privatbesitz, Zürich
Gekauft im Antiquariatshandel in Zürich.

Privatbesitz, Basel
Gekauft Juni 2013 im Antiquariatshandel in Münster/Westfalen. Das Exemplar aus dem Besitz des Biologen Rudolf Altevogt trägt zwei Stempel: «Institut für Psychologie und Klinische Psychologie – Reichsuniversität Strassburg» (mit hakenkreuztragendem Adler) und «Stiftung Schrenk-Notzing».

Weitere Exemplare

Berlin-Brandenburgische Akademie der Wissenschaften Berlin; Staatsbibliothek Berlin; Universitäts- und Landesbibliothek Darmstadt; Universitätsbibliothek Frankfurt; Universitätsbibliothek Freiburg; Bayerische Staatsbibliothek München; Universitäts- und Landesbibliothek Münster; Staatliche Bibliothek Passau; Universitätsbibliothek Salzburg; Bibliothèque nationale et universitaire Strasbourg; Det Kongelige Bibliotek, Danmarks Nationalbibliotek og Københavns Universitetsbibliotek; Kungliga Biblioteket – Sveriges Nationalbibliotek Stockholm; Oxford University, Bodleian Library (auch als Digitalisat mit Textumwandlung bei Google books); Johns Hopkins University Baltimore, Sheridan Libraries and the Milton S. Eisenhower Library; Johns Hopkins Medical Institutions Baltimore, William H. Welch Medical Library; Case Western Reserve University Cleveland; University of California, Irvine; The New York Academy of Medicine Library; Columbia University Libraries New York; University of Minnesota, Minneapolis; University of Illinois, Urbana-Champaign; Mc Gill University Library Montreal, Raymond Klibansky Collection.

Die dritte Auflage von 1924

H. Hössli: Eros. Die Männerliebe der Griechen, ihre Beziehungen zur Geschichte, Literatur und Gesetzgebung aller Zeiten oder Forschungen

über platonische Liebe, ihre Würdigung und Entwürdigung für Sitten-, Natur- und Völkerkunde, Dritte Auflage, Münster in der Schweiz: Beim Herausgeber, 1924 [Umschlag: Dritte Auflage, Hermann Barsdorf Verlag Berlin].

Die dritte Auflage ist neu gesetzt, aber textgleich mit der zweiten. Der Verlag von Hermann Barsdorf ist im Laufe des Jahres 1900 von Leipzig nach Berlin-Charlottenburg umgezogen. In der Schweiz ist kein Exemplar in öffentlichem Besitz; je ein Exemplar befindet sich in Zürich und in Basel in Privatbesitz.

Weitere Exemplare

Humboldt-Universität Berlin, Jacob-und-Wilhelm-Grimm-Zentrum; Staatsbibliothek Berlin; Deutsche Nationalbibliothek Leipzig; Bibliothèque municipale de Lyon; Internationaal Homo/Lesbisch Informatiecentrum en Archief (IHLIA) Amsterdam; University of London, Warburg Institute Library; National Library Israel.

Der Reprint von 1996

Heinrich Hössli: Eros. Die Männerliebe der Griechen, ihre Beziehung zur Geschichte, Erziehung, Literatur und Gesetzgebung aller Zeiten (Bibliothek rosa Winkel, Bde. 13–15), Berlin: Verlag rosa Winkel, Berlin 1996.

Reprint der Bände 1 und 2 (nach den Exemplaren der Staats- und Universitätsbibliothek Göttingen), ergänzt um ein Register von Wolfram Setz am Schluss von Band 2. Dazu ein Materialienband mit Einleitung von Manfred Herzer, enthaltend die Aufsätze von Ferdinand Karsch über Hössli und über Desgouttes und den Aufsatz «Eros» von Heinrich Zschokke. Die Aufsätze von Karsch wurden (mit minimen Abweichungen) faksimiliert nach der Fassung in den Jahrbüchern (S. 449–556 und 557–614);[14] der Aufsatz von Zschokke wurde neu gesetzt nach der Originalausgabe 1821.

---

[14] Der Aufsatz wurde im selben Jahr 1903 im Verlag von Max Spohr, der auch das Jahrbuch verlegte, als Broschüre herausgegeben. Sie trug den Titel: «Der Putzmacher von Glarus / Heinrich Hössli / ein Vorkämpfer der Männerliebe». Dabei wurden einige kleine Änderungen vorgenommen; die bedeutendste ist die Einfügung einer Fussnote, die den Paragrafen 175 im «Strafgesetzbuch der deutschen Reichsgesetzgebung» zitiert. Karl Meier, der langjährige Redaktor der Zeitschrift «Der Kreis» und der informelle Leiter der gleichnamigen Vereinigung, besass ein Exemplar dieser Broschüre. Diese befand sich vermutlich in der Bibliothek der Vereinigung und kam, als diese aufgelöst wurde, ebenfalls in andere Hände. Auf nicht nachvollziehbaren Wegen landete sie schliesslich in der Staats- und Universitätsbibliothek Hamburg (Abb. oben).

Chronologisches Verzeichnis der Literatur zu Heinrich Hössli

Karl Heinrich Ulrichs: «Gladius furens.» Das Naturräthsel der Urningsliebe und der Irrthum als Gesetzgeber. Eine Provokation an den deutschen Juristentag. Als Fortsetzung der Schriften von Numa Numantius: Sechste Schrift, Kassel 1868 [betr S. 1 f. Heinrich Hösslis «Eros»].

Karl Heinrich Ulrichs: «Memnon.» Die Geschlechtsnatur des mannliebenden Urnings. Eine naturwissenschaftliche Darstellung. [...] Als Fortsetzung der Schriften von Numa Numantius: Siebente Schrift, Schleiz 1868 [zu Heinrich Hösslis «Eros» S. 128–130].

Otto Henne-Am Rhyn: Kulturgeschichte der neuesten Zeit (Bd. 3 von Kulturgeschichte der neuern Zeit, 1870–1872), Leipzig 1872 [zu Heinrich Hössli und Karl Heinrich Ulrichs S. 148–154. Lokalisierung: Zweites Buch: Die sociale Krankheit der Zeit; Dritter Abschnitt: Die moralische Seite; A: Die sinnliche Ausschweifung; d: die «griechische Liebe»].

Ferdinand Karsch: Quellenmaterial zur Beurteilung angeblicher und wahrer Uranier. Zweite Reihe, in: Jahrbuch für sexuelle Zwischenstufen unter besonderer Berücksichtigung der Homosexualität, V. Jahrgang 1903, S. 447–706, enthält: 4. Heinrich Hössli (1784–1864), S. 449–556, und [5.] Franz Desgouttes (1785–1817), S. 557–614.

Ferdinand Karsch: Der Putzmacher von Glarus Heinrich Hössli (1784–1864), ein Vorkämpfer der Männerliebe. Ein Lebensbild von F. Karsch, Privat-Dozent in Berlin, Leipzig 1903 [Separatabdruck des vorigen Textes].

A. Sper [Hans Rau]: Lustmörder der Neuzeit, Berlin o. J. [1904] [zum Fall Desgouttes S. 174–176].

Georg Merzbach: Die krankhaften Erscheinungen des Geschlechtssinnes (Medizinische Handbibliothek, Bd. 17), Wien, Leipzig 1909 [zu Heinrich Hössli S. 386].

Magnus Hirschfeld: Die Homosexualität des Mannes und des Weibes, Berlin 1914 [viele Erwähnungen von Hössli; Würdigung S. 949–952].

Max H. Danielsen: Heinrich Hössli (1784–1864), der Verfasser des «Eros», in: Die Freundschaft, Jg. 3, 1921, Nr. 5, 6.–12. Februar, Serie «Dichter und Denker» (nicht paginiert).

F. K.-H. [Ferdinand Karsch-Haack]: Heinrich Hössli, in: Die Freundschaft, Jg. 4, Nr. 32, 12. August 1922 (nicht paginiert).

Achim Ellis [Ferdinand Karsch-Haack?]: Aus der Frühzeit unserer Bewegung. 1. Heinrich Zschokke und Heinrich Hössli, in: Blätter für Menschenrecht 23, 15. Januar 1924, S. 2 f.

Friedrich Radszuweit: Hinter den Kulissen der homosexuellen Bewegung, in: Blätter für Menschenrecht. Halbmonatsschrift für Wahrheit und Recht [Berlin], Jg. 6, Nr. 3, 30. Januar 1928, S. 1 f. [kurze Erwähnung von Heinrich Hösslis «Eros»].

Rudolf Rheiner [Karl Meier]: Unsere Heimat und wir. Einige Gedanken zum 1. August, in: Schweizerisches Freundschafts-Banner 15, 5. August 1935, S. 1 f. [zu Heinrich Hössli].

Rolf [Karl Meier]: Der Putzmacher von Glarus. Ein Vorkämpfer der Männerliebe in der Schweiz. Zum 100. Todestag: 24. Dezember 1964, in: Der Kreis, Dezember 1964, S. 14–16 (zudem Auszüge aus Karsch-Haack und aus dem Eros).

Leslie Parr (Hg.): Documents of the Homosexual Rights Movement in Germany, 1836–1927, New York 1975 [enthält als ersten Text ein vollständiges Faksimile des Separatdrucks von Ferdinand Karschs Aufsatz über Heinrich Hössli].

Joachim Campe: Andere Lieben. Homosexualität in der deutschen Literatur. Ein Lesebuch, Frankfurt am Main 1988 [zu Heinrich Zschokke und Heinrich Hössli S. 166–170].

Gert Hekma: Een hoedenmaker in de voetsporen van Socrates. Heinrich Hössli (1784–1864), in: Hans Hafkamp, Maurice van Lieshout (Hg.): Pijlen van naamloze liefde. Pioniers van de homo-emancipatie, Amsterdam 1988, S. 29–33.

Gert Hekma: Sodomites, Platonic Lovers, Contrary Lovers. The Backgrounds of the Modern Homosexual, in: Journal of Homosexuality, XVI, 1988, S. 433 455 [zu Heinrich Zschokke und Heinrich Hössli, S. 436 f. und 440] [Heft 1–2 erschien auch als Buch: Kent Gerard, Gert Hekma (Hg.): The Pursuit of Sodomy. Male Homosexuality in Renaissance and Enlightenment Europe, New York, London 1989].

Warren Johansson: Heinrich Hössli (1784–1864), in: Wayne R. Dynes (Hg.): Encyclopedia of Homosexuality, Bd. 1, New York, London 1990, S. 544 f.

Paul Derks: Die Schande der heiligen Päderastie. Homosexualität und Öffentlichkeit in der deutschen Literatur 1750–1850 (rosa winkel, Homosexualität und Literatur 3), Berlin 1990 [zu Heinrich Zschokke und Heinrich Hössli S. 454–478].

216

Klaus Müller: Aber in meinem Herzen sprach eine Stimme so laut. Homosexuelle Autobiographien und medizinische Pathographien im neunzehnten Jahrhundert (rosa winkel, Homosexualität und Literatur 4), Berlin 1991 [zu Heinrich Hössli S. 74–78 und S. 188–191].

Klaus Müller: Die unmittelbare Vorgeschichte: Heinrich Hössli, in: Rüdiger Lautmann (Hg.): Homosexualität. Handbuch der Theorie- und Forschungsgeschichte, Frankfurt, New York 1993, S. 13–18.

René Hornung: Schweizer Schwule im 19. Jahrhundert (Beiträge der Koordinationsstelle Homosexualität und Wissenschaft, Nr. 9), Zürich 1994 [zu Heinrich Hössli S. 3–9].

Rainer Guldin: Lieber ist mir ein Bursch … Zur Sozialgeschichte der Homosexualität im Spiegel der Literatur (rosa winkel, Homosexualität und Literatur 8), Berlin 1995 [zu Heinrich Hössli S. 133–142].

Manfred Herzer: Einleitung, in: Heinrich Hössli, Eros. Die Männerliebe der Griechen, ihre Beziehung zur Geschichte, Erziehung, Literatur und Gesetzgebung aller Zeiten. Materialien (Bibliothek rosa Winkel, Bd. 15), Berlin 1996, S. 7–34.

Marita Keilson-Lauritz: Die Geschichte der eigenen Geschichte. Literatur und Literaturkritik in den Anfängen der Schwulenbewegung am Beispiel des «Jahrbuchs für sexuelle Zwischenstufen» und der Zeitschrift «Der Eigene» (rosa winkel, Homosexualität und Literatur 11), Berlin 1997 [zu Heinrich Hössli S. 275–278].

Bernd-Ulrich Hergemöller: Mann für Mann. Biographisches Lexikon, Hamburg 1998 [zu Heinrich Hössli S. 366 f.].

Hubert Kennedy: Eros: Die Männerliebe der Griechen … [Rezension des Nachdrucks mit Materialienband, Berlin 1996], in: Journal of Homosexuality 35, 1998, Nr. 2, S. 85–101.

Manfred Herzer: Opposition im 19. Jahrhundert, in: Goodbye to Berlin? 100 Jahre Schwulenbewegung, Berlin 1997, S. 27–33 [zu Heinrich Hössli S. 27].

Hans Krah: Freundschaft oder Männerliebe? Heinrich Hösslis *Eros. Die Männerliebe der Griechen; ihre Beziehungen zur Geschichte, Erziehung, Literatur und Gesetzgebung aller Zeiten* (1836/38) im diskursgeschichtlichen Kontext, in: Forum Vormärz Forschung, Jahrbuch 5, 1999 («Emancipation des Fleisches». Erotik und Sexualität im Vormärz), S. 185–221.

Robert Tobin: Freundschaftsdämmerung. Johannes Müller, Sigismund Wiese, Friedrich Ramdohr und Heinrich Hössli, in: Dirck Linck, Wolfgang Popp und Annette Runte (Hg.): Erinnern und Wiederentdecken. Tabuisierung und Enttabuisierung der männlichen und weiblichen Homosexualität in Wissenschaft und Kritik, Berlin 1999, S. 191–217.

Robert Tobin: Heinrich Hössli (1784–1864), in: George E. Haggerty (Hg.): Gay Histories and Cultures. An Encyclopedia, New York and London 2000, S. 456 f.

Hans Krah: Heinrich Hösslis EROS (1836/38) – Argumentationsstruktur und historischer Ort, in: Paul M. Hahlbohm, Till Hurlin (Hg.): Querschnitt – gender studies. Ein interdisziplinärer Blick nicht nur auf die Homosexualität, Kiel 2001, S. 250–276.

Gary Simes: Heinrich Hössli, in: Robert Aldrich und Garry Wotherspoon (Hg.): Who's Who in Gay and Lesbian History. From Antiquity to World War II, London, New York 2001, S. 214–216.

Pirmin Meier: Mord, Philosophie und die Liebe der Männer. Franz Desgouttes und Heinrich Hössli – eine Parallelbiographie, Zürich 2001.

Graham Robb: Strangers. Homosexual Love in the 19th Century, London 2003 [zu Heinrich Hössli S. 178–181].

Christoph H. Brunner: Glarner Geschichte in Geschichten, Glarus 2004 [zu Marianus Hauser, einem Freund Heinrich Hösslis, S. 502–515].

Robert D. Tobin: The Emancipation of the Flesh. The Legacy of Romanticism in the Homosexual Rights Movement, in: Romanticism on the Net, Numéro 36–37, novembre 2004, février 2005 [unter anderem zu Heinrich Hössli].

Sabine Schmidtke: Heinrich Hösslis Quellen zum Orient, in: Capri. Zeitschrift für schwule Geschichte, Nr. 36, Januar 2005, S. 39–46.

Veronika Feller-Vest: Heinrich Hössli, in: Historisches Lexikon der Schweiz, Bd. 6, Basel 2007, S. 483.

Ernst Ostertag, Röbi Rapp: Heinrich Hössli, www.schwulengeschichte.ch, Teil 2: «Wege zur Selbstbestimmung», Kapitel «Vorkämpfer und Opfer» (verfasst Juni 2004).

Volkmar Sigusch, Günter Grau (Hg.): Personenlexikon der Sexualforschung, Frankfurt, New York 2009 [zu Heinrich Hössli S. 308–313 (Manfred Herzer)].

Sebastian Matzner: From Uranians to Homosexuals. Philhellenism, Greek Homoeroticism and Gay Emancipation in Germany 1835–1915, in: Classical Receptions Journal 2, 2010, S. 60–91 [zu unter anderem Heinrich Hössli].

Bernd-Ulrich Hergemöller: Mann für Mann. Biographisches Lexikon zur Geschichte der Freundesliebe und mannmännlicher Sexualität im deutschen Sprachraum, 2 Bände, Berlin 2010 [zu Heinrich Hössli S. 558–560]

Beat A. Stephan: Heinrich Hössli: Männerliebe als Teil der Natur, in: Mannschaft Januar 2011, S. 16.

Robert Deam Tobin: Early nineteenth-century sexual radicalism. Heinrich Hössli and the liberals of his day, in: Scott Spector, Helmut Puff und Dagmar Herzog (Hg.): After the History of Sexuality. German Genealogies with and beyond Foucault, New York 2012, S. 76–89.

Autoren

Manfred Herzer, geboren 1949, war bis 2014 Bibliothekar in Berlin. Er ist Gründungsmitglied des Schwulen Museums in Berlin. Dort gibt er seit 1987 «Capri. Zeitschrift für schwule Geschichte» heraus. Herzer hat viele Publikationen zu schwulengeschichtlichen Themen verfasst, unter anderem eine umfassende «Bibliographie zur Homosexualität» (1975).

Rolf Kamm, geboren und aufgewachsen im Glarnerland, arbeitet als Lehrer an der Kaufmännischen Berufsschule Glarus und als freischaffender Historiker. Er promovierte mit dem Buch «Glarus – zwischen Habsburg und Zürich» (Baden 2010) über das Glarnerland im Mittelalter und ist Mitautor einer Glarner Gemeindegeschichte. Er ist Präsident des Historischen Vereins Glarus.

Marita Keilson-Lauritz, geboren 1935, lebt seit Jahrzehnten in den Niederlanden. Seit ihrer späten Promotion in Amsterdam 1997 über Literatur und Literaturkritik in den Anfängen der Schwulenbewegung hat Marita Keilson unzählige Aufsätze zur schwulen Geschichte und Literatur veröffentlicht, unter anderem zu Magnus Hirschfeld, Adolf Brand, Benedict Friedlaender und Stefan George.

Hans Krah, geboren 1961, promovierte in München über Dramen im ersten Drittel des 19. Jahrhunderts. Seit 1982 ist er Professor für Neuere Deutsche Literaturwissenschaft an der Universität Passau. Seine Forschungen decken ein breites Feld ab, das zeitlich vom 18. bis ins 20. Jahrhundert reicht; neben der Literatur setzt er sich auch mit Medienfragen (Film, Werbung) auseinander.

Sebastian Matzner studierte Altphilologie und Religionswissenschaften in Marburg und Giessen, danach promovierte er in London. Seit 2014 ist er Lecturer in Latin Language and Literature an der University of Exeter.

Rolf Thalmann, geboren 1946, Dr. phil., hat 27 Jahre im Museumsbereich gearbeitet. Seit einigen Jahren widmet er sich der Schwulengeschichte der Schweiz und hat dazu etliche Aufsätze und eine umfassende Bibliografie publiziert.

Robert Deam Tobin studierte deutsche Literatur in Harvard und Princeton. In dieser Zeit war er ein Jahr an der Universität München und zwei Jahre an der Universität Freiburg im Breisgau. Seit 2008 ist er Inhaber des Henry J. Leir Chair in Foreign Languages and Cultures at Clark University, Worcester (MA). Er gilt als Autorität auf dem Gebiet der frühen Schwulengeschichte. 2013 unterrichtete er als Gastprofessor in Wien und besuchte auf dem Heimweg Hösslis Glarus.

Register

Das Register enthält nur reale Personen, die im Haupttext vorkommen, ohne das Literaturverzeichnis.